ちくま新書

ヨーロッパ現代史

松尾秀哉
Matsuo Hideya

1400

ヨーロッパ現代史【目次】

はじめに

†「和解」からの逆戻り

いったいどうしてしまったのだろうか。

わずか世界の面積の三％ほどの小さなヨーロッパ（現EU加盟国。二〇一八年末時点）は、二〇年ほど前までは私たちにとって憧れの地だったはずだ。特に英仏を始めとする西欧諸国はデモクラシーの発祥の地であり、お手本だった。また第二次世界大戦の惨禍から復興して経済を立て直し、しかもむき出しの資本主義に流されることなく、福祉国家体制を確立してきた。同時に仏独の対立を超越すべく、欧州統合という未曾有の大実験を成功裡に進めてきた。他の多くの地域や国が西欧に倣った。

しかし、この数年、ヨーロッパは喘いでいるように映る。サブプライム・ローンの破綻に続くリーマン・ショックの影響下で露わになったギリシャに端を発する財政危機。シリアから到来する数多くの難民。これらの問題への対応をめぐる各国の足並みの乱れ。そのなかでドイツが存在感を強め、他方でフランスや他の西欧諸国では反移民や反EU、自国中心主義を掲げるポピュリズム勢力が一定の支持を集めている。東に行けば、ロシアの単独行動が目を引く。

またフランスやベルギーで多発した自爆テロ事件は、「多文化の共存」というヨーロッパ社会の矜持を揺るがしている。こうした安全保障を一因として、いよいよイギリスはEUからの離脱を決断した。しかし、その手続きをめぐり執筆時点ではイギリスも右往左往しているように映る。

この流れは二〇一八年に入りイタリア、そしてかつて福祉国家のモデルだった北欧スウェーデンでさえ止めることはできていないようだ。東ヨーロッパではハンガリーやポーランドで、難民受け入れに反対する勢力が支持を集め、自国の司法と対峙している。こうした混乱のなかで、ついにドイツでさえも移民・難民を排除しようと主張する勢力が一定の支持を集め、メルケル首相が将来的に党首を辞めることを公にした。ドイツ、フランス、ロシア、イギリス、そしてハンガリー……。第二次世界大戦後、「和解」を旗印にともに歩んできたヨーロッパは、再び「大国の時代」に逆戻りしているかのようだ。

†「大国の時代」へ

本書は、このような混乱に至るヨーロッパの歴史を改めて整理しようとしている。もちろん現在の混乱を解説するものを含め、ヨーロッパ現代史を論じる本はすでに数多く出版されている。今回の混乱にしても「もうEUは瓦解する」という論調のものから「たとえイギリスが離脱したとしても、EUは存続しているではないか」と擁護するものまで多岐にわたる。本書の役割は、以上のような様々な議論をできるだけ考慮しながら、現代のヨーロッパが辿ってきた歴史を振り返ることにある。あたかも道に迷って心細くなりながら、はたと立ち止まって、歩んできた道を振り返り、「どこで曲がり間違ったか。いや間違っていなかったのか」と、ひたすら冷静に自分の立ち位置を判断しようとしているときのように、ここまでの歴史を振り返りたい。それを通じて本書は、歴史に潜む変化の契機を描きだそうとしている。

コンパクトなサイズで、できるだけわかりやすくヨーロッパの現代史を論じるために、本書は、本来複雑な歴史を一本の線に沿って論じる。それは「和解の時代」から「大国の時代」へという線である。

第二次世界大戦の反省から「和解」の道を歩み始めた西欧諸国だが、その代名詞である福祉国家体制は、冷戦終結後、グローバル化が進むなかで、邪魔者扱いされるようになっていった。国家は激しい競争にさらされて、次第にお互いのことを配慮する余裕がなくなり、「自分が勝つこと」だけに執着するようになった。国を勝利に導ける強いリーダーが支持されるようになり、多くの国民が、かつてならば横暴と批判されていたはずのリーダーの行動を許し、支持するようになってきた。かつて私たちは「弱い者いじめはいけない」と教えられてきた。しかし今では弱い者を虐げる政治家の言動が支持される。それが本書のいう「大国の時代」の正体である。

本書は他に以下の点に留意する。第一に、本書は欧州統合史の本ではない。欧州統合は第二次世界大戦後のヨーロッパ各国の重要な事業であり無視できないが、その歴史は私よりもはるかに詳しい専門家が大勢おられ、しかも近年の色々な出来事によって多くの論考が執筆、出版されている。私は主に各国史をベースに、現代ヨーロッパの展開を論じることにした。

第二に、「現代」とは、一般には二〇世紀以降、もしくは第一次世界大戦以降を指すことが多いだろう。しかし本書は和解体制としての福祉国家の成立を新しい時代のスタートと見ており、その変貌の先に今の混乱があると考えているので、第二次世界大戦後から話を始めることにする。

†本書の構成

本書の構成は以下のとおりである。序章で、本書の見取り図（「和解の時代」から「大国の時代」へ）を簡単に説明する。そして、一九五〇年代前から現在に至る歴史をおよそ一〇年刻みで区切ってテーマを設定する。各章は、二〇一〇年代以降を扱う第七章を除き、おおよそイギリス、フランス、ドイツを念頭に置いた三節と、共産圏の動向、そしてそれ以外の小国など、それぞれの時代に特徴的な動きが見えた諸国を取り上げる節の計五節で構成する。

ただし終章は、現在進行中の事態を取り上げることもあって、国を単位とした括りでは問題を描くことが難しいと考えて、現在のヨーロッパの状況を六つの論点に分けて取り上げている。

第一章は「戦後和解と冷戦の時代」である。この時代は主に福祉国家という戦後和解体制の出発を中心に描く。続く第二章は「繁栄から叛乱の時代へ」である。福祉国家は各国に繁栄をもたらしたが、そこに時代を動かす亀裂の契機が潜んでいた。第一の契機は六〇年代後半に訪れた。もちろん状況は各国それぞれだが、繁栄のなかで福祉国家形成に尽力してきた社会民主主義勢力はその成果が認められ各国で確固たる地位を得た。しかし福祉国家に救済されず不満を抱える者たちは、それを左派が体制側に寄ったとみた。これを「裏切り」と非難する若者たちの激しい反抗が、主に一九六八年を中心に繰り広げられた。

六八年を機に亀裂を生んだ戦後福祉国家体制は、一九七三年の第一次石油危機によってさらに追い詰められていく。それを描くのが第三章「石油危機と低成長の時代」である。各国は一様に低成長に苦しむ。そのなかで、福祉国家の限界を指摘する新自由主義勢力が台頭し、社会民主主義やキリスト教民主主義勢力と対立した。その対立に勝利した新自由主義勢力が次の約一〇年を牽引する。文字通り「新自由主義の時代」（第四章）である。その中心に立つのはイギリス初の女性首相サッチャーであった。福祉国家の改革が推し進められ、それと同時にいよいよ社会主義経済システムは行き詰まりをみせ、ソ連は自由化を進めようとした。さらに堰を切ったように東西ドイツの統一、さらには冷戦の終結と東欧革命になだれ込んでいった。

冷戦終結の含意を第五章「冷戦後の時代」で論じる。自由民主主義の勝利が高らかに宣言され、そのなかで社会民主主義勢力は従来の和解体制とは異なる、新しい和解の道を模索し始めた。ここにおいて戦後和解体制としての福祉国家は新しい形に変質していった。その新しい形である、イギリスやドイツで進められた「第三の道」に当初は大きな期待が寄せられたが、実際は戦後和解体制が大きく後退したにすぎなかった。また旧共産圏ではエスニシティが台頭し、悲惨な民族紛争が生じた。実は繁栄の時代に数多く西欧に到来した移民の存在が社会問題と化すのもこの時期である。移民の排斥を謳うポピュリズム政党が支持を集め、これが現在の自国中心主義の土台となった。

第六章「グローバル化の時代」では、二〇〇〇年代冒頭の状況を概観する。混乱のなかからロシアではプーチンが登場し、そしてサブプライム・ローンの破綻とリーマン・ショック。さらにギリシャの問題などに苦しむ西欧の姿を主に描く。

終章「現代のヨーロッパ」では近年の西欧を中心とした政治社会の動向を論じる。スペイン、イギリス、ベルギーなどで台頭している分離独立運動、難民問題、テロなど現在のヨーロッパが抱える問題をできるだけ簡潔に解説し、最後に現代ヨーロッパの混乱の要因を筆者なりに整理してみたい。

†歴史に立ち返る

現在のヨーロッパが抱える問題はあまりに複雑だが、こうした事態を目の前にして、われわれがまずすべきことは徹底して「歴史に立ち返る」ことだと思う。本書を通じて、多くの方が歴史に立ち返ることの大切さや面白さを感じていただければ、またヨーロッパの歴史に関心を持っていただけるならば、望外の幸いである。

なお、本書は、もともと朝日カルチャーセンター札幌教室における拙講義「戦後ヨーロッパ史」（二〇一七年度）の講義ノートをベースに、それを最終的に龍谷大学「ヨーロッパ政治論」（二〇一八年度）の講義で肉付けし、まとめたものである。講義ノートがもとになっているということもあって、従来の議論に異論を口はさむことや学術的な新しい知見を提示することよりも、なるべくわかりやすくヨーロッパの現代政治史を紹介することを目的としている。

各章、各国について一、二冊のテキストをベースに骨格を作り、筆者自身がわかりにくい、難しいと感じた部分を他の資料や文献で補足していきながら執筆した。なるべくカタカナの人名は少なくし、経済の数字を減らすよう心がけた。またどうしても無理な場合を除いて、時系列的になるような記述を心がけたつもりである。そのため新鮮な解釈を期待された方にはそれを裏切ることをお断りしておきたい。いわんや、私が他の諸先輩、同輩に口をはさめるとは思ってもいない。なるべくわかりやすく伝えるために、だけを考えて執筆したものだ。

加えて本書執筆の過程で改めて驚いたのは、わが国における戦後西洋政治史の研究、テキストの豊富さ、充実ぶりだ。本書は内容のほとんどを本邦で出版された過去の成果に負うが、特に梅川・阪野・力久編著『イギリス現代政治史（第2版）』（ミネルヴァ書房）、渡邊啓貴『フランス現代史』（中公新書）、同『現代フランス 「栄光の時代」の終焉、欧州への活路』（岩波現代全書）、三島憲一『戦後ドイツ』（岩波新書）、森井裕一『現代ドイツの外交と政治』（信山社）、松戸清裕『ソ連史』（ちくま新書）、横手慎二『ロシアの政治と外交』（放送大学教育振興会）は考えるきっかけにもなったし、実際内容の多くを負う。感謝したい。その他にも、ここで全てを網羅することなどとてもできないが、一つの研究論文が生まれることの大変さを知っている者として、先輩方の研究蓄積に改めて敬意を表したい。そして講義ノートがもとだとはいえ、私のような者にそれを出版する機会を与えていただいたことに感謝したい。

序　章

「和解の時代」から「大国の時代」へ

ウィリアム・ベヴァリッジ

本書は第二次世界大戦後のヨーロッパ政治の歩みを振り返る。戦後各国の歩みはバラバラだが、本章では本書が用いる重要な概念を定義し、それらを用いて大雑把に各国に共通する道程を説明する。この共通する「主旋律《メロディ》」を把握することによって、そこからはずれる「変奏曲《バリエーション》」もはっきりと理解しやすくなると考えるからだ。

†福祉国家の出発

福祉国家とは「完全雇用をめざし、社会保障を発達させた国家」（武川正吾）のことである。第二次世界大戦でヨーロッパは一面が焼け野原となった。たとえ戦勝国でも被害は甚大で、各国民はいずれも窮乏の生活を強いられた。いくつかの国で国民を戦争に導いた資本主義を見切り、共産主義に憧れる革命が生じたのも当然のことだった。各国政府は窮乏を強いた国民を救済し、また社会主義革命を阻止するため、社会保障制度を整備して、国家による国民生活の全面的な救済体制を構築しようとした。ここにおいて戦後の福祉国家体制が出発した。

本書では、福祉国家が第二次世界大戦後の復興期に出発したとする。福祉国家の軸となる「全国民的な……社会保障制度」（加藤榮一、傍点は引用者）は、大戦が「全国民的な」甚大な犠牲を強いたことへの反省と復興の決意があってこそ成立し得たと考えるからだ。大戦の反省を全ての人々が共有できていたこの時期だから、労使紛争など他のあらゆる対立を超越した「全国民的な」合意と妥協が成立したのだ。

福祉国家は「所得の再分配」という仕組みで運営、維持される。つまり国が、個人の拠出した資金に加えて、さらに累進性の高い税制（すべての納税者から一律に同じ額の税金を徴収するのではなく、高所得者の所得から相対的に多額の税金を徴収すること）で得た資金を用いて、これらを低所得者層に再分配する。こうして、例えば失業給付によって失業者が就労するまでの期間を経済的に支え、貧困を撲滅し、資本主義経済によって国民の間に生じた経済的な貧富の格差を修復する。これは国民がまとまり、国が安定するために不可欠の機能だ。

まもなく福祉国家は西欧各国で定着していった。特に各国経済が好調で十分に雇用を確保できる時は問題がなかった。経済的な格差を是正し、政治の安定につながり、それが各国の経済成長に結びついた。しかし、やがて二つの問題が露呈した。一つは経済不況に弱いこと、もうひとつはこの仕組みを作り上げてきた左派主義勢力の「既成政党化」であった。

†六八年の叛乱

最初の転機は一九六八年の大学紛争という形で表面化した。庄司興吉によれば、一九六八年に生じた大学紛争とは、第二次世界大戦後のベビーブーム（国によって異なるが、日本では一九四七年から一九四九年に生まれた人口が多く、この時期に生まれた人々が堺屋太一の小説にちなんで「団塊の世代」

と呼ばれる）を背景とする。H・ダールデルらの古典的研究に従えば、この時に生まれた数多くの子供たちが大学に進学するようになると、先進国では大学数の不足や教員ポストの不足、設備の不備といった問題が噴出した。それを解消するには、教員数を増やしたり、校舎数を増改築したりするなどの費用がかかる。部局間、場合によっては若手の助手と教授会の間で予算やポストを獲得する対立が学内外で生じ、しばしばストライキが強行されたりした。

こうした事態に労働組合や学生自治会が敏感に反応して声をあげて問題は大きくなった。しかし、戦後の復興期に福祉国家を作り上げてきた労働者の味方であったはずの左派政党（社会民主党、労働党などの名称が多い）の態度は、冷たかった。福祉国家という成果によってすでに政権の一角を占めるようになった政党のなかには、この問題を「大学の自治」と定義して政治が介入すべきではないと主張する者もあった。さらにデモが激しくなると、与党としての立場から治安維持を重視し、若い人たちが引き起こした社会不安を「秩序を乱すもの」と考え、支援しなかった。I・ウォーラーステインを引用しながら西川長夫は、若い人たちが左派政党の「既成政党化」に失望したといい、小熊英二によれば、「戦後民主主義」自体を「欺瞞」「虚妄」と否定しながら、意思決定の「民主化」を求めた。多くの大学で紛争が生じ、治安維持のために警察等が投入された。

現在改めて六八年の再評価が進みつつある。西田慎らは、現在、ようやく「1968年」が

「『歴史』としての距離感を持って語りうるようになった」、「歴史学の研究対象になりつつある」（『グローバル・ヒストリーとしての「1968年」』）と述べているが、それはこの年が戦後先進諸国の政治に与えたインパクトの大きさ、そして多くの人が当事者として長くこの問題を心に抱え続けていたことを意味するのではなかろうか。今後さらにこうした再評価、再々評価の試みは増えていくだろう。

†石油危機という分岐点

政治的、内発的にヨーロッパが揺れた「六八年」の後、ヨーロッパは、次に外からの要因である石油危機によって経済的に大きく動揺した。その後、新自由主義勢力の影響が高まったことを考えると、この分岐点は重要である。

ナショナリズムが高揚し旧植民地の独立が相次いだ一九六〇年に産油国がOPEC（石油輸出国機構）を結成し、大手の石油会社（メジャー）から価格決定権などを取り戻していた。ちょうどその頃、第四次中東戦争が起こり、アメリカがイスラエルを支援することに反発したOPECは、石油価格の大幅値上げを決定した。

原油価格が高騰し、西欧のみならず世界中の先進国がインフレに襲われた。光熱費など生産コストが高騰し、多くの企業が赤字を抱え、人件費の抑制に向かい、高度成長期に抱えてきた人員を削減したため、失業率が上昇した。投資を控え、経済が停滞する事態となった。

当時は、今日ほど財政赤字が深刻な問題として考えられていなかったので、各国政府は需要と雇用を創出するために財政出動策を講じた。すなわち税金や国債（つまり借金）で得た資金を公共事業に投資して雇用と経済の活性化につなげようとした。

飯田芳弘によると、こうして雇用を確保した労働者たちは、次に賃上げを要求することもあった。インフレによって目減りした賃金を取り返そうとしたのだ。それを労働者自らが自制するか、何らかの対応ができない場合、大規模なストライキが起こることになる。こうして各国は政情不安定な時期を迎えた。「戦後和解」は政治的にも経済的にも限界を露呈して、新しい思想と手段が求められることになった。

「六八年」で戦後民主主義に懐疑的になった一派のなかには、六八年以降の動揺の要因を、資本主義経済の自由な競争、無秩序な市場に求めず、むしろ「自由がまだまだ足りない」からとみた者もあった。つまり福祉国家が資本主義経済の根本である自由競争原理を歪めており、それが各国経済の立ち直りを遅らせたとみなしたのだ。すなわち、ここまで戦後の発展を支えてきたエリートの間の妥協的な合意形成と、それを支えた利益集団の既得権益がガチガチに社会を縛っている、と批判した。こうした批判者たちはシカゴ大学のM・フリードマン、ロンドン・スクール・オブ・エコノミクスのF・ハイエクらの学説に惹《ひ》かれていった。

これらの新自由主義派の学説は、「経済に国家は関与しないほうが良い」、「規制すれば、闇取引が生まれ、犯罪が多発する」と主張した。給与規制、公共事業や、税率の調整さえも市場経済に対する介入だと否定し、政府や中央銀行は、ただ、（政府ないし中央銀行の重要な景気刺激策の一つである）市中の通貨量を調整するだけでいいのだと述べて、「マネタリスト（monetarist＝直訳すると「通貨主義者」の意）」と呼ばれた。こうした考えに、旧来の与党である社会民主主義政党やキリスト教民主主義政党と対立していた、各国の自由主義や保守主義陣営が飛びついた。代表例がイギリス保守党のM・サッチャーである。

限界を露呈しても時代はなお福祉国家が「当然」であったので、こうした考えはすぐに支持を得なかったが、例えばイギリスでは一九七〇年代終わりに、莫大な財政難に直面していた。労働党政権自身が福祉国家の限界を公言し、緊縮経済策へ展開していくと、大規模なストライキが生じた。既成政党が、十分にアカウンタビリティ（説明責任）を果たすことなく、従来守ってきたイデオロギーと全く異なる方向に方針を転回すれば、従来の支持者は離れ、政治不信が蔓延する。そのなかで新自由主義に対する支持が高まり、保守党が政権奪取に成功した。こうしてこの時期の西欧諸国は政策の転換期を迎えた。

†新自由主義の時代から冷戦の終結へ

しかし、だからといって、一九八〇年代に、一斉に新自由主義を掲げる政権が各国で成立したというわけではない。むしろイギリスは珍しかった。この時代は、第二次世界大戦後(一九五〇年代)並みの「バリエーション」で各国を比較できる。一九七〇年代の二度にわたる石油危機は、戦争並みのインパクトを各国政府に与えたということだ。

フランスではまもなく失業した労働者を守ろうとして左派政権が成立し、サッチャーやR・レーガンの新自由主義とは真逆の路線をとった。しかし失業率が回復せず、左派政権が緊縮財政政策へ方向を転換すると、政治は分極化した。それを表す代表的な語が、大統領の所属政党と議会の多数派を占める政党が異なる状態を表す「コアビタシオン」である。政治は停滞した。

ドイツでは、一九七〇年代の政治を支えてきたドイツ社会民主党(SPD)が下野することになった。やはり経済不況のなかで、市場重視、緊縮財政政策を進めようとした自由民主党(FDP)とキリスト教民主同盟(CDU)との連立政権が発足し、一九八二年からH・コールが首相となった。石油危機後、左派が政権を維持しようとしたが、経済、財政の状況は変わらなかったので、新自由主義路線へ移行していくのが一九八〇年代の仏独の政治である。

さらにこれとも異なり、オランダでは、不況に苦しむなかで後の「オランダ・モデル」に結実する、新しい手法が模索された。戦後最大の経済不況から脱する模索の道は多様だった。

この時代を象徴するもうひとつの動きが、「新しい社会運動」の台頭である。新しい社会運動の時代が到来したことに関する議論を拾い上げると、「六八年」の（挫折の）影響を論じるものがある。すなわち、「六八年」を単純に「挑戦と失敗の時」と割り切ってしまうべきではない。確かにこれらの運動が有する「既成の政治＝社会構造、既存の運動組織構造などへの鋭い批判的なまなざしは、やがて、その中で生まれ育ち生きてきた自己自身の存在の批判へと昂進する。……ここに『自己否定、自己解体』という identity crisis が広範に発生し」、運動は自己崩壊していった（安立清史）。しかし、その精神は受け継がれ、新しいアイデンティティの模索につながった。その結果、環境運動などの「新しい社会運動」が台頭することにもなったというわけである。特に一九八六年にチェルノブイリ原発事故が生じたことは、新しい社会運動の盛衰にとって重要だった。

また先に述べたように、政治が左右に逆転し、例えば左派が緊縮財政を推進しようとするときは、既成政党への不信感が高まりやすく、新政党が台頭しやすい。フランスでは国民戦線（FN）、ドイツでは緑の党が台頭したのがこの時期である。

しかしこの時代を最も象徴するのは東欧の共産主義システムが崩壊したことだ。ここまでソ連・東欧には言及してこなかったので、少し紙幅を割こう。

ソ連の戦後はスターリンの死去から始まる。全体主義体制と呼ばれたスターリンの独裁体制後、フルシチョフ体制ではスターリン批判がなされ、揺り戻しが生じた。後述するが、スターリンの独裁体制に対する反省と清算なくしてソ連は再出発できないので、本来のマルクス・レーニン主義に立ち返ろうとしたのだ。しかし独裁体制の緩みは、ノルマの達成度をごまかすなど、社会規律の緩みに結びつき、次第にソ連の経済・社会は内的に崩壊していった。

一九八〇年代初頭に次々と書記長が交代し、その度に自由化と引き締めが繰り返され、人々は疲弊するとともに不満を高めた。ここで登場したのが新世代のM・ゴルバチョフであった。ゴルバチョフは「情報開示《グラースノスチ》」など自由化改革を進めて現状の行き詰まりを打破しようとしたが、決定的だったのはやはりチェルノブイリ原発事故であった。事故にかかわる情報は十分に開示されず、ゴルバチョフが掲げた改革はなお不十分であることが露呈した。ゴルバチョフは追われるように、ペレストロイカ（改革）に向かう。

同時に東ヨーロッパでは、やはり社会主義体制に対する不満が高まっていった。すでに多くの人々が、低迷し続ける経済と、なお続く共産党一党独裁体制に辟易して、国外へ逃亡していた。東欧の優等生だった東ドイツでも国内の改革派、不満分子を追放した。多くの人が、改革に積極的なハンガリーなどを経由して西ドイツへの脱出を図った。しかしさすがに党執行部が流出を食い止めようと動くと、市民運動など反体制派の運動が国内で急速に激しくなっていった。これに党執行部は有効な対応をとることができず、不満はいっそう高まり、一九八九年一一月にベルリンの壁が開放された。

一カ月でおよそ一三万人もの人々が西ドイツになだれ込んだという算出もある。就任時に新自由主義的政策を掲げ、それでも財政赤字を改善できず不人気であった西ドイツのコールは、他の統一慎重派には耳を貸さず、この事態に素早く対応して、統一を進めた。約一年後の一九九〇年一〇月三日に東西ドイツの統一が実現した。

ベルリンの壁の崩壊後、ゴルバチョフはソ連における共産党の一党独裁体制を廃止したり、議会選挙を実施したりするなど民主化を進め、まもなく冷戦は終結することになる。

†グローバル化の時代

東西ドイツの統一、冷戦の終結は、資本主義経済と自由民主主義体制の勝利を意味した。しかし他方で、これは「社会主義」ないし「共産主義」という選択肢の「終わり」でもあった。これ以降、私たちはアメリカを頂点とする「自由民主主義」以外の選択肢がない世界で生きていかなくてはならなくなった。

共産圏が失われ、全地球規模の経済競争、つまり「グローバル化」が本格化した。グローバル化は、一九七〇年代頃には単に多国籍企業の進展などを示していた語であったが、冷戦の終結後、より大きな影響を各国政治にもたらした。オランダの政治学者H・クリージらによれば、冷戦の終結以降、新しい社会的な亀裂が生じることになった。それは、グローバル化が進み、国境の重要性が低下して国境を越えた競争が生じて生み出された、新しい「勝者」と「敗者」の間の亀裂だ。「勝者」とは、ここで生まれた新しい機会を生かし、利することができた者である。国境の希薄化のなかで勝利する要因は「可動性（mobility）」、例えば資金であったり、語学力であったり、国を越えて移動していける資源を所有しているかどうかにかかる。

他方で「敗者」は、今まで生活が国境および保護政策によって守られていた人たちだ。国外からライバルが入り込み、地位や保障が破壊されると怯えている。そこから退出する資源も持ち合わせていない。新しい亀裂がまず有権者の状況や要望を変え、勝者、敗者がそれぞれに声をあげ、政党側も動員戦略を変えていき、政党政治が変容していく。

すなわちグローバル化は、新しい競争時代の幕開けであり、新しい政治的対立の幕開けだった。結果として一九九〇年代に最も顕著だったのは、左派政党の変容と、それが擁護していた福祉国家の変容だった。従来の左派の政策はすでに正統性を減じ、徐々にグローバル化時代の競争原理を容認するものとなった。これは一時的に従来の左派的政策とも、右派の新自由主義的政策とも異なる「第三の道」として一世を風靡した。

しかし、それは今振り返ると、グローバル化によって生じた新しい競争によって変質した左派の姿にすぎなかった。福祉国家も、徐々に個人の自助努力を前提条件にした福祉サービスの支給へと「個人化」する体制が出現し多様化した。福祉国家を擁護する従来の社会民主主義的政策は軽んじられ、やがて「第三の道」を掲げた左派も支持を失っていく。イタリアやベルギーなどで、極めて安定的に戦後政治を支えてきた与党が分裂したり、政権交代が起きたりするなど、大きな変化が起きたのも一九九〇年代末のことだ。

さらにこの時期、私たちはグローバル化による、また別の西欧政治の変容に気づいた。それが各国における移民の増加であり、それによる文化的、宗教的な摩擦と、移民排斥主義を掲げた極右政党の台頭であった。先のクリージの議論を用いれば、グローバル化の敗者がその脅威から庇護を求めて、移民の「排斥」を主張する政党を支持して政党システムを変容させていったのだ。

さらにこの時期は、新しい紛争の時代として特徴づけられるだろう。その幕開けが二〇〇一年九月一一日のアメリカ同時多発テロであることはいうまでもない。前年にアメリカではブッシュ（子）が大統領となり、世界はテロとの戦いに巻き込まれていった。アメリカを支持した国家においては、例えばマドリード、ロンドンなどで大規模なイスラム過激派によるテロ事件が頻発した。これは先の移民排斥の主張を感情的に後押しするようになる。

ヨーロッパ、特に旧共産圏では、旧ソ連はもとより、チェコスロバキア、ユーゴスラビアが解体した。特にユーゴでは民族紛争が永続化し、従来の「国家対国家」や、「兵士と市民」という区別ではとらえられない、テロ、ゲリラによる新しい戦争の形態がみられた。国際政治学者のM・カルドーは、『新戦争論』でこれを「新しい戦争」が生じていると指摘した。戦争は従来、「中央集権的で、「合理的」とみなされ、階層的に秩序付けられた領土に基づく近代国家を建設するためのもの」と考えられてきた。しかし、東欧での混乱を経て違う形態をとるようになった。

カルドーによれば、二〇世紀までの「古い戦争」が国家間の闘争、イデオロギー闘争であったのに対し、「新しい戦争」の勃発の原因は、もっともらしく民族主義や宗教原理主義を語りながらも、実は自己の集団の利益しか考えない低俗なグループによる戦争である。「新しい戦争」は二〇世紀のゲリラ戦争に似てはいるが、ゲリラ戦争が人民の「感情と理性」をつかむことを目的としているのに対し、「新しい戦争」は人民に「恐怖と憎悪」を生み出すことを目的としている。また、「古い戦争」の主役は規律と統制の取れた正規軍であるが、「新しい戦争」の主役は犯罪組織、テロリスト集団、傭兵部隊、そして正規軍から離脱した武力集団などの非正規軍であり、かつ武装する兵器は正規軍なみの破壊力と高度なテクノロジーを有するものである。このような「新しい戦争」の特徴は二〇世紀後半に勃発したボスニア・ヘルツェゴヴィナ紛争においてみられた。

またヨーロッパ大都市部では、マネタリズムに乗り、グローバル化した機会を活かして巨額の富を得た先の「勝者」と、得ることができなかった「敗者」との亀裂がいよいよ顕在化するようになった。ヨーロッパの大都市圏では、それはスラム化した都市部に暮らす移民の二世・三世たちの暴動という形で顕れた。教育現場で差別され、また能力の如何を問わず職業機会を与えられず、不満は鬱積していた。こうして各国の政党政治は、旧来の右対左という対立軸から、移民受け入れの是非などを軸に展開するようになった。

こうした変容のなかで生じたのが、アメリカのリーマン・ショックに端を発する世界金融危機と、その後のギリシャ危機であった。

†「国家」の時代の再来

冷戦以降、自由主義競争のなかで、誰もが「明るい」と信じる未来に向かって走り出してきた。インドや中国などの途上国が急成長する一方で、しかしながら西欧では富が一部に集中し、労働者階級は、仕事自体が別の国へ移ったり、中国産の廉価な製品に国産商品が追いやられたり、さらには職がコストの安い移民労働者に奪われたりしていることに気づくようになった。

比較政治学者のM・ケッセルマンらは、グローバル化の進展によって比較政治学という学問が影響を受けつつあると述べているが、その節目として一九八九年(冷戦の終結)、二〇〇一年

（アメリカ同時多発テロ）と並んで、二〇〇八年を挙げている。エスニシティ、宗教による対立、国民国家の見直しなど新しい現象が比較政治学の対象に入ってきたからだ。彼らによれば、二〇〇八年の夏に、人口の多い途上国の経済発展（いわゆるＢＲＩＣＳ）を背景に原油価格が上昇し、飛行機運賃に代表される様々な価格が高騰した。そして温暖化が重要なイシューとなった。こうして経済と政治が不可分となり、私たちにとって大きな問題になってきた。最大の出来事は、この年に起きたリーマン・ブラザーズの破綻に端を発する世界同時不況である。

　ロンドンを中心に好調なアメリカ株式に投資していたヨーロッパの金融機関も次々に影響され、経営が悪化し、世界同時不況と呼ばれるに至った。各国政府は公的資金の投入で金融機関を保護したが、ちょうどそのタイミングで、ギリシャの財政難が発覚した。まさにアメリカの政策がグローバルな危機に発展した瞬間だった。

　ギリシャを救済するかどうか、誰が負担するのか、といった救済をめぐる各国の意見の相違が明らかになった。結局欧州連合らによる救済が進んだが、この協議のなかで、圧倒的にドイツがプレゼンスを高めていった。

　また、特に二〇一五年から二〇一六年にかけて、「イスラム国」（ＩＳ）に関与した移民の子孫が、ブリュッセルを拠点としてネットワークを形成して、「ローン・ウルフ型」と呼ばれるテロを多数引き起こした。フランスの伝統的文化である「風刺画《カリカチュア》」でイスラム教を揶揄《やゆ》されたと憤る過激派が引き起こした場合もあった。また背景にはシリアへの空爆に対する報復もあった。

そしてテロの脅威を背景に、シリアから押し出された大量の難民を受け入れるべきかどうかという問題が特にヨーロッパの入口にあたる南欧、東欧で大きな問題となった。

こうした混乱のなかで、「人権の擁護」を掲げるEUだが、その方針に反発したイギリスが離脱を決定した。フランスやオランダ、そして難民受け入れを謳っていたスウェーデンやドイツでもポピュリストと呼ばれる反EU勢力が台頭し、無視できない勢力となっている。さらには東欧のポーランドやハンガリーで、EU本部から難民を受け入れるよう割り当てられることに対する反発が高まり、各国で「反自由主義（illiberal）」を掲げる政党が支持を集めている。

また、世界同時不況を公的資金の投入などで乗り切った欧州各国では、その後ソブリン危機といわれる財政赤字を抱えた。それが新自由主義的政策を正統化し、地域間の貧富の格差を抱える国においては、スコットランド（イギリス）、カタルーニャ（スペイン）、フランデレン（ベルギー）など、比較的裕福な地域の分離独立運動が高まった。

冷戦の終結とグローバル化の進展から、事態は一気に変化しつつある。グローバル化の「敗者」は今や移民や難民の到来に怯え、反グローバル化の声を高めていく。その声をポピュリストが巧みに拾い上げている。もう皆「自分のこと」で精いっぱいなのだ。「互いを支えあう」

和解の声が消えそうになっている。

戦後ヨーロッパは、戦後和解と福祉国家を旗印に再出発したが、六八年の政治的行き詰まり、七〇年代の経済的行き詰まりを経て、新自由主義が正統性を得た。冷戦が終わると同時に、ヨーロッパは他に選択肢のない、新自由主義的競争のなかに身を置かざるを得なくなった。そして今もなお先のみえない競争のなかに置かれ続けている。疲れた人々は、だんだんと自分のことしか考えられなくなっている。

欧州は今苦しんでいる。この道程を私たちは振り返ろうとしている。まず、次章では、戦後福祉国家の出発を振り返ろう。

第一章

戦後和解と冷戦の時代

(1945年〜1950年代)

コンラート・アデナウアー

第一章関連年表

年号	出来事
1942	英 12 月　ベヴァリッジ報告書
1944	仏 9 月　ド・ゴール臨時政府
1945	2 月 ヤルタ協定 5 月 ドイツ降伏 英 7 月　アトリー政権
1946	仏 10 月　第 4 共和政 英 11 月　NHS 制定
1947	6 月　マーシャル・プラン ソ・東欧 9 月　コミンフォルム設立
1948	独 6 月　ベルリン封鎖
1949	独　東西ドイツ成立
1950	5 月　シューマン・プラン 6 月　朝鮮戦争
1951	4 月　ECSC 条約調印 英 10 月　チャーチル政権
1952	5 月　EDC 条約調印
1953	ソ 3 月　スターリン死去
1954	仏 8 月　EDC 批准拒否
1955	英 4 月　イーデン政権 西独 5 月　NATO 加盟 ソ 5 月　ワルシャワ条約機構発足 7 月　ジュネーヴ 4 巨頭会談
1956	ソ 2 月　フルシチョフのスターリン批判 仏 3 月　モロッコ独立 英 10 月　スエズ紛争　ハンガリー動乱
1957	英 1 月　マクミラン政権 3 月　ローマ条約（EEC, EURATOM 設立）調印 ソ 10 月　スプートニク打ち上げ成功
1958	仏 10 月　第 5 共和政、ド・ゴール大統領へ
1959	ソ 9 月　フルシチョフ訪米

	イギリス	フランス	ドイツ	ソ連
相違点	戦勝国	戦勝国（占領）	敗戦国	社会主義
共通点	戦禍からの順調な経済復興			

表1　戦後世界の３つのバリエーションと共通点
出典：筆者作成

本章では第二次世界大戦直後の状況を論じる。英仏はともに戦勝国であったが、ドイツの占領下で政治勢力が分断したフランスと二大政党制が定着していたイギリスとでは状況は大きく異なっていた。敗戦国ドイツは戦勝国の管理下に置かれ、冷戦の影響下で分断国家となった。ソ連は自らの社会主義を拡大しようとしながら、スターリン亡き後の方向性を模索していた。こうしたなかで、比較的安定していたイギリスにおいて、全国民的な戦後復興体制としての福祉国家が成立していった。以上のような多様性はある（表1）が、いずれの国においても壊滅的な戦争の被害から立ち直り、経済、国民生活は復興していった。

1　イギリス――福祉国家の出発

戦後イギリスの出発

イギリスは戦勝国であったが、物資の欠乏、価格の高騰に襲われていた。それでも他の西欧諸国と比べれば、比較的安定していた。第一に、（死者数で戦争の悲惨さを比較してしまうことは正しい方法でないと承知はしているが）表2に見るよう

国	兵士	市民	計	第一次大戦
日本	230万	80万	310万	300
ドイツ	422万	267万	689万	177万
ソ連	1360万	700万	2060万	（露）170万
フランス	20万	40万	60万	135万
イギリス	14万	24万	38万	90万
イタリア	30万	13万	43万	65万
アメリカ	29万		29万	11万

表2　第2次世界大戦の死者数（単位：人）
出典：ホームページ「戦争による国別犠牲者数」（https://www.hns.gr.jp/sacred_place/material/reference/03.pdf）（2018年11月27日）より筆者作成。

に、直接的な戦場になることが少なかったイギリスの被害は相対的に軽微であった。

また梅津實によれば、戦後イギリスが一貫して親米という外交姿勢を通したこと、そして二大政党制が定着していたことも相対的な安定に寄与していたといわれている。こうしたなか、戦後イギリスで復興を手がけたのは労働党政権であった。

戦時にイギリスを導き、イギリスの勝利で戦争を終わらせた立役者は紛れもなく保守党のW・チャーチルであった。その人気に乗り、チャーチルは戦争の終わりがみえてくると、戦時の挙国一致内閣（戦時は総力戦となるため、政党間の対立を排して、主要政党が一致して大連立内閣を形成した）を解体して総選挙に打って出た。

しかし、ソ連を嫌ったチャーチルは、この選挙で労働党を「社会主義者はヒトラーと同じだ」と呼び、敵対的なキャンペーンを張った。これがいけなかった。労働党はついこの間までともにイギリスのために尽力していた盟友だったはずだ。戦いに疲れていた人々の心に敵対的な言葉は響かず、むしろ嫌われた。みな安らぎと安寧を求めていた。予想を覆し、地道に荒廃からの立ち直りと社会改良を訴えていたC・アトリーが率いた労働党が勝利した。

アトリーは弁護士の息子として生まれた。病気がちで身長も低く恥ずかしがり屋だったという。労働者街の施設で青少年育成に力を入れたようだ。このとき労働者の貧困に直面して心を痛め（当時の）労働党へ加わる。労働者街の町長、そして労働党議員を経て、労働党が低迷していた時期に副党首として尽力して、一九三五年に党首となった。

チャーチルの戦時内閣時に副首相を務めるなど実績を積んだ。生真面目な性格で、人々を扇動し動員する政治家タイプというよりも実務家タイプ。労働党内のライバルが飲酒によるスキャンダルで失脚したなど、タイミングにも恵まれて首相の座に就いた。むしろ恥ずかしがり屋は変わらず、こうした偶然がなければ、自ら進んで首相になるタイプではなかったといわれることもある。

†福祉国家の建設

福祉国家の建設の端緒となったのは、一九四一年から一九四二年一二月にかけて公刊されたベヴァリッジ報告書である。これが熱狂的支持をもってイギリス国民に受け入れられた。

小峯敦によれば、W・ベヴァリッジは、一八七九年に植民地だったインドで生まれた。父は弁護士、母は慈善事業家だった。当初弁護士を目指したが、大学卒業後、一九〇三年からイギリス国教会の牧師S・バーネットが切り盛りする、身寄りのない労働者を保護するトインビー・ホールで社会活動に従事した。ベヴァリッジがこうした活動に加わった理由は、もちろんこうした社会活動に対する熱意も心の根っこにあったが、他にも、彼自身が従来イギリスにあった社会立法（救貧法）がすでに限界に達しており、新しい国家の役割が必要だと考えていたこと、つまり学術的関心があったこと、また、生活費を稼ぐ必要性があったことが挙げられる。

いずれにせよ彼はここで当時の社会保障制度の現状と限界を知り、その後大学教員等を経て、失業に関する研究論文を発表し、一九一九年にロンドン・スクール・オブ・エコノミクス（LSE）の学長となり一九三七年まで務めた。そして一九四二年に戦時経済の研究を発表する。これが「ベヴァリッジ報告」として知られることになる。

†福祉国家の思想

ベヴァリッジは何を考えて福祉国家を構想したのだろうか。詳しくは専門書に譲るが、彼は単に「福祉が大切」「労働者の人権を守る」という倫理、道徳論を訴えたわけではない。国が国民生活を支えれば、労働者に活気が出てイギリスの経済発展に資すると訴えたからこそ保守派にも支持されたのだ。

第一に、戦争をしている国民に対して「再建の政策を明らかにすることは、勝利を得た時に、その国民に対して、勝利を何に役立たせるつもりであるかを明らかにすること」を意味していると考えていた。すなわち第二次世界大戦末期、労働者の士気を高め、さらに維持することが大切だった。

またファシズムとの闘いは、「平和時と戦時とを通じて政府の目的が、支配者や民族の栄光でなく、普通一般の人々の幸福の実現にあるという信念を形にしたもの」を示すことが戦勝国の役割だと考えた。より具体的には、戦時中の被災者救済を通じて、イギリスの医療サービスの脆弱性が指摘されていた。普通一般の人々の幸福が実現され、誰一人として貧困に陥らないために医療サービスの充実が求められて、のちにNHS（国民保健サービス）が設立された。人々が無料で医療サービスを受けることができるNHSは、病院を国営にして、全国に適正に配置し直した。自由診療（患者の自己負担で治療費を払う）は原則止めて、医者にはサラリーが与えられる。財源は税金とした。

医師会は、自分たちがサラリーマンになることに抵抗して、ボイコットなども生じた。そこで医師の年間固定給を約束して三年後に自由診療か保険診療か選んでもらうこととした。一九四八年のNHSの開始時には、九〇％の医師が保険医になることを選択しており、福祉国家の確立に貢献した。

ベヴァリッジ報告の一部を抜粋する。

「……第1に今日のイギリスの給付制度は、現代産業社会において発生するであろう所得の中断またはその他の原因による様々なニードのほとんどに対してすでに十分に対応しており、その充実振りは世界のどの国にも負けないほどだという点である。ただ最も重要な1つの点において、すなわち医療サービスでは、……イギリスの現状は他の国々よりも著しく劣っている。」(一圓光彌監訳『ベヴァリッジ報告』法律文化社、二〇一四年、三頁)

つまり、労働者の生活を国が支えるという一見社会主義的な事業が、ソ連の脅威があったにもかかわらず成立したのは、第二次世界大戦という未曾有の戦争のゆえである。ベヴァリッジ自身、社会改良に対する関心は強かったが、基本的に彼は自由主義者であった。しかし大戦を経験するなかで「計画経済でないと、ヒトラーには勝てない」と考えるようになっていった。また、戦時中の国家統制体制があったからこそ、こうした全国民の生活を保障するという制度への移行がスムーズだったし、戦争による「国民」感の高揚があった。ここにおいて、社会保障は労働者だけではなくすべての国民が対象となったのだ。

こうして「貧困が生じたとしても、最低限度までの所得を世帯内の個人に保障すること」によって完全雇用の実現を目指す、国民一人ひとりの拠出金と国庫の支出による新しい社会保険制度が構築されていった。住居や国民保健、国民扶助が整備されて、イギリスの社会保障制度は「ゆりかごから墓場まで」と呼ばれるようになった。福祉国家の誕生である。特にNHSは、二〇一四年のロンドン・オリンピックの開会式で紹介されるほどイギリスの誇りとなった。

しかしながら、アトリー労働党政権は、安泰というわけにはいかなかった。一九五〇年の朝鮮戦争の勃発によって、国連軍に加わっていたイギリスでは軍備拡張を訴える声も強くなった。そのターゲットとなったのは国家支出の二五%を要するNHSだった。「軍事費かそれともNHSか」で内閣が分裂し、一九五一年の選挙で労働党は敗北した。福祉国家を維持することはお金がかかる。この最大の問題点が早くも露呈していた。

†チャーチルのリーダーシップ

一九五一年の選挙で勝ったのはチャーチル率いる保守党である。チャーチルはもともと貴族の家系であるが、直系ではなく家計は苦しく、従軍記者として働き、その後、著作、講演で大きな利益を得て成功した。一九世紀の戦時中は様々な戦地に送りこまれて捕虜となり脱走するなど武勇伝を残した。戦時保守党を代表する政治家と映るが、実は保守党と自由党を行ったり来たりしていた人である。一九〇五年、保守党を蹴って自由党政権に入り数々の閣僚を経験した。

その後保守党に戻り、S・ボールドウィン首相時に蔵相に就任した。ボールドウィンはころころと鞍替えするチャーチルを嫌っていたようだが、それでも彼を自陣に取り込むことを重視したようである。チャーチルはアメリカとの連帯を重視して、またA・ヒトラーに対する融和策（イギリス国民は当時こちらを支持していた）に反対していたことで知られる。チャーチルは米ソが連合軍に加わればドイツに勝てるとみていたようである。結局戦争に突入すると、チャーチルは首相となった（戸澤健次）。二〇一一年にアカデミー賞を受賞した映画『英国王のスピーチ』では、ボールドウィン首相時代に、スピーチがうまくできるかを心配する国王に寄り添う姿が描かれている。

先述の通り、ロが災いして一九四五年の選挙に負けたが、一九五一年に「反社会主義」を貫いて、過半数を獲得し首相となった。ただし、では労働党の進めた戦後復興政策、つまり福祉国家体制を全て白紙に戻せたかというと、それはできなかった。最も忌み嫌った国有化政策でさえ、すでに自立可能とみた鉄鋼業界以外の国有化は維持した。むしろアトリー政権時代に進まなかった公営住宅建設を進めたくらいである。

結局この時代に福祉国家を縮減、つまり支出規模を小さくすることはできなかった。労働党時代と大差なく、二大政党制で政権交代しても、あまり政策に変化のないこの時期の政策を、前蔵相H・ゲイツケルと現蔵相R・バトラーをもじって「バツケリズム」と呼ぶ。

チャーチルは他方で外交へ関心を持った。戦後イギリスの外交は、対植民地、対アメリカ、対大陸ヨーロッパという三つのベクトルで分類され論じられるが、この時期、対植民地という点ではインドの独立（その後インド・パキスタン紛争）、エジプトの民族主義の台頭で「大英帝国の栄光」は揺らぎ始めていた。かといって、対米関係においてアメリカとの関係を対等にしようにも、アメリカの圧倒的な優位の前に譲歩せざるをえないことは明らかだった。そこでチャーチルは、対大陸ヨーロッパ関係において、イギリスの主導権を維持しようとした。

ところが、一九四九年にはアメリカ主導で、対共産圏軍事同盟である北大西洋条約機構（NATO）、一九五一年には欧州石炭鉄鋼共同体（ECSC）が大陸六カ国で結成された。いずれも主導権を握れなかったイギリスは、同時期、西ドイツの再軍備の是非をめぐる議論のなかで構想された「欧州防衛共同体（EDC）構想」において、主導権を握ろうとした。戦後復興を進めながら、いかに過去の大英帝国の栄光と威信を取り戻すか、この頃イギリスは模索していた。

そして同時期、チャーチルは八〇歳で退陣した。老いたチャーチルを前に、議会は審議をゆっくり進めるなど晩年は苦労もしたようであるが、思惑通りに進まない現実に臨機応変に対応した首相として評価されている。後任はA・イーデンであった。

†「豊かな時代」

他方で、戦後復興期で、かつ保守党の経済刺激策により、この時期のイギリス経済は好況だった。自動車、テレビなど家電が普及した。「豊かな時代」といわれる。しかしまもなく、一九五〇年代後半からイギリスは植民地独立をめぐる外交関係のトラブルに見舞われる。最大の問題はスエズ運河の利権をめぐってエジプトと武力対立に発展したスエズ紛争であった。

一九五三年にエジプトでクーデターが生じて、反イギリス的な立場のG・ナセルが「エジプト共和国」を建国し、一九五六年にスエズ運河の国有化を宣言した。スエズ運河はもともと一八六九年に地中海航路を確立するため、フランスとエジプトで共同開発されたものであるが、フランスが財政破綻し、イギリスへ譲渡された。イギリスにとってはインド、中東、北アフリカへの重要な航路であった。ここを通過することができなければイギリスはアフリカ大陸を回ってインドに向かわねばならない。かなりの日数がかかるため、燃料費は巨額になる。加えてアフリカ大陸を周ることは、南極を通過するに等しい。強い風が吹き、ときに巨大な氷も流れて危険この上ない。イギリスにとってはスエズ運河の利権を確保することは国益のために必要だった。

ナセルの国有化宣言によって、イギリス、フランスが「国際運河の安定」を名目に戦争を仕掛けた。そこに、エジプトを恐れており、これを機に叩こうとしたイスラエルが加わり、第二次中東戦争となった。英仏そしてイスラエルは「シナイ半島はイスラエルが占領し、運河は英仏で」という腹づもりだったが、激しく国際的非難を浴びた。米ソ両国も反対したほどだ。

国連安保理は、イギリス、フランスが拒否権を発動したにもかかわらず非難決議を採択してPKO部隊の派遣となった。さすがの英仏も撤退を決めて、その結果、エジプトは独立し、スエズ運河の国有化を進めた。この勝利によりナセルはアラブ世界のリーダーとみなされるようになった。こうしてイギリスの威信は低下して、一気に植民地独立運動が進むことになる。

国際的批判を浴びて、イーデン政権は一九七一年までの撤退を約束せざるをえなかった。またイーデン政権の時には、物価高騰に対応して、デフレ政策を強行した。これが不評だった。続くH・マクミランの時代、アメリカとの協力関係を誇示したが、植民地独立の波には勝てなかった。戦後イギリスは福祉国家という歴史的遺産を出発させたが、外交においては、過去の栄光に囚われ、新しい秩序形成という面では出遅れることになった。

2　フランス――ド・ゴールの時代へ

†混乱の戦後フランス政治

第二次世界大戦でドイツに占領され、その後解放されたフランスの国内状況は、同じ戦勝国でもイギリスとは異なっていた。占領下にあると、新しい支配者に従順な、ナチスの構想に同意する者も現れる。反対にもちろんそれに抵抗する者がいる。抵抗する側は共産主義陣営と自由主義陣営、保守主義陣営に割れていた。これはフランスだけではなく、他の占領下にある国も同じである。その結果、国内の政治状況は大きく分断されてしまう。これがその後政党制に反映されると、小党分裂状態に陥り、不安定な政治状況が続くことになる。

フランスの場合、戦争が終わった途端に、共産主義者と自由主義者が主導権をめぐって対立した。自由主義者を率いたのがC・ド・ゴールであった。ド・ゴールはパリが解放されると、その日の午後にはパリに入って、実質的にフランス国内でレジスタンス（ナチスに対する抵抗運動）を率いていた共産主義者を無視して、いち早く戦後政府を樹立した。

†ド・ゴール

戦後のフランス政治を牽引したド・ゴールとは何者であったか。渡辺和行によれば、フランスの「戦争の三〇年（一九一四〜一九四四）」と「繁栄の三〇年（一九四四〜一九七三）」を生きた軍人かつ政治家である。

一九四〇年にパリがナチス・ドイツの手に堕ちたとき、彼は「フランスは戦争に敗れたのではなく、戦闘に敗れただけ」とラジオでフランス国民に訴えた。以来、ド・ゴールは、「フランス解放」「偉大なフランス」を語りつづけ、強い愛国心で戦時下のフランス国民を鼓舞した。

このためド・ゴールは、解放後、一九四四年八月二五日に英雄として熱狂的にパリ市民に迎え入れられ、臨時政府を指導することになった。

彼は一八九〇年にリールで生まれた。小貴族の家庭で、父親はイエズス会系の中学で哲学などを教えていた。敬虔なカトリックの家庭だった。陸軍士官学校に進み、一九一二年に陸軍少尉となる。この時の連隊長が、後に彼を引き上げる（が、その後第二次世界大戦時には敵対することになる）ヴィシー政権の国家主席であるP・ペタン（当時大佐）だった。

第一次世界大戦はフランスに大きな被害をもたらしたが、そのなかでド・ゴールは三度負傷した。その都度捕虜となり、六度も脱走を試みた。母親から送ってもらった毒物を飲み、病院へ運ばれる際に脱走を試みることもあった。彼の勇敢な行動は多くの人に評価されて臨時の大尉にまで上り詰めることになった。

戦間期には赤軍と戦い、その後陸軍大学に進学する。修了時の成績は「良」で「聡明、教養ある真面目な士官」、「才気と才能あり」と評価されたが「惜しむらくは、過度の自信、他人の意見に対する厳しさ、また、追放中の国王のごとき態度により、比類なき資性をそこなう」と評価された。こうした態度によって上官とぶつかることも多く、昇進には時間がかかった。

第二次世界大戦に向かうなかで、ド・ゴールは機甲部隊による新戦略を構想していたが、フランス軍部はマジノ線と呼ばれる重厚な要塞を作り上げ国境を防御しようとしていた。しかしドイツ軍は一九四〇年にマジノ線を避けて、ベルギーのアルデンヌの森（山岳地帯で戦車による踏破は無理と考えられていた）を通過して侵攻した。予期できなかったフランスはドイツに敗北を喫した。「マジノ線」とは今や「無意味なもの」を意味するスラングになってしまった。ただ、実際フランス軍の兵士はマジノ線の要塞のなかでスポーツや芝居を観て時間をつぶしながら敵を待っていたといわれる。もし予定通りドイツ軍が正面から攻めてきたとしても、フランス軍が太刀打ちできただろうか。おそらくド・ゴールの慧眼こそ賞賛されるべきだろう。

†臨時政府の首班

敗北後、ヴィシーという都市に集まったフランスの議員たちは、P・ペタンを国家主席とする「フランス国」を名乗り、休戦とドイツへの協力を表明する。先に記したように、当時ナチスの構想を支持する者も多かった。ペタンは「われわれの敗北は、気のゆるみに由来する」と述べて、フランス革命の「自由・平等・博愛」を否定し、「勤労・家庭・祖国」を打ち出して第三共和政を否定した。

これに抵抗するレジスタンスを率いた一人がド・ゴールだった。一九四〇年六月に休戦に反対してロンドンに脱出し、ラジオで先の「戦いの継続」をアピールした。「自由フランス」を組織したが、当初支持者は少なかった。ペタンは彼に死刑を宣告し、F・ローズヴェルトもド・ゴールの野心を警戒し、チャーチルはむしろペタンを戦列に戻すことを考えていたという。こうした連合軍の彼の傲慢な態度に対する警戒心は、かえってド・ゴールの決意を固めさせることになった。

敵に対抗しつつ、連合国の意向に反しようとも、恐ろしい分裂をものともせずに、引き裂かれたフランスの統一を、私を中心として成し遂げねばならない。

やがてド・ゴールのアピールに鼓舞されたフランス国内の抵抗運動が徐々に拡大していった。参加者はおよそ四〇万人、うち死者一〇万人といわれている。

一九四二年以降、ド・ゴールはヴィシー派と対立したが、戦局はまもなく連合軍に有利に傾いていった。四四年六月のノルマンディ上陸により連合軍の勝利は決定的となり、その後八月一九日に共産党による民兵が蜂起し、追ってアメリカのアイゼンハワーの指揮でド・ゴール派もそれに続いた。八月二五日にパリは解放された。

解放されると、ド・ゴールは共産党との一切の協力を否定し、「解放されたパリ!」と語った。九月に入ると各地を凱旋訪問し、国の再建を目指した。

渡邊啓貴によれば、いったん臨時政府の首班となったド・ゴールではあったが、イデオロギーの点でばらばらだったフランス国内を一つにまとめることは至難の業だった。当時、国内最大の勢力は実際にフランスに残って戦った共産党だった。実際に戦ったわけだから、根強い支持を得ていた。当時からフランス共産党はソ連と一線を画して、独自の路線を歩む傾向があった。しかも戦後政府を仕切っているのはド・ゴールである。左派の間では革命の動きも出ていたが、一九三九年にソ連に逃亡していたM・トレーズ共産党書記長が特赦を受けて帰国し、愛国民兵の解散を受諾し、緊張が緩んだ。

一九四五年一〇月には国政選挙が行われ、一一月にはド・ゴールが首班に指名されたが、共産党が第一党となり、閣僚ポストの多くを手放さねばならなくなった。しかし連合軍側はそれを許さない。さらには社会党が軍事予算の削減を訴えてきた。こうした共産党をはじめとする政党との協議にド・ゴールは嫌気がさして、一九四六年に突如首相を辞任してしまった。

†ド・ゴールなき「ド・ゴールの時代」

一九四六年、ド・ゴールが辞任してまもなく、第三共和政の欠陥を克服し、すなわち安定した議会を求めて、第四共和政が成立した。一八七〇年に成立した第三共和政は、議院内閣制を核にした政治体制であった。第二共和政がルイ＝ナポレオンの独裁体制によって容易に覆された経緯から、民主政治の根幹たる議会の権限を高めた制度であった。しかし対ドイツ政策について強硬派と和平派が対立するなど、政党組織の結集力も弱く、離合集散を繰り返して小党が乱立し、短命政権が続いた。第二次世界大戦が終わり、ド・ゴールを首班とする政府の下で、議会は第一党の共産党、第二党のカトリックを中心とする「人民共和運動（MRP）」、社会党の三党が連立内閣を組織していたが、ド・ゴールが嫌になって辞任したのは先に記したとおりである。

ド・ゴールが辞した後、大統領を選出することを定めた第四共和政がスタートした。しかしこの大統領は議会から選ばれることになっていたので、議会に大きな権限がある点は変わらなかった。しかも一九四七年に労働者のストライキが失敗に終わり、かつて最大勢力だった共産党が一九四八年以降野党になった。他方でド・ゴールが「フランス国民連合（RPF）」を結成すると、共産党とRPFという強力な左右の野党を抱えて、意見の集約は難しく、議会運営も難しくなった。一二年間に二五の内閣が交替を繰り返し、重要なことは何も決定できない状態（イモビリスム）に陥った。第三共和政にうんざりして、大統領制による強い政治を求めた市民からすれば、期待外れだった。

同時期、フランスは植民地の独立運動にも苛まれた。一九四六年からはインドシナで独立をめぐる戦争が生じ、五四年には多数の死傷者が出る事態になった。ここで急進社会党のP・マンデス＝フランスが首相に指名され、インドシナの植民地を手放すことで解決にこぎつけた。

しかしまもなく一八三〇年以来、長きにわたってフランスの植民地であり続けたアルジェリアで独立運動が始まると、解放に動こうとするマンデス＝フランスは批判され、翌五五年には解任された。これには右派に限らず共産党やMRPまで同調したのだから、フランス人のアルジェリアに対する執着がわかる。

しかし独立紛争が長期化すると、その戦費負担を考慮して独立容認派も登場するようになる。ところが容認派の首相が就任すると、アルジェリアで独立反対派らが蜂起した。このままいくと武装蜂起した勢力にパリが乗っ取られるかもしれない。こうして当時の大統領、R・コティはド・ゴールに首相就任を要請し、国民議会も（票は割れたが）承認した。ド・ゴールはアルジェリア問題と憲法改正についての全権委任を取り付け、就任を承諾する。就任したド・ゴールは、新憲法案を国民投票にかけて認められ、第五共和政へとフランス政体は移行していく。一九五八年九月（公布は一〇月）のことであった。

結局ド・ゴールが表舞台から姿を消して、フランスは一層混乱した。ド・ゴールが戦後フランスに必要だったことを思い知らされた、ド・ゴールなき「ド・ゴールの時代」だったといえるかもしれない。

†高度経済成長へ

終戦直後の時期のフランス経済は物資の不足、強烈なインフレに見舞われるなど苦しんでいたが、まもなくJ・モネによって提唱されたモネ・プラン（炭鉱の独占的管理による計画経済）、およびアメリカの援助計画であるマーシャル・プランが功を奏して（マーシャル・プランの効果は、結局アメリカ製品を買うことに大半が充てられた等、批判的な見解があることに留意する必要はあるが）、政治の停滞とは逆に経済は好転した。大企業の国有化が進み、フランス石炭公社など国有化によって再編されたエネルギー、鉄鋼部門が近代化を牽引した。

この時期、政界・労働・使用者三者間の話し合いが制度化された。食糧生産、電力、鉄鋼生産などが戦前の水準に近づくか、それを凌駕した。また朝鮮戦争の特需があり、鉄鋼生産は八〇%増加した。インフレも進み、その対策が遅れて成長率が下がる時期もあったが、消費部門の活性化と設備投資に力点を置いた経済政策が始まると、おおよそ一九五四年から堅調な経済成長が始まり、これは石油危機の時期まで続くことになった。自動車や家電が普及し、住宅の建設ラッシュが進んだ。

自動車の生産の拡大は賃金を上昇させ、休暇も増加した。そのため家庭消費も拡大し、経済は成長し続けた。一九四九年と比較すると、一九五七年までに工業生産は四六%、農業生産は二五%増加した。また労働者不足が生じて、一九五一年から一九五七年までにおよそ一五万人以上の北アフリカ系移民が渡仏した。

他方で、農業部門は一九四六年時点で就業人口の三五％を占めていたが、小農によって支えられていたため、土地は細分化され、機械化も進んでいなかった。ここで急速な近代化（大規模農場化など）を進めようとしたため、一九五三年には農民たちが大規模抗議行動に出て、トラクターで路上を封鎖するなど混乱した。結局ド・ゴールが大統領に戻った後、欧州で共通農業政策を推し進めてフランスの農業製品の市場を創出して落ち着いた。この時期は、農業、繊維など近代化に乗り遅れた産業部門は旧態依然とした体質で、近代化に対する抵抗運動が頻発した。

†第五共和政と半大統領制

第五共和政は、ド・ゴールの議会嫌いを反映している。第四共和政と異なり、制度上、国民も議会も大統領を解任することができなくなった。また大統領は、任期七年の間（後に五年）議会を超えて政府を指揮する権限を与えられていた。さらに首相を任命でき、一定の内容の法律案を、議会の審議を経ずに、直接に国民投票にかけることができるようになった。加えて総選挙から一年後であれば、理由を示すことなく、大統領の自由裁量で国民議会を解散する権限を得た。

当初は、大統領は国民議会議員、県会議員、市町村議会議員らによる間接選挙で選ばれたが、一九六二年には国民による直接選挙制に改正された。他方で国民議会は一つの選挙区から一人を選出する小選挙区制で、単記二回投票制度となった。つまり第一回投票で有権者数の一二・五％以上の票を獲得した者が第二回の投票へ進み、第二回投票で一位の者が当選となる。

この議会は全く無力というわけではなく、総選挙後最初の政府綱領を議会が否決することで政府不信任案を決議することができたし、一〇分の一以上の署名によって政府不信任案を提出することが可能であった。また問責決議も認められていた。このように、大統領制でありながら議会と拮抗した関係を有する執政制度を、当時一般に「半大統領制」と呼んだ。

ド・ゴールの政治は「ゴーリスム」などと形容され、独裁的なイメージが強いが、決して共和政を否定はしていない。戦後復興期から近代化が進むフランスの政治社会の転換期に生じる様々な危機に、愛国心と強いリーダーシップで対応した。

しかし、脱植民地化の波には、さすがのド・ゴールも勝つことはできなかった。そもそもド・ゴールがどのようにアルジェリア戦争を終結させるか、具体的なイメージを持っていたのかという点については議論のあるところだが、一九五八年、アフリカを訪問したド・ゴールは、九月に海外領土に対してフランスとの共同体に加わるか、それとも独立するかの決定を各国の国民投票にゆだねた。ギニアでは、独立の指導者S・トゥーレが「隷属下の豊かさよりも、自由の下での貧困を選ぶ」との有名な言葉を残し、九五％の得票率で独立を決定した。

問題のアルジェリアについて、ド・ゴールの復帰を最も望んだのは、独立反対派だったはずだ。しかし彼の対応は曖昧で、徐々にド・ゴールに対する批判も高まり、反乱暴動がアルジェリアで勃発した。こうしたなかでフランスは一九六〇年代に突入する。

3　ドイツ——東西ドイツの成立

†分割占領の混乱

一九四五年の五月にドイツが無条件降伏をすると、翌六月からベルリンおよびドイツには米英仏ソの四カ国の軍司令官が統治権を有し、ベルリンに連合国管理理事会が設置され、分割統治された(図1)。しかし、まもなく賠償問題をめぐってソ連と他の三国の意見が理事会内で食い違うようになった。先の表2でもうかがい知れるように、ソ連は第二次世界大戦の被害が甚大で、賠償の取り立てを最優先に考えていた。しかしアメリカやイギリスは第一次世界大戦の戦後処理で失敗してドイツにナチスが台頭したことを学んでいたから、ドイツ経済の復興を最優先の課題とした。この方針の食い違いのため、管理理事会は一九四六年にすでに機能しない状態に陥った。米英両国は、翌年一月に「合同占領地区」を発足させて、そこにフランス占領地区が加わった。

一九四八年六月、ドイツ経済の金融基盤を強固にするため、「西側三地区」で一斉に新通貨「ドイツ・マルク」への切り替えが行われた。住民は当初四〇マルク、次いで二〇マルクを支給された。これが功を奏して、西ドイツでは早速朝食用のパンやソーセージが売られるようになった。しかしソ連側は対抗して新しい独自の(東)マルクを導入し、これによって占領地区の統一通貨はなくなり、経済的にもドイツは分割された。

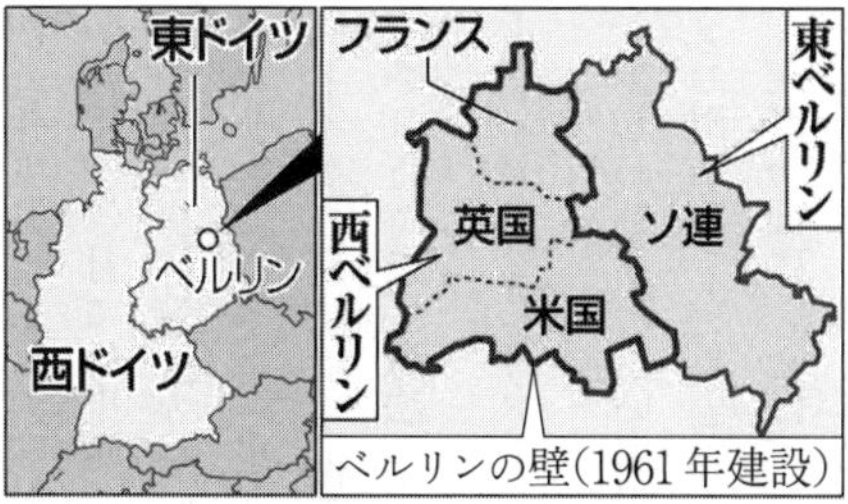

図1　分割統治時代のベルリン

図1にあるように、ベルリンはソ連占領地区にある。ソ連と東側は西マルクを認めず、流入を阻止するために陸上交通を遮断した。いわゆる「ベルリン封鎖」である。これに対抗して、西側は約一年もの間物資を空輸し続けた。三分に一機の割合で輸送機が到着し続けたといわれたほど大規模なもので、西側の「西ベルリンを守る」という決死の思いが伝わる作戦だった。結局一年後には封鎖を解除することに成功したわけだが、この結果一九四八年一二月に、ベルリンは東西に分裂した。

西側では、州議会の代表者会議が新しい憲法を採択した。一九四九年五月にこれが発効し、ボンを首都とする西ドイツ（ドイツ共和国連邦）が発足した。他方、四九年一〇月には東側でも新憲法が発効し、人民議会に権力が集中し、さらにドイツ社会主義統一党（SED）に支配的地位が保障された、ドイツ民主共和国がスタートした。首都は（東）ベルリンであった。東ドイツの憲法は、将来的には全ドイツに適用されるべきとされた。また西ドイツの憲法は、「憲法」ではなく「基本法」（Grundgesetz）とされた。将来、全ドイツが統一された時の「憲法」までの、あくまで仮のもの、という意味合いがあった。

†西ドイツとアデナウアー

少しわかりにくい表現かもしれないが、占領行政を進めた連合国は、ナチの反省から、ドイツの州（ラント）を均等なものに作り替えた。

大ざっぱにいえば、一八七一年にプロイセンが諸邦を統一する形でドイツ帝国ができた。その後もプロイセンが主導して中央集権化を進めてきた。それを第二次世界大戦後、連合国が共同で分割統治した。この三国は、共同で、とはいうものの、例えばフランスとイギリスではドイツの復興に向ける目がやや異なることは容易に推測できる。フランスはドイツの復興自体に監視の目を向けたし、イギリスはソ連やフランスが工業地帯に触手を伸ばさないように警戒していた。結局バラバラの意図をもった三国が分割して統治したことによって、「州」が行政の中心として機能していくことになった。すなわち意図の異なる分割統治が、ドイツの分権化を進めたのだ。

ちなみにドイツの州の重要性は今なお変わらず、それぞれが憲法をもち、教育、大学の管理などは州の権限下に置かれている。州の首相になることは、次に連邦の首相になるためのキャリアパスのようなものでもある。

また、戦後の改革では、大統領よりも連邦政府と二院制の議会に権限を集中させた。これもナチの反省による分権化の一環とみることができる。さらにヴァイマール共和国が小党乱立したなかでナチの台頭を許した反省から、「五％条項」という、得票率の一定の割合（この場合は五％）を獲得していないと、政党は議会に議席を得ることができないルールを作り、議会の安定を図った。この結果、戦後ドイツの政党システムは、キリスト教民主同盟（CDU）とドイツ社会民主党（SPD）の二大政党に、バイエルンのカトリックによるキリスト教社会同盟（CSU）が中心となって、安定的にスタートした。

当初、CDU／CSUと自由民主党（FDP）による連立で長期安定政権を維持したのが、戦後最大の政治家（の一人）といわれるC・アデナウアーである。後にこの政治家について、少し紙幅を割いて説明することにする。

†東ドイツの成立

他方で東ドイツは、そもそも面積で西ドイツの半分にも満たなかったし、マーシャル・プランの援助もない。ソ連の損害が甚大だったので、かろうじて残った工業資産は現物賠償でソ連にもっていかれた。工場は解体され、ソ連に搬出された。ガス、水道、線路——根こそぎである。重要な産業は接収されて、ソ連向けの生産が行われた。ソ連が賠償にこだわったからこそ、ドイツのソ連占領地区と東ベルリンを封鎖してまで、自分たちの取り分を確保しておきたかったのだろう。東ドイツにおけるソ連の接収作業は一九五二年まで続くことになる。

ユンカーと呼ばれた大土地所有貴族は、ナチを支持した保守層、ナショナリストでもあり、一掃された。大農場は没収され、まもなく集団農場化されていった。

政治体制については、一九四九年、SEDの一党独裁化が進んだ。つまり、有権者は選挙で他の政党を選択する余地がなかった。一九五〇年二月に秘密警察が組織され、七月にW・ウルブリヒト第一書記がモスクワから戻る。企業の「人民所有」（生産、事務部門が統合された大規模な拠点を行政が監視する）化、農業の集団化等が進んだ。過酷なノルマが課せられた。

一九五三年六月に生じた大規模な労働者のデモは、ソ連軍が動員されて鎮圧された。一九五五年にはワルシャワ条約機構に加盟し、翌年国家人民軍が発足し、東ドイツの体制は固まっていった。一九六一年までに西への脱出者は二五〇万人に及んだ。ベルリンだけはまだ四国占領体制が続いていたから、逃亡者の出口になっていた。

†アデナウアー時代

一九四九年九月から一九六三年一〇月までドイツは「アデナウアー時代」と呼ばれる。アデナウアーの外交政策はドイツの再統一よりも、西ドイツを西側寄りに位置づけることで、西ドイツが国際社会に復帰することを最優先とした。この方針は、一九五五年にアデナウアーによって命名された、「ハルシュタイン・ドクトリン（「ハルシュタイン」は西ドイツの政治家の名前）」とも呼ばれる。W・ブラントの「東方外交」以前の西ドイツの外交方針である。

具体的には、一九五五年に国際的な主権を回復すると同時にNATOに加入し、再軍備に向かった。一九六三年にはフランスと和解し、エリゼ条約を結ぶ。なぜ、国内外に様々な困難があっただろうと思われるこの時代に、アデナウアーはこうした外交政策で成功したのだろうか。板橋拓己に従い、少しアデナウアーの経歴を見てみよう。

アデナウアーは一八七六年ケルンの生まれ。ドイツ帝国が統一されたのが一八七一年で、まだビスマルクの時代であり、ヨーロッパ諸国が戦争に明け暮れていた時代だ。父は軍人。その後裁判所書記官を務めた。父は権威主義的で名誉を重んじ規律にうるさい人だったようだ。母はカトリックの信者。五人兄弟の三男で、兄は優秀な弁護士になる。父親の仕事は決して裕福というわけではなく、一家五人が暮らしていくには手狭な部屋だったという。

学生時代、特別に優秀な成績だったという話は聞かない。もちろん当時のドイツはそれほど進学率が高かったわけではなく、中学に進学する子が七〜一〇%。大学進学希望者が進む中学（ギムナジウム）へ行く子が三%だから、大学で学ぶだけでも勉学に相当熱心だったといえる。アデナウアーは何とか大学進学資格《アビトゥーア》を得て、しかし大学進学するほど家計が豊かでもなく、いったん銀行に就職するも、二週間で辞めて父親を説得し、奨学金で大学に通った。

一八九四年にフライブルク大学に進学し、最終的にはケルンと同じライン地方のボン大学で学ぶ。大学時代は友人と旅行に出かけ、学校をさぼっていることが親に発覚し、呼び戻されるなど、青春を謳歌した逸話も耳にする。

司法試験に合格し一九〇三年に弁護士事務所に就職すると、翌年ケルンの名門一族の令嬢と結婚する。これを機に彼はコネも使いながらケルン市の助役になった。一九一四年に第一次世界大戦が勃発すると、主席助役としてケルンの食糧配給問題に尽力しつつ、一九一七年、市長へと出世する。所属は弁護士事務所の上司が所属していたカトリックの中央党であった。

敗戦になるとアデナウアーは迅速にインフラ整備など戦後復興に尽力した。ケルンはイギリス占領下に入り、アデナウアーは占領軍と対話して戦後復興を考えた。さらにフランスによるルール占領の際には、連合軍のフランス代表と会談するなどの経験も重ねた。こうした経験は、フランスとドイツの関係、ドイツと連合軍との関係などを将来に向かって考えさせることになった。彼が類まれな国際的なバランス感覚を得たのはこうした経験のゆえであろう。

第二次大戦後、ドイツの荒廃のなかで、彼は「……われわれは現在の困難も克服できるだろうと勇気がわいてきた」と語った。第一次世界大戦と復興の経験が彼に勇気を与えていた。しかし、一九四五年からケルンを占領統治したイギリスでは、チャーチルが負けてアトリーが率いる労働党政権が成立した。この占領軍はSPDを優遇し、アデナウアーとぶつかりあった。結局市長を免職されるが、彼はここから中央政界でキャリアを積むことになる。

†アデナウアー外交

第二次世界大戦後、ヴァイマール共和国が小党分裂状態に陥った反省から「宗派を一つにまとめたキリスト教政党を作るべきだ」という声が挙がり、州の代表が占領区単位でまとまるようになる。イギリス占領地区代表としてアデナウアーは様々な政策を盛り込み綱領にまとめあげた。また国際的にも西欧各国のキリスト教勢力と交渉しつつ、さらに基本法をまとめるに際し、ドイツと連合国との間のつなぎ役として振る舞い、自らが首相に就いた。

こうして、この時期アデナウアーは西ドイツを徹底的に西側に位置づけ、西ドイツの国際社会復帰に貢献した。しかし国内の「東西ドイツ再統一優先派」からは批判された。そこでアデナウアーは一九五五年九月にソ連を訪問した。当時ソ連には、捕虜になっていたドイツ人がまだ大量に残されてきた。その人たちを釈放するという目的があった。それと引き換えにソ連と国交を樹立した。こうして西ドイツの国際的地位の向上に努めたのだ。

つまり、西ドイツは国際関係のバランスが求められた困難な時期に、その緊張感を、身を以て体感した、最高のバランサーが首相となった。むしろそういう人物が首相になることがその時代の西ドイツに課せられた運命だったのかもしれない。

ただし、西ドイツの再軍備については、当然のことながら大きな議論になったことを付け加えておく。大前提を記しておけば、周辺大国、特にフランスはドイツが恐い。再軍備など認めたくはない。しかし、冷戦下では、特にアメリカにとってドイツの経済力、軍事力を味方につけることができるなら、大きな魅力だ。どのように復興させつつ封じ込めるか。二度の世界大戦の後だから、相当に難しい問題だ。

フランスはこの状況で、欧州防衛共同体（EDC）を設立して、西ドイツ軍をその管理下に入れようとした。これを一九五〇年当時のフランスの首相R・プレヴァンが提唱した。これを「プレヴァン・プラン」という。欧州石炭鉄鋼共同体がパリ条約によって設立された翌年、一九五二年には同じ加盟国六カ国（フランス、西ドイツ、イタリア、ベルギー、オランダ、ルクセンブルク）で防衛軍設立の条約が調印された。

しかしやはり一九五〇年に勃発した朝鮮戦争が、この共同管理による西ドイツ軍備の封じ込め構想を失敗させた。朝鮮戦争勃発によりアメリカがドイツ再軍備を支持し、急いだのだ。それに対してフランス議会では、ド・ゴール派が「他国と共同の軍隊」を作ることで、「独自の軍を指揮し動かす力」、つまりフランスの主権が侵害されることを恐れた。結局一九五四年にEDC条約の批准はフランスによって拒否された。

†奇跡の経済復興

戦後西ドイツの荒廃を象徴する言葉に「シュトゥンデ・ヌル（時刻零時）」という言葉がある。もうナチの敗北でドイツには何もなくなった。終戦直後の風景を示す言葉だ。ここからの復興なので、当然それは国が担わなければならない。占領国のイギリスが労働党政権に担われていたこともあったが、基幹産業の国営化は既定路線だった。

そうした背景もあって、マーシャル・プランの援助、通貨改革、そして徐々に市場の機能が回復していくなかでも、「社会的市場経済」と呼ばれる、自由な市場経済とも、ナチの統制経済とも、社会主義経済とも異なる、ドイツの経済システムが歩き始めた。「すべての国民に繁栄を」をスローガンに、市場経済を基本に、不平等を最小にしようとする考え方で、ビスマルク以来の社会保障の充実を図った。換言すれば、市場経済から生まれる様々な経済成長に対する弊害を国が取り除こうとする体制である。

その結果、「経済の奇跡」と呼ばれる経済成長を西ドイツは果たすことになる（表3）。一九五〇年から五八年の間、工業生産、GDPとも二倍以上に伸び、失業率は一〇%超から三・六%へと激減した。こうした成果によって、CDU／CSUは一九五七年の連邦議会選挙で得票率五〇・二%の支持を得て、西ドイツの歴史で戦後初かつ唯一の単独過半数を獲得している。経済復興だけではなく、アデナウアーによる外交の大勝利であった（選挙後は連立を維持した）。

国	成長率
フランス	4.6%
西ドイツ	7.6%
イギリス	2.5%

表3　1948-63年のGDP年平均成長率
出典：W・ラカー『ヨーロッパ現代史』1、芦書房、P.240より筆者作成。

なお、CDUに対するこうした支持、またソ連との国交樹立などの大きな成果は、SPDの方向転換を余儀なくさせた。SPDは一九五九年にゴーデスベルク綱領という新しい党の方針を発表し、階級闘争を放棄して、階級政党から国民政党へと現実路線へ転換し、NATO加盟と徴兵制も容認していくことになる。

東ドイツは一九五〇年代後半から順調な経済復興を遂げた。五七年には工業生産は約八%上昇し、さらに翌五八年上半期で一二%上昇した。この年には食糧配給制が廃止され、国民生活も上昇した。五九年には工業生産が世界第九位となった。ただし、この年には、ウルブリヒト独裁体制ができあがろうとするなかで、さらに労働強化が進み、多くの農工労働者が逃亡した。

4　ソ連――スターリンからフルシチョフへ

†ソ連の成立

ソ連の戦後はスターリン体制との決別から始まるといっても過言ではないだろう。それゆえまずソ連とスターリンについて触れておかねばならない。一九〇五年の革命時に議会が設置され、また「会議」を意味する「ソヴィエト」が労働者や兵士、農民の間で作られて、革命の拠点としての役割を果たしてきた。

その後、第一次世界大戦による窮乏は予想をはるかに超えたもので、食糧不足はひどく、一九一七年二月に帝政ロシアの首都ペトログラードでストとデモが勃発した。皇帝ニコライ二世はこれを弾圧したが、一層の反発を招き、事態は革命へと発展した。ニコライ二世は退位したが、その後の臨時政府も戦争を継続し、これに不満が爆発して、「全ての権力をソヴィエトへ」という主張が高まった。ソヴィエトが権力を握るべきと主張するロシア社会民主労働党のボリシェヴィキ（「多数派」の意味。当時のマルクス主義は革命を目指す多数派と、穏健な「少数派」を意味するメンシェヴィキに分かれていた）を率いるレーニンに対する支持が高まった。

レーニンは武力での権力奪取を主張し、軍事革命委員会が設立された。一九一七年一〇月には臨時政府と軍事革命委員会がぶつかり、いわゆる一〇月革命が起きて、レーニンが権力を掌握した。ボリシェヴィキによるソヴィエト政権が成立した。

しかし、当初は議会に他の勢力も存在した。特に農民に支持された政党を無視できなかった。また、あれほど広大な地域を、隅々まで一気に掌握はできなかった。その後、少しずつ農業の集団化と計画経済化、そして党による一党支配が進んだ。松戸清裕によれば、これが成功裏に進んだ背景には、孤立し、「周囲を敵国に包囲されている」という意識、つまり過剰な敵対意識があった。それがソ連を過度の防衛的対外政策、軍事・重工業優先の経済政策へと走らせた。

特に社会主義経済システムは、その後まもなく発生した世界恐慌時に一定の影響力をもった。市場経済の失敗が顕在化したとき、ソ連は計画経済の下で緩やかに成長した。同様に国家による市場管理を志して経済復興しようとしたのが、ファシズムだった。

この時期、小国ベルギーの外相で、のちの首相になるP・ヴァンゼーラントは、西欧各国が保護主義政策（国内産業を保護するため、海外からの輸入品に高い税金をかけようとする）に走るなかで、小国は国内市場が小さいため、輸出を広げていかないと国内産業が苦しむ。そこで、「保護主義反対」を訴えて世界を遊説した。その時の講演で、社会主義やファシズムに対する懸念と同時に「もしかしたら、こうした国家主導の経済が正しいのかもしれないが、私にはよくわからない」と自身の困惑も表していた。まだまだ社会主義（そしてファシズムでさえ）の評価は定まっていなかった。彼に時代を読む力が欠けていたとは思わない。大恐慌で国民生活が不安定な時は誰でもそうなるのだろう。

こうしてソ連は出発し、まもなくスターリン体制に突入する。

†スターリン体制

冷徹な独裁者として知られるJ・スターリンは靴職人の家に生まれた。一八七八年生まれとされたのは比較的最近のことで、一九九〇年に彼の公式評伝とされるものが発見されるまでは一八七九年とされていた。なぜ一つサバを読んだかについては謎が多くて真実はわからない。「スターリン」と名乗ったのも、一九一二年の論文「マルクス主義と民族問題」を書いた頃からで、「鋼鉄」を意味する「スターリ」から取って彼が用いたペンネームだとされる。ちなみにこの論文は彼の出世作で、あらゆる民族の自決を認めたうえで、諸民族の労働者を団結させ、当時の社会主義政党であるロシア社会民主労働党のもとに結集させようという趣旨だ。この論文によって彼は民族問題の専門家として知られるようになった。

では彼の本名は、というと、ヨシフ・ジュガシヴィーリというのだが、靴職人を継いでもらいたかった父と、そうではない道を望んだ母とはあまり仲睦まじいというわけではなかったようである。結局彼は母の方針で神学校に進むが、すでに一八九〇年代にこの学校はマルクス主義の拠点となりつつあり、スターリンは一八九八年にはサークルに加わり、やがて素行不良、成績不振で退学となる。まもなく彼は地下に潜伏して革命家となり、しばしば逮捕されることもあった。

一九〇三年にベルギーのブリュッセルでロシア社会民主労働党の党大会が開かれた時、党の方針をめぐって先のボリシェヴィキが分裂する。さらに翌年の日露戦争がロシアの思うようにならないと国民の不満が高まり、情勢は緊迫し、一九〇五年にニコライ二世は憲法制定と国会開設を認めざるをえなくなった。この一九〇五年革命でスターリンはテロ活動や「収奪」という資金集めなどの武装活動で名を上げていく。同時にV・レーニンと出会い、グルジアやアゼルバイジャン地方の指導者として認められていく。

一九一七年のロシア革命で誕生したソヴィエト政府では、彼は民族問題の担当委員となった。その後第一次世界大戦の混乱、さらに反革命勢力による混乱があり、内戦状態に陥ると、危険分子に対する「テロル」を実施するようになる。レーニンはスターリンを重用した。党そのものが革命を定着させるために「スターリン化」していたといえる。

第一次世界大戦が終わると、党は経済回復のため、新経済政策を実行した。戦後復興のために党の担う業務は激増し、それをこなすためにレーニンは、一九二一年に新設された党書記長ポストにスターリンを任命した。レーニンはやがてスターリンが粗暴で書記長にふさわしくないと考え、書記長解任を要求するなどしたが、一九二四年にレーニンが死去すると、スターリンは自らのやり方に不満を掲げる党内勢力を「分派活動」と呼び、除名処分、国外追放にした。

†スターリン体制の終焉へ

五カ年計画による重工業化と農業の集団化が進められ、一九三六年に「一国社会主義」体制(後発資本主義だったロシア一国でも社会主義の完成が可能だというスターリンの主張)の完成を謳う「スターリン憲法」が制定されると、反対派に対する粛清は一層進んだ。党のみならず国民でも反対派は裁判にかけられ、国家転覆の罪で処刑された。いわゆる「大テロル」であった。一九三七年から三八年の間に一五七万五〇〇〇人が逮捕され、一三四万五〇〇〇人が有罪となり、六八万人以上の人が処刑されたという。メキシコに亡命していたL・トロツキーも一九四〇年に暗殺された。古参エリートを排除し、従順な若手のみが残った。スターリン個人の権力が確立されていく。

第二次世界大戦で戦勝国となることでスターリンの地位は正統化された。ソ連は戦争被害が甚大で、「準戦時体制」は継続した。これもスターリン体制を強化する要因となった。ドイツとの戦いにおいて前線で戦うことを強いられた人々、戦後の荒廃のなかで、再び旧来の体制が作り上げられていくのを目の当たりにした人々のなかには、実際には密かに不満を抱くようになった人たちもいたようだ。しかし、スターリンはこうした人たちを許さなかった。革命の定着のために始められた粛清は、冷戦が進むなか（スターリンは、チャーチルが「鉄のカーテン」を演説したことに激しく怒ったという）でも「敵国に包囲されている」意識が存続して、なお継続し、彼の個人的権力が維持された。一九五三年にスターリンは死去したが、彼が死亡した一因には、彼のプライベートの寝室に誰も許可なく入ることができず、発見が遅れたことが挙げられている。独裁も行きすぎると寿命を縮めるのかもしれない。

ただ、テロルなど粛清の側面を強調しすぎたかもしれないが、彼の死が公になると、多くのソ連の人々が涙したという。みな独裁体制を忌避していたが、偉大な指導者の死を悲しんだ。もしかしたら先行きへの不安による涙だったかもしれない。まもなくフルシチョフが書記長になった。

†第二〇回党大会

次期書記長となったのはN・フルシチョフである。一八九四年にウクライナに近い南ロシアに生まれた（一九七一年没）。もともと鉱山で働き、そこから赤軍を経て一九一八年に共産党に入党した。モスクワとウクライナで活動し、戦時に赤軍を率いて評価された。その後ウクライナの共産党リーダーを経て、一九四九年にモスクワへ戻り、モスクワの共産党を率い、スターリンの死後第一書記に選出された。彼は当初それほど注目されていなかったが、選任されると数年のうちに中央委員会を支配下におき、地方ポストも彼の派閥が占めた。

この第二〇回党大会は、後述する「スターリン批判」で全世界から注目を浴びることになるわけだが、それとは別に戦後復興の新しい方向性が示されたときであった。生活食堂やカフェの改善や増加、労働時間の短縮、最低賃金の設定と引き上げ、年金の法制化、中高等教育の授業料廃止など、国民の要望に応えていった。

スターリンが率いた戦後直後の復興計画は「上からの改革」だった。しかしこれらの「革命」「改革」は人々の生活の向上に資するものとならず、人々は不安な気持ちを抱いた。そのためフルシチョフ体制では国民生活の改善が重視されたのだ。

ただし、賃金が上がって、休みが増えれば、消費も増える。瞬く間に商品は不足し、フルシチョフは新規開墾を命じた。短期的には効果的な政策だったが、これはやがて周辺民族の居場所を奪い、追い込むことになる。また住宅事情を改善しようとして、安い住宅を大量に建てたが、あまり住み心地の良いものではなく、「フルシチョフのスラム」と呼ばれた。

当時のソ連の政策目標はアメリカに追いつくことにあった。一九五九年には七カ年計画が発表され、アメリカの工業生産を数年のうちに追い越す目標が設定された。一九五〇年代後半の時期、ソ連は高度経済成長の時期だったといわれている。

†スターリン批判

一九五六年二月の第二〇回党大会で、フルシチョフが率いる党執行部は緊張の緩和に向けて大きく方向転換した。民主化の促進、西側との平和共存の模索が謳われ、党大会の最終日の非公開会議では、フルシチョフによる「スターリン批判」がなされた。スターリンの犯罪的な行為を明らかにして、それがスターリン個人のせい、スターリンに対する個人崇拝によって生じたと主張した。

フルシチョフの回想録から引用しておこう。第二〇回党大会の前「私はいぜんスターリンを、まれに見る強力な指導者として愛惜していた。彼の権力が恣意的にふるわれ、かならずしも適切な方向に行使されなかったことを知ってはいたが、だいたいにおいてやはりスターリンの力は、社会主義の強化と、十月革命の取得物を強化するために使われたと、私は信じていた。……だが、いくつかの疑問が提起されるようになり、……私は、逮捕された者のうちだれひとりとして無罪放免になった者がいないのはなぜか、監禁された者のうち釈放された人間がひとりもいないのはなぜかという疑惑を抱きはじめていた」（ストローブ・タルボット編『フルシチョフ回想録』タイムライフインターナショナル、一九七二年、三四七〜三四八頁）。

そして党大会における秘密演説に関わる議論では、「……われわれは党の指導者として、何が起こっていたかを知らせないという権利を持たない」（同三五二頁）と、反対する党指導部を説得した。そしてスターリン時代に起こった悲劇を「スターリンの病める性格に由来するものだった」と演説した（同三五四頁）。その結果フルシチョフは「党を純化してスターリン主義を清算し、……戦いの目標としてきたかのレーニン主義的規範をあらためて党内に確立するプロセスを触発させた」（同三五六頁）と回顧している。

フルシチョフは個人崇拝によって歪んだ社会主義を改善し、本来の社会主義に回帰しようとして、国力の増強と国民生活の改善に取り組んだ。本来のマルクス・レーニン主義に戻れ！と訴えたのである。

しばしばフルシチョフの個人的見解によってソ連が一八〇度方向展開したというイメージを持たれがちな「スターリン批判」であるが、近年の研究はその胎動がフルシチョフ以前からソ連内に生じていたことを指摘している。

第二次世界大戦時、独ソ不可侵条約を結んだはずのドイツが攻めてきたことは、スターリンには予期できなかった。色々と情報は入ってきていたようであるが、まだ楽観していた。そのため急襲によってミンスク（都市）を奪われたとき、スターリンは自信を失って意気消沈していたという。しかも戦後、生活は遅々として改善せず、不満が蓄積していた。「非スターリン化」の端緒をここに見いだす研究者もいる。

また、スターリンに対する個人崇拝が行き過ぎたことはすでに多くの指導者が共有していただろう。さらにスターリンの死後、捕らえられた人々の一部に大赦が認められた。その人たちを放置すれば、確実に彼ら・彼女らは反体制派になる。そこでフルシチョフは戦後最初の党大会で真実を語ろうとした。悪いのはスターリンなのだ、と。

きっかけは別にして、同年六月には、アメリカがこの内容を入手、英訳して全世界に公表したから、世界中大騒ぎになった。

当然だが、彼は党内で他の旧幹部たちを敵に回した。古参のメンバーたちは反抗したが、フルシチョフ以上にスターリン体制の維持に関与していたから、第二〇回党大会の「スターリン批判」後に表立って反抗することは難しかった。まもなくフルシチョフは中央委員会を用いて古参のメンバーを解任し地方に飛ばすなどした。

党内の権力抗争がひと段落した一九五七年六月以降、フルシチョフは自分の目指す改革を進めていくようになった。

†融和の時代？

民主化と平和共存を目指したフルシチョフは融和的外交政策を展開した。一九五三年には朝鮮戦争の休戦に合意した。一九五四年には英米仏ソがジュネーヴで集まりアジアの和平に向けた合意を取り付けた。さらに一九五五年にはアジアを一カ月も外遊し、中国とインドの間で交わされた「平和五原則」を承認し、インドへの経済援助を取り付けている。文学や芸術などの西側との交流が認められた。一九五九年九月には、アメリカを訪問しアイゼンハワーと会談するという歴史的快挙を成し遂げた。（次章で述べるように結局一時的なものでしかなかったが）緊張緩和と和解の機運が高まったのは事実である。

対ヨーロッパという点では、ソ連は西ドイツの再軍備を警戒し、NATOが成立すると、東側の軍事同盟であるワルシャワ条約機構を発足させた。二大陣営の対峙は、むしろ冷戦時代の到来を確定した感もあるが、他方で五五年五月にはオーストリアの独立回復を承認し、九月に西ドイツとの国交を回復した。

以上のように、フルシチョフ時代の対外政策は融和に向かいつつ、しかしNATOができれば反動的にワルシャワ条約機構を作るなど反動的な政策もあり、「揺らぎ」がみえる。

5　ハンガリー事件の衝撃

ソ連によってドイツから解放された国々では、次々と親ソ政権が成立したが、スターリン批判後まもなく、この地では悲しい出来事が生じた。ここではハンガリーを取り上げる。その前に東欧各国の経済概況をみよう。なお、ここでいう「東欧」とは地理的な空間を示す語でもあるが、ソ連時代の「(旧) 共産圏」というイデオロギー的な意味も有している。しばしばソ連の「衛星国」と呼ばれるほど、これらの国は一括りにされた。

†東欧各国の概況

W・ラカーによれば、戦前の東欧は、概して経済的に後進国であった。またそれぞれが少数民族を抱えていた。ポーランドにはウクライナ系とユダヤ系が数百万人いたし、チェコにはやはり数百万のドイツ系とハンガリー系がいた。ユーゴはさらに複雑で、セルビア系、クロアチア系などに分かれていた。こうした状況ゆえに政治は不安定であった。

さらにソ連とドイツに挟まれているという地理的条件が東欧諸国を苦しめた。ナチが台頭したときには全東欧がその支配下に入った。ソ連軍による占領は一九四四年夏から四五年夏にかけて起きた。終戦時には全東欧諸国と、ほとんどのバルカン諸国はソ連の占領下に入った。

当時、東欧諸国の多くが、後進性を乗り越えるために、資本主義的方法では無理と考えていた。むしろ彼らは帝国主義の犠牲者で、それを越えるためにソ連に従おうと選択したともいわれている。また、第二次世界大戦におけるナチによる全面的支配から立ち直るためには、強力な社会改革が必要だと考えられた。多民族という難しい問題を抱える地域であるため、西欧ではない形を模索した。

国	工業生産指標（1948年）	工業生産指標（1959年）
ソ連	40	111
東ドイツ	27	112
チェコスロバキア	44	112
ハンガリー	38	111
ポーランド	28	109
ブルガリア	22	121
ルーマニア	22	110

表4　ソ連・東欧の工業生産（1958年を100とする）
出典：W・ラカー『ヨーロッパ現代史』1、P. 245から筆者作成。

このソ連による侵略は暴力的、破壊的で略奪、女性に対する強姦、一般市民の銃殺などに及び、すでにこの時点からポーランドなどではソ連に対する反発心が植えつけられたという。そのため当初は「人民民主主義」（複数政党制）という、民主的な形態での社会主義化が目指された。しかし、スターリン時代に独裁が進んだ。粛清が進み、さらにチャーチル等の演説がきっかけとなって強固な組織化が進み、一九四七年にはコミンフォルム（共産党情報局）が結成され、ソ連型社会主義への歩みが進んだ。実際に支配していたのはソ連から派遣された大使や軍であった。

しかし社会主義化が進むと、東欧では農業生産は依然停滞していたが、工業生産は一九四七年までに戦前のレベルに回復し、なおも発展した。

†ハンガリーという国

以下、ハンガリー事件をみよう。一九五六年、スターリン批判に続いてソ連への反抗がハンガリーで試みられた。小国の、わずか一〇日ほどの蜂起だが、世界は震撼し、その悲劇的な結果、研究上謎とされる部分もなお多いことで、世界史に名を残す事件となった。

ハンガリーという国は、地理的にオーストリア、スロバキア、ウクライナなど多数の国と国境を接し、大ざっぱにいうとドイツと旧ソ連の間に位置している。ドナウ川が国の中心を流れ、首都ブダペシュトは「ドナウの真珠」「ドナウの女王」と讃えられる美しい街だ。二〇一七年時点で面積約九・三万平方キロメートル（北海道の面積の一割ほど大きい）、人口約九八〇万人（神奈川県より一割ほど多い）。西欧に近いこともあり、紀元後一世紀にはローマ帝国の属州に入る。四世紀になると、ゲルマン民族の移動に伴ってフン族が侵入する。筆者が子供のころは、ハンガリーという国名は「フン族の土地」という意味から来ているという話があったように記憶しているが、フン族自体どういう民族か色々な説があり、国名の由来ははっきりしない。この後アヴァール人、九世紀になると現在の主要民族であるマジャール人がカトリックを受け入れ、ハンガリー王国を建設した。

一五世紀に入ると、オスマン帝国の進出と後退のなかでハンガリーの人々は離散し、この地は複雑に多民族化した。オスマン勢力が後退し、この地をめぐる勢力争いの後、一六九九年にはオーストリア・ハプスブルク家が支配するが、いわゆる一八四八年にヨーロッパを席巻したナショナリズムの嵐のなかでハンガリーの人々も独立運動を展開した。マリア＝テレジア、続くヨーゼフ二世の中央集権的な統治に反発し、さらに一八六六年にプロイセン＝オーストリア戦争でオーストリアが敗北したことを契機に、ハンガリーはオーストリアでの自治を獲得した。これが一八六七年の「アウスグライヒ（妥協）」である。外交においても、ハンガリーはかなりの意見をいうことができた。不思議な統治形態だが、当時のハンガリーの指導者たちは、小国ハンガリーが生き残るために、ハプスブルク帝国の後ろ盾が必要と考えたのである。一八七八年のベルリン会議では、ロシアの進出を防ぎ、ボスニアを支配下におさめることに成功した。ここから第一次世界大戦までオーストリア＝ハンガリー二重帝国が存続する。

第一次世界大戦自体がこのオーストリア＝ハンガリーの皇位継承者、フランツ・フェルディナントの暗殺がきっかけであることはあまりにも有名である。暗殺したのは先のボスニア占領に不満を抱く青年であったという。

オーストリア＝ハンガリーは独墺同盟に加わり参戦したが、敗戦したことでハンガリーの民族主義が高揚し、一九一八年一〇月にハンガリー共和国が独立する。しかし戦勝国との講和はうまくいかなかった。ハンガリー側は民主化を進めて領土の保全を期待したが認められず、さらにルーマニア人、スロバキア人が分離独立を宣言するなど混乱し、翌一九一九年三月には左傾化したハンガリー・ソヴィエト共和国が成立した。ハンガリーはロシアとの連携によって領土を保全しようとした。新政府の代表が「われわれは……西によってわれわれに拒否されてきたものを、東から得なければならない」と言ったという。しかしこの社会主義政権に脅威を感じた周辺国によって、翌年トリアノン条約が結ばれ、二重帝国時代の面積七二％、人口六四％を失うことになった。以降、ハンガリーにはこの条約に対する修正主義、つまり「失地回復運動」が蔓延していくことになる。

†第二次世界大戦

結局、大部分の領土を失った戦間期のハンガリーでは、西側の民主主義に対する嫌悪だけでなく社会主義政権に対する失望も広がり、第一次世界大戦前の貴族政治に対する復古主義が高まった。連合国の管理下で一九二〇年に自由選挙が行われ、保守勢力が勝ち、社会主義体制を改革し君主政を認め、ハンガリー王国となった。

やがて大恐慌を機に、政治は不安定化した。ハンガリーの農作物は市場を失い、農村の状態が悪化、失業が増大し、反体制勢力が強くなっていった。短命政権が続くなかで一九三二年に親ファシズム政権が成立する。

この政権を担ったゲムベシュ・Gはドイツ生まれで、ヒトラーとB・ムッソリーニの信奉者であった。経済不況と政治的不安定を背景に学生を中心にファシズム支持者が増えてゲムベシュ政権を誕生させた。

当時のハンガリー政権はイタリアへ接近した。失地回復のためである。ゲムベシュはムッソリーニを訪ね、友好を固くし、ムッソリーニをトリアノン条約に対する修正主義者にすることに成功した。ムッソリーニは以降、トリアノン条約批判を公にした。その結果、ハンガリーはムッソリーニに寄り添う以外の道を失った。

一九三六年三月に（第一次世界大戦後、国際的に非武装中立地帯と定められていた）ラインラントにヒトラーが進駐すると、ハンガリーはヒトラー側の枢軸国に接近した。もし失った土地をいくらかでも回収できるのであれば、それはドイツ、イタリアと同盟する以外ないと考えた。たとえドイツがイギリスと戦って負けたとしても、ヒトラー率いるナチは中欧に大きな影響力を及ぼすだろうと考えたのである。

一九三九年にドイツがポーランドに侵攻して第二次世界大戦がはじまったとき、ハンガリーは慎重に非交戦国であることを宣言したが、一九四〇年の春にドイツの勝利が続くと、国内右派からの批判を受け、（一部領土を獲得し）日独伊三国同盟へ加入し、ドイツ軍がルーマニア攻撃のために自国内を通過することを認めた。ドイツ軍とともに歩むかどうか、すなわち連合軍と戦争するかどうかは、その後もハンガリーの政権の課題であり続けたが、この時は「ヒトラーの協力要請を受け入れ、失地回復を！」という思いが勝った。一九四一年には独ソ開戦にともないソ連に宣戦布告、次いで反ユダヤ人法が制定され、英米と戦争状態に入った。

しかし、一九四二年以降、ドイツ軍の勢いは衰える。そうするとハンガリーの側では微妙にドイツ離れが進む。国内ユダヤ人に対する弾圧は緩み、左派系の新聞なども自由が認められるようになってきた。ドイツはこうしたハンガリーの態度に不信感を露わにして、傀儡政権が立てられ、ナチ親衛隊によって自由主義者やユダヤ人など四〇万人が犠牲になったといわれている。さらに一九四四年以降、北部にソ連軍が進出するにつれて、ハンガリーのドイツ離れが進んだ。翌年にはソ連の手により、ナチは放逐された。

†共産党支配

第二次世界大戦後のハンガリーでは、当初最も支持された独立小農業者党など民主的諸政党と共産党が連立政権を組んだ。ソ連は時間をかけてハンガリーの共産化を進めようとした。当時の内閣にはナジ・Iが農相となった以外に、共産党の入閣はわずかだった。

ナジは、人口の大半が農業に従事するハンガリーにおいて農地改革が必須だと考えていたが、農地の集団化の前に、土地の私有を認めて農民から支持を集め、それから共産党の体制を固めようとした。一九四五年三月に大土地所有者の土地や、ナチ協力者の土地が没収され、その半分以上が約六四万の小農や農業労働者に分配された。新政権は大いに支持されることになった。

同年秋のブタペシュトの市議会選では、しかしながら独立農業者が勝利した。三億ドルの賠償金、ソ連軍の駐留費負担、また侵攻したときの蛮行などに対する反発がその背景にあるとされる。その後の国政選挙でも独立農業者が過半数を超える票を集め勝利し、共産党は一七％しか票を得ることができなかった。この結果が共産党を攻撃的にした。

モスクワから帰ってきたラーコシ・Mがスターリンの手法を学び、つまり秘密警察によってスパイ容疑、陰謀の容疑などをかけ、政敵の排除、処刑を断行した。さらに野党から右派幹部を追放し吸収合併して、やがて一九四九年には「ハンガリー勤労者党」を指導的組織とする「独立人民戦線」を作り、ほぼ一党支配を作り上げた。

一九四九年八月、ソ連のスターリン憲法を模した新憲法が制定され、正式にハンガリー人民共和国がスタートした。ラーコシはかつて農地改革で支持を得たナジを党の政治局から追放した。それ以外にも多くの党員や知識人が投獄され、拷問にかけられた。スターリンが一九五三年になくなるまで、ハンガリーの政治犯は一五万人、処刑は二〇〇〇人に及んだとされる。

しかしラーコシ時代の経済改革は、強制的な国有化と集団農場化で、しかもかつての農業国ハンガリーにはあまりに高いノルマを設定した。低賃金、高ノルマで労働者の意欲は下がり、欠勤などが目立ち、生産性は低下した。一九五二年にはノルマの達成ができなくなり、労働者の実質所得は二〇%近く低下して、不満を高めた。

また集団農場化もかなり強引に進められたが、五年で農業生産を倍増させるはずの計画の一〇%程度しか達成できなかった。集団化自体が農民の労働意欲を減退させた。一九五二年の農業生産は戦前の水準を下回り、農民にも不満が溜まっていった。さらにソ連軍が常に駐留していること、その費用を負担し続けていること、学校教育におけるロシア語の義務化、きびしい検閲と秘密警察による監視は、やがて大きな反ソ感情になっていった。

†ハンガリー事件

一九五三年三月にスターリンが死去すると、同年六月にはブダペシュト郊外で低賃金、高ノルマ、食糧不足に反発した労働者のストライキが起き、他の地域へ拡散した。さらにジャーナリストや作家が「社会主義に夢を見た人たちの失望」を主張して反体制運動を展開するようになった。皆、自由主義改革を進めたナジの首相就任を求めた。ソ連はこの状況をみてナジのハンガリー首相就任を認めた。一九五三年から五五年にかけて「新路線」と呼ばれる一時的な農地解放、土地私有化が進み、支持を集めた。

しかし指導者の交替だけでは我慢できない学生たちが「生涯耐えられるわけがない」と声をあげ、ブダペシュト大学を中心に抗議集会が開かれていた。また、一九五四年にはサッカーW杯で、最強といわれたハンガリーが不可解な判定で負けるなど、スポーツをめぐるフラストレーションも溜まり暴動が生じた。

こうした不穏な空気のなかで、ラーコシがナジを追放して親スターリン的な政権を復活させた。このタイミングで、つまり一九五六年二月のソ連共産党第二〇回大会でフルシチョフがスターリン批判を秘密報告した。人々の不満は一気に解放されて、逆にラーコシの抑圧も強硬なものになった。

六月にポーランドで暴動が生じ、一〇月に自由化を掲げたW・ゴムウカ政権が成立すると、ハンガリーの学生たちは勢いづいた。一〇月二二日にブダペシュト工科大学の学生集会、翌日には労働者を含む暴動が生じてソ連は出兵を決定したが、二五日には市民の側についたハンガリー軍がゲリラ化してソ連軍と闘った。このなかで再び首相に就任したナジが事態の収束を図り、非共産主義者を含む新内閣を編成し、二八日にはソ連軍の即時撤退と休戦を宣言し、二九日からソ連軍は撤退し始めた。ハンガリーの人々は勝利したかに思われた。

三〇日、ナジは自由選挙の実施に同意した。ところがハンガリーの人々の思いは強く、なお共産党員を捕らえて焼き殺すなど凄惨な光景が広がったという。このなかでソ連軍はいったん一〇月三一日に完全撤退となったが、翌日には方向転換し、ハンガリー国内に大規模介入した。戦車二〇〇両ともいわれる。そして一気に事態を逆転し、鎮圧した。

ナジはワルシャワ条約機構からの脱退、国際的中立を訴え西側と国連に救助を求めるもそれはなく、ソ連に捕らえられ極刑に処され、ハンガリーはその後、カーダール・Jの長期独裁政権が続くことになる。

このハンガリー事件では、ソ連の態度が豹変した理由など、様々な点が不可解で歴史研究の論点になっている。近年の調査によれば、当初のナジの改革をフルシチョフは容認している。しかし、暴動が始まってからフルシチョフはポーランド共産党員、中国などと協議し、その過程でナジがソ連軍の撤退を要求し、ワルシャワ条約機構からの脱退、中立や国連加盟を目指したことが行き過ぎと判断されたという。それはポーランドと異なり、社会主義の枠を壊す「反（社会主義）革命」と判断された。特に反対派が共産党員を焼き殺しているなどの情報が入った一〇月三一日の夜に介入を決定したといわれている。あまりにやり過ぎだとみなされたのだろう。また英米側は、当時スエズ紛争のほうが重大な関心事であり、この件についてアイゼンハワーは軽視していたという。

その後のハンガリーは、一九八〇年代までカーダールの長期政権が続くが、独裁政権でありながらもその間一定の経済改革が進み、民主化の基盤が作られた。一九八九年、東欧革命の先陣を切ったハンガリーでは、このハンガリー事件は再評価されるようになったが、いずれにせよ一瞬のうちに多くの死傷者を生んだ悲しい出来事であるのは間違いない。

コラム1 ノーベル文学賞を受賞したチャーチル

戦時のイギリスを率いた政治家として名高いチャーチルであるが、一九五三年にノーベル文学賞を受賞したことでも知られている。彼自身が従軍記者として生計を立てることを若くして生業とした結果でもあるが、選考委員会はその「歴史、伝記における卓越した叙述と、崇高な人間的価値を擁護する輝かしい弁舌」に対して、文学賞を授与した。若い頃は恋愛小説、マールバラ家の祖先の歴史を書いたこともあったが、中心は自らが主人公となった同時代史で、処女作『マラカンド野戦軍従軍記』、第一次世界大戦記である『世界の危機』、一九四八年から一九五四年にかけて全六巻で書き上げられた『第二次世界大戦回想録』などがある。

冨田浩司によれば、そのなかでチャーチルの戦争の関わり方は当然大きく変化する。一騎兵としての立場から首相としての立場まで幅広い。しかも近年特に政治学でしばしば求められる歴史記述における「客観性」をやや欠いた強い自己主張がなされているからこそ、当時のヨーロッパの切迫した状況を描き出すことに成功している。

特に『第二次世界大戦回想録』は、ローズヴェルト、ヒトラー、ムッソリーニが終戦前に死んだこと、スターリンがまとまった回想録を残していないことを考えると、非常に貴重な歴史資料である。特に各巻末に彼自身が書いたメモを付記してあり、歴史研究者には有難い。

全体として、彼は周囲がヒトラーに対する宥和策に流れていくなかで、自分だけはその流れに抵抗していたと描かれている。「彼〔ヒトラー〕の対抗者たちは彼のこけおどし策に、あまりにも決断力を欠いていた」（第一巻一六二頁）といった具合である。特に第一巻は出版前（一九四八年）に新聞で一部連載された。しかも同年には米ソ関係が急速に悪化し、同年六月にはベルリン封鎖が起きている。私だけは、敵を前にして折れないのだ、そしてそれが正しかったじゃないかと訴えることで、一九五一年の彼の政権奪取に大いに役立ったかもしれないと考えるのは妄想が過ぎるだろうか。

ノーベル賞委員会は「文献や史料を尊重しつつも、歴史を創造するのに一役買った人物が描いた歴史には、何か特別なものがある」と評価した。歴史を創造した人物の自伝だからこその評価だろうが、歴史とは何か、歴史学とは何かということをいつもこの本を読み返しながら考えさせられる。当事者ではない者が取り組む歴史学の意義はどこにあるのだろうかと。

第 二 章

繁栄から叛乱の時代へ

（1960年代）

シャルル・ド・ゴール

第二章関連年表

年号	出来事
1960	植民地独立 ソ5月　米U2撃墜
1961	仏1月　アルジェリア国民投票 独8月　ベルリンの壁構築 英8月　EEC加盟申請
1962	仏7月　アルジェリア独立 ソ10月　キューバ危機
1963	英1月　EEC加盟失敗 独仏1月　エリゼ条約 独10月　エアハルト政権 英10月　ダグラス＝ヒューム政権
1964	ソ10月　ブレジネフ、党第一書記就任 英10月　ウィルソン政権
1965	2月　米、北爆開始 仏7月　空席危機
1966	仏1月　ルクセンブルクの妥協 仏7月　NATOから仏軍撤退 独12月　キージンガー政権
1967	7月　EC発足 英11月　EC加盟再申請失敗
1968	5月　学生・市民運動活発化 8月　ワルシャワ条約機構、プラハ占領
1969	仏4月　ド・ゴール退陣 仏6月　ポンピドゥー大統領 独10月　ブラント政権

	イギリス	フランス	ドイツ	ソ連
相違点	保守党から労働党へ	ド・ゴールの時代と反発	アデナウアーから大連立と反発	スターリン批判からブレジネフ体制へ
共通点	戦後初の経済不況			

表5　60年代のヨーロッパのバリエーションと共通点
出典：筆者作成

戦後西欧諸国は奇跡的な経済発展を遂げた。チャーチル、アデナウアー、ド・ゴールなどそれを支えた政治家は、それぞれの国の政治史でなお「英雄」として語り継がれることが多い。そしてこの経済発展の担い手である国民の生活を支えてきたシステムが福祉国家だった。しかし、まもなくそのシステムは限界を迎えることになる。

第一に資本主義的経済発展はインフレを招き、国民生活を圧迫し、政治に対する不満を高める。政府はうまくそれに対応しなければならない。インフレに対応するためには、当時、同時並行的に生じる賃上げ要求に応えない賃金抑制策がとられた。賃金を引き上げれば、消費が進み、物価も上がり続けるからだ。しかし、賃金抑制策は労働者の勤労意欲を妨げ、反発を生む。結果的に経済の過熱はおさまるが、今度は不況に陥る。各国は戦後初の不況に苦しむことになる。

第二に、大学にはベビーブームの子供たちが大量に入学して、手狭となっていた。大学間、学部間で予算の取り合いやポストの取り合いが生じて、学生運動が活発化していった。「六八年」に学生の叛乱が生じたとき、労働者や知識人、さらに「一般的な成人男性が働いて、女性は家で家事と子育てに従事する」ことを前提として構想された福祉国家に見過ごされていた人たち（女性、少数民族、人種……）の反体制運動も加わり、「六八年」は各国で大きな紛争となった。

福祉国家が戦後を立て直した立役者だとすれば、その立役者が大物役者となったがゆえに、その時の弱者の思いを汲み取ることができなくなっていたということだ。こうして六〇年代は戦後ヨーロッパの最初の曲がり角となる。各国ごとに状況を見ていこう。

1　イギリス——没落するコモンウェルス

†保守党——マクミランからダグラス＝ヒュームへ

チャーチルがバツケリズムで福祉国家を維持したまま八〇歳で引退し、イーデン、そしてスエズ紛争によってマクミランが後を継いだ後の話である。

小川浩之によれば、一九六〇年代初頭、順調に回復したイギリス経済はそれゆえインフレに陥り、デフレ政策として賃金抑制策が進められたが、労働者が反発したにとどまらず、消費が冷え込んで経済が停滞すると失業率が上がり、強烈な財政難に見舞われた。これはスエズ紛争での軍事支出の増加によるところが大きい。財政赤字によりポンドの価値も低下した。一九六〇年代のイギリスは概して経済不況と財政難を抱え続けた。

他方で大陸ではヨーロッパ統合がこの時期進展した。一九五七年にはヨーロッパ経済共同体（EEC）が発足することになった。順調に市場統合に向けて進んでいるようにみえた。経済が停滞し疲弊したイギリスは、議論の末、市場を確保するために一九六一年にEECの加盟を申請する。議会での反対票は保守党内では一票に留まったが、棄権は二〇名を越えた。加盟申請があたかも大陸西欧諸国に頭を下げて仲間に入れてもらおうとするような弱気な態度に映り、コモンウェルスの栄光を捨て去る「国家的な災いだ」として反発した。彼らはコモンウェルス、つまり植民地帝国を維持したいと考える一派だった。それが時代の趨勢のなかで叶わなくなってきたことを直視しなかったのだろう。その矛先がヨーロッパに向かった。植民地のようなもの、とまで考えていたかどうかはわからないが、大陸に頭を下げるなど、もってのほかだった。

しかし弱気だろうが強気だろうが、この申請は、一九六三年に欧州の「対米自立」を目指すド・ゴールが難色を示して却下し、挫折してしまった。イギリスはアメリカの言いなり、子分と考えられたからだ。この失敗はマクミランには痛かった。国内世論に反対があったにもかかわらず自国の利益になると考え、先の反対派を押し切って申請したにもかかわらず却下されたのである。マクミランは入院し、辞意を表明した。

保守党では後継者をめぐり混乱した。このような苦難の時期に首相を担いたいと思う者も多くはない。結局マクミランが、見舞いに向かったエリザベス二世と相談し、A・F・ダグラス＝ヒュームを首相に推薦した。

ダグラス＝ヒュームは当時外相を務めていたが、貴族の出で、上院議員である。ピューリタン革命、名誉革命、そして普通選挙制の実現、と世界の民主主義をリードしてきたイギリスの人々からすれば、旧時代の支配階級の名残である。「一八世紀であれば、彼は三〇歳になる前に首相になっていただろう」といわれたほど上品で気品に溢れた、古い時代のエリート像を体現していたが、民主主義の観点からこの人選は不評だった。ここまでの党内亀裂の結果であったとはいえ、「最も有権者を代表しない人物」と厳しい評価を食らった。

同時期、労働党党首のゲイツケルが急逝し、庶民派といわれたH・ウィルソンが党首になった。そして経済成長のためイギリス社会の「現代化」を謳った。他方で六〇年代に入って経済の無策を露呈した保守党に有権者は見切りをつけた。一九六四年の選挙で労働党が圧勝して、政権交代になった。経済政策で無策と呼ばれた保守党は、庶民出身で、経済に強いE・ヒースを党首に選出した。

†労働党時代

イギリス政治は再び労働党の時代に入った。しかし経済が停滞するなかでイギリスは一層不安定化する。

力久昌幸によれば、ウィルソンは父が工場で働く技師、母が教師で、中産階級出身だ。第一次世界大戦中の一九一六年に生まれた。しかし奨学金を得ながら優秀な成績で進学し、オクスフォード大学を首席で卒業した。学業優秀で研究者を志し、ベヴァリッジの研究助手となる。第二次世界大戦が始まると、経済統計分析の専門家として政府機関で働いた。二〇代後半で局長に昇進すると、戦後、主要産業の国有化や計画経済の導入を試みる労働党から選挙に出て、一九四五年七月の労働党が大勝した選挙で当選する。二九歳であった。

すでに政府機関での実績を積んでいた彼は当選後まもなく公共事業を担当する政務次官となり、三一歳で閣僚を任されるなど、スピード出世した。二〇世紀では最も若い閣僚だ。一九四七年には不人気だった配給制を一部緩和し、国有化よりむしろ自由競争への復帰を急ぐなど経済通として知られていく。この際、配給手帳を破り捨てるなどのパフォーマンスで有権者の人気を博す。こうしたパフォーマンスは彼の得意技になっていく。

朝鮮戦争勃発の際、アトリー政権を支えたゲイツケルがNHS（医療費を無料にした制度）を一部有料化すべきだと主張し、左派のリーダー、ベヴァンがそれに対抗した。このときウィルソンはベヴァン派に加わった。こうして党左派のリーダーとみられるようになり、保守党政権時代には影の内閣を歴任した。党首選でなかなか勝てなかったが、一九六三年一月にゲイツケルが死去し、四六歳にして労働党の党首となった。

党首当選後、まず党内対立の解消に乗り出し、一九六三年の党大会では、党首演説で次の総選挙に向けて科学技術にもとづく新たな社会主義によるイギリスの「現代化」を訴えた。ちょうど各先進国が「科学技術」の発展に資金を投資していたタイミングで、時機を得たフレーズだった。

他方で保守党の党首は旧態依然とした貴族のダグラス＝ヒュームのままであった。一九六四年、一三年ぶりに労働党を政権党に導いた。

†第一次ウィルソン政権

ウィルソン政権は「現代化」によってイギリス社会の安定化を試みた。彼のいうイギリスの「現代化」とは、保守党時代に続いた「その場しのぎ」のストップ／ゴー政策、換言すればイギリス経済が苦しむなかでも、抜本的な転換を行わず（例えば、福祉支出の大幅削減による財政赤字の解消を試みれば、福祉支出の恩恵を受けている人たちからの支持を失うのを恐れた）、微調整で逃げていた保守党のやり方に対する批判から生まれた。そうではなく、彼は国家主導で市場経済を適切にコントロールすれば、苦境のイギリス経済を確実に前進させることができ、そしてその鍵は明確な目標を掲げた「計画」であると考えた。そして政府の経済政策運営について、計画の占める比重を大幅に高めた。彼の計画を「国民計画（National Plan）」と呼ぶ。所得の上昇率でさえ計画のうちに含め、その点では労働組合の同意を取り続けなければならなかった。

その計画によれば、一九六四年から一九七〇年まで、中長期的にイギリス経済は年率四％の成長を果たすはずだった。これはかなり高いハードルだった。しかし当時のイギリスは、結局大蔵省が主導で経済、金融政策を動かしていた。実際の成長率は、当時の大蔵省が想定した、自然に見込まれる成長率、年二・五％と大差はなく、計画は「絵に描いた餅」で終わった。

「国民計画」が叶わなかった労働党政権は、財政赤字を解消するために支出引き締め、増税を行った。しかしこれによってストライキが多発した。さらに労働党は伝統的に労使間の交渉に口を出さないという立場をとってきたが、ウィルソンの時期にはストライキが経済活動に悪影響を及ぼすことが懸念され、正式な手続きを経ずに実施されたストライキに対する罰則を政府が提案した。しかし反対派が結束して実現しなかった。これも「現代化」の失敗だった。

こうしてウィルソン政権は、一九六六年三月の選挙で大勝したわずか二カ月後に、財政難からポンド危機に見舞われた。彼は「政治において一週間は長い」と述べた。たかだか一週間ほどの短期間で風向きはすぐ変わるという意味だ。

†寛容な社会

経済政策では失敗したウィルソンであったが、イギリス社会の「現代化」は進めることができた。まず、離婚手続きの簡素化、死刑の廃止、同性愛、中絶を合法化するなど、様々な自由化を進めた。この時期は、例えばヴィクトリア朝時代のような自己規律と勤勉が求められた時代と比べれば、性的な解放も進み、「寛容な社会」と呼ばれた。

また、脱植民地化が進んだが、旧植民地から移民の流入も増加した。そのためウィルソンは規制を強化したが、他方でイギリス在住移民に対する人種差別の解消に努め、人種関係諸法が立法化された。戦後復興のなかで無視されてきたマイノリティに目を向けて平等な社会を作り出そうとした点は、同時期のフランスやドイツと比較すると先進的といえた。

また、ウィルソンは教育を重視した。恵まれない子供達に教育の機会を与えること、教育水準を向上させることが国の将来の原動力になることを重視したのだ。大学生世代の人口の増加を背景に、教育改革を進めて大学の新設、通信教育などを導入した。新しい大学が各地に設置され、既存の大学の入学定員も拡大された。またオープン・ユニバーシティが開設され、今まで大学に行く機会がなかった主婦や労働者がテレビなどを通じて講座を受講し、学位を取得することができるようになった。こうして、階級で固定化された社会は流動化する機会を得た。

これは日本の放送大学のモデルになった。

中等教育改革にも着手した。戦後イギリスの教育制度では、公立の中等教育において一一歳の時に選抜試験が実施され、就労を想定した学校に進むか、進学を想定した学校（グラマー・スクール）に進むかがおおよそ決まっていた。これが教育の機会の平等を妨げているとして、選抜試験を実施せず、学力が異なる生徒が一緒に学ぶ総合中等学校（コンプリヘンシヴ・スクール）が導入された。

さらに基礎的な読み書き能力よりも学習意欲の向上を目的とする教育法が重視された。ウィルソンは、固定化されたイギリスの階級社会に、教育制度改革を通じて風穴を開けようとした。経済では失敗したが、こうした改革は現在再評価されつつある。

†対外政策の課題

イギリスの外交政策は伝統的に、アメリカ、植民地、大陸を向いていると前述したが、この時期は三つの方向にそれぞれ課題を抱えた時期だった。ウィルソン政権時代は、特にアメリカとの関係を保ちながら、植民地を維持することが求められた。

基本的に追従していた対米関係では、L・ジョンソン大統領との関係を維持しようとしたが、他方でベトナム戦争にどうかかわるかという問題が頭を悩ました。ジョンソン大統領はイギリス軍の関与を求めたが、それを回避しながら和平の道を探った。

対植民地ではローデシア共和国（現ジンバブエ）が問題となった。この国は南アフリカ（共和国）同様に、白人政権が人種差別政策をとり続けていて、他の植民地が独立していくなかで独立を認められなかった。しかし一九六五年一一月にローデシアの白人政府は一方的に独立を宣言した。差別国家の独立に対するなんらかの制裁が期待されるなかで、イギリスは植民地独立に関与することを控えて、他の連邦諸国から不満の声が上がった。さらに、この時期に激化したインド・パキスタン紛争にどう関わるべきか悩まされた。スエズ紛争と異なり、今度は介入しないでいると、ソ連が実質的な調停役を果たして、イギリスの国際的威信が低下した。

以上のような帝国の威信低下のなかで、イギリスは大陸に対して一定の影響力を示すことでイギリスの栄光を保とうとした。一九六六年選挙で労働党はEEC加盟申請に慎重ながら前向きな姿勢で臨み大勝して再選を果たすと、ウィルソン政権は調査団などを組織し、加盟について慎重に調査、検討した。ウィルソンは欧州とアメリカをつなぐリーダーとして国際的地位の上昇を目論んだといわれる。しかし一九六七年に再度加盟申請するも、やはりド・ゴールの反対で挫折した。ド・ゴールはアメリカと密接な関係を保とうとするイギリスが加盟すれば悪影響を及ぼすと強硬に加盟を拒絶した。

こうしてイギリスが苦しみ抜いているとき、スコットランド、北アイルランドなど周辺地域ではナショナリズムが台頭した。スコットランドではスコットランド国民党が労働党の地盤で議席を獲得した。ウェールズにおいてもウェールズ国民党がやはり労働党の地盤で獲得した。ウィルソンはこれらの地域の自治を検討せざるをえなくなった。

また特に北アイルランドにおけるプロテスタントとカトリックの対立が深刻化した。少数派であるカトリックは、第一次世界大戦後から多数派プロテスタントによる職業、住居などの差別政策に苦しんできたが、一九六〇年代からカトリックが住民の大多数を占めるアイルランドの統一ナショナリズムが高まり、暴力的な対立が生じるようになってきた。一九六九年には死傷者が出て、ウィルソンは軍隊を派遣したが、プロテスタント寄りとみられて、カトリック側のテロ活動が一層活発になった。今後三〇年イギリスが抱える問題となっていくことになる。

2 フランス――ド・ゴールの一〇年

フランスは戦後の経済発展に伴う社会変動期を、ド・ゴールのカリスマ的指導力で乗り切った。例えば共通農業政策はその好例である。フランスの六〇年代とは、ド・ゴールの一〇年だった。

†アルジェリア独立

以下、再び渡邊の記述をもとにすれば、ド・ゴールは植民地をめぐる問題の解決のために、しかもアルジェリアを維持する期待を背負って再び登場した。しかし「フランスのアルジェリア」を維持することにド・ゴールは固執しなかった。彼にとってはフランスの復興こそが大切だった。そのフランスを消耗させるこの問題を早期に解決することが重要だった。

一九五八年に政権復帰し、その直後の六月にアルジェリアを訪問し、「あなたたちの言うことはわかった」と(曖昧な)返事を繰り返した。その数日後には「フランスのアルジェリア万歳」と発言し、アルジェリア独立派が激怒し、テロが続いた。

他方でド・ゴールは一九五九年一月にはアフリカ系イスラム教徒死刑囚の減刑、拘留者の釈放を命じ、今度は独立反対派を怒らせた。半年後にはよりはっきりとアルジェリア独立の可能性を示唆するようになり、彼はアルジェリア独立反対派から「裏切りの臭いがする」と呼ばれるようになり、一層テロを激しくした。フランスの六〇年代は、「バリケードの一週間」と呼ばれる、独立反対派のフランス政府に対する反乱が続くなかで始まった。アルジェリア現地で起きた暴動としては最も大きな反乱の一つになる。銃撃戦となり、人々は「(裏切った)ド・ゴールを死刑に」と叫んで町を歩いた。

こうした緊張はパリにも伝わり、社会党やアメリカ政府もド・ゴールに対する支援を約束した。これによって反乱軍は勢いを失った。政府軍が派遣され、ド・ゴールはテレビを通じて事態の鎮静化を訴えた。反乱軍を「背信者」「陰謀家」と呼び、その「自己満足的な態度」を批判した。反乱軍は徐々に追い詰められ、首謀者たちは捕らえられた。

結局ド・ゴールは妥協案を持ち出し、一九六一年一月にアルジェリアで国民投票が実施され、独立が決定した。アルジェリアでは同月新憲法が採択され、アルジェリア人によるイスラム国家の独立が宣言された。しかしなおも独立反対派のテロ攻撃は止まず、六一年九月にはド・ゴール自身がテロに遭遇し九死に一生を得た。ようやく一九六三年にエヴィアン協定が結ばれて、アルジェリアは独立することになった。

†強力な大統領へ

先にド・ゴールが採用した半大統領制について説明したが、だからといって彼が大統領と首相とによる二頭政治を好んだわけではない。むしろ側近の専門家や顧問を重用した。彼らが閣僚を監督し、彼の政策に従わない閣僚は更迭された。

アルジェリア紛争が落ち着いてくると、こうしたやり方は当然議会の反発を買うようになる。社会党が反発し、一九六二年四月にはM・ドブレが首相を辞任した。後任に政治経験のない

G・ポンピドゥーが指名され、これもまた議会の反発を呼んだ。

一九六二年九月、ド・ゴールはより強い権限を求めて大統領の直接選挙制度を採用しようとした。言いなりになる首相が就いたタイミングで自身の地位をより強化しようとしたのだ。ひと月ほど前にテロに遭いかけたこともこのタイミングでの地位強化に結びついた。

議会は反発した。議会はまずポンピドゥー内閣に対する不信任を可決した。ド・ゴールは対抗して議会解散、総選挙、そして大統領の直接選挙制導入の可否を国民投票で問うた。ほとんどの政党がド・ゴールに反対する姿勢をとって「反対連合」を組織した。世論も激しく抵抗した。さすがのド・ゴールも、国民投票で反対派が勝利した場合、もしくはわずかな差での勝利の場合は辞任する決意だと発表した。

一〇月二八日の国民投票は六二%が改正を支持した。ド・ゴールはこれをもって支持されたとして政権にとどまる意向を表明したが、実際は棄権が二〇%以上あり、それを考慮すると改正支持は有権者の四六%となった。そのため翌月の国民議会総選挙に向けて反対派は動き出したが、途中で反対派の内部が対立し、結局マンデス゠フランス、ドブレなど反対派の大物政治家が落選して、ド・ゴール派が大勝することになった。

これによって直接選挙による大統領が誕生した。国民投票によって法案を決定することができたので、大統領は直接にテレビ・ラジオで語りかけたり、頻繁に地方を訪問した。権力は一層集中した。一九六四年一月の記者会見で「国民に選出された国家元首は国家の源であり、所有者である」と宣言した。ド・ゴールの全盛期だった。

†「偉大なフランス」

ド・ゴールはアメリカの強大化に反発した。第一に国防の面で、一九六〇年にサハラ砂漠で初めて核実験に成功し、核保有国となった。フランスが核保有を目指したのは第四共和制時(一九五八年)だが、ド・ゴールは予算を拡大し、実験を促進した。これによってフランスは「自立外交」を展開した。

一九六三年には英米による部分的核実験禁止条約(PTBT)への参加と調印を拒否したり、アメリカの影響力を嫌い、アメリカからのミサイル供与を拒否したりした。またNATOにおいても米英仏による共同決定を提唱した。しかしアメリカがそれを拒否したため、フランスの艦隊を撤収させたり、フランス領土内のNATO基地を解体させたりした。ただしこれらはあからさまな「反英米」ではなく、忠実な政治的同盟国であるが、共同行動をとるかどうかは自らが考えて決めるという立場であった。この考えは、第二次世界大戦時に英米との協調を優先した結果、対独宥和策をとり、ナチスの台頭と侵略を許したという歴史的な屈辱の反省から出たものであったといわれる。

また、対ヨーロッパという点では、一九六三年にはアデナウアーとエリゼ条約（仏独協力条約）を結んだ。国家元首、外相などの仏独定期会談をもつことなどを定め、ヨーロッパの自立を求めた。フランスの市場拡大と生産力の向上のためにドイツと手を組んだとされている。また、仏独が欧州の中心であることを世に示すためであったともいわれている。しかし、締結直前にその前文に英米との協調を謳うかどうかをめぐって揉め、さらにドイツの首相となったL・エアハルトがアメリカ寄りの態度をとったため、この条約はド・ゴールが望んだような意味をもたなくなったともいわれている。

欧州共同体の建設には熱心だといわれているが、他方で彼は各国家の主権を超国家的な機関に譲ることを嫌い、一九六二年には「主権国家の連合」を意味する、「諸国家のヨーロッパ」構想を打ち出した。ヨーロッパ共同体はそれぞれの国家の連合以上のものにはならないとして、「偉大なフランス」の権威を守ることに固執したのだ。

一九六五年三月に当時のEEC委員会のW・ハルシュタインは、EECが各国分担金だけではなく独自の財源を確保すること、農産物の価格維持など共通農業政策の財源の決定権を欧州議会など超国家的機関の管理に委ねるという改革案を提示した。しかしド・ゴールはただちに反発し、同年七月には司法裁判所以外の全ての機関にフランス代表を送り込まず、国家主権を維持しようとした（空席危機。翌六六年一月「ルクセンブルクの妥協」までの半年間）。ただしその時点でフランス農業はもちろんEECから多くの利益を得ていたので、フランス内外から激しく非難された。

さらに彼はイギリスをアメリカの「トロイの木馬」（ギリシャ神話に基づくスパイの意味）と位置づけ、断固に二度も加盟を拒否し続けた。

他方でソ連とアメリカには中立的な関係を保ち続けた。例えばキューバ危機ではアメリカを支持したが、その後、ベトナム戦争を批判するなど独自の路線を歩んだ。

†熱心な義務、国民的大志

ド・ゴールは常々経済的な繁栄を求めた。彼の時代は、戦後復興から始まり、計画経済と市場経済が融和した福祉国家が発展した時期でもあった。そのため財政難という問題を抱えることになった。アルジェリア戦争で国庫が窮乏したことも大きく影響した。しかし彼はこの問題を強力なリーダーシップにもとづくディリジスム（指導経済）によって解消した。アルジェリア戦争が終結し、戦費を他の政策に回すことができるようになったことも幸いした。こうして産業ごとの合併を進めて独占的な企業を育成して高度成長を維持した。フランス経済は一九六〇年代の初頭、年五％以上で成長した。ド・ゴールはこうした取り組みを「熱心な義務、国民的大志」だと呼んで愛国心を鼓舞した。ただし、こうした政策から乗り遅れた農業や石炭業は淘汰され、反発を食らった。

このような高度経済成長期に賃上げ率も年一〇％で上昇し、インフレが進んだ。インフレを抑えるため、一九六三年に価格統制と賃金抑制を進めるとインフレは沈静化したが、経済成長が減速して、失業者が一気に増えていくことになり、労働者の不満が高まった。

この時期はベビーブームが続き一九四六年に四〇〇〇万人程度だったフランスの人口は、六八年には五〇〇〇万人に近づいた。また、労働力不足を補うために単純労働や肉体労働を外国人労働者で補うため受け入れ、急速に移民人口が増加した。五四年に一七七万人だった移民は、六二年に二一七万人になっていた。初期はイタリア、スペインなど欧州からの移民が、そしてそれに次いでアルジェリアからの移民が多かった。

都市への人口集中もおきた。住宅不足が目立ち、六〇年代前半には低家賃住居の建設が急がれた。五〇年代から六〇年代初頭は、年三〇万戸以上のペースで建設が進んだ。都市化は急速に進んだが、インフラの整備は追いつけなかった。特にパリに人口が集中し、下水、ごみ処理などの問題が広がった。高度成長の陰でド・ゴールに対する不満は高まり、一九六五年一二月の大統領選では、F・ミッテランに辛勝した。少しずつ彼の人気は落ちていった。

†六八年五月の叛乱

大学紛争は、ここフランスで最も激しかった。フランスでも高学歴化、大学の大衆化が進み、一〇年前と比べて、学生人口は三倍強に増えた。しかし設備や制度は古いままで不満がたまっていた。一九六八年二月にパリ大学では、男女学生寮間の往来を禁止する規則の撤廃を求めて学生たちが騒ぎ出し、火炎瓶が投じられる事態となった。当時は単なる大学内の問題として処理されていたが、学生のデモ隊と、それを厳しく取り締まろうとした警察が衝突して暴動が拡大した。さらに組合、知識人等が学生を支持して大きな暴動に発展した。フランスの「六八年」の特徴は、ド・ゴールの独裁的な政治体制への反発がデモを拡大して激化させるバネとなった点だ。

一九六八年五月一三日には数十万のデモが起きた。デモ隊は「もう一〇年でたくさんだ」と、長すぎるド・ゴール政権を批判した。すでに労働者は、(既成政党化した)共産党や社会党の勧告に従わず、大学占拠から工場占拠へと紛争が拡大した。一七日には一〇〇〇万人の労働者がストライキに入った。独自に評議会を結成し、事態は革命の様相を帯びてきた。学生や知識人がこれを率い、文化革命と呼ぶものもあった。

ド・ゴールは当初この動きを「子供の遊び」とみて一四日からルーマニアに出かけていた。あわてて一八日に帰国したが、一九日には反ド・ゴール派のマンデス＝フランス、ミッテランもこの「反ド・ゴール革命」を支持した。二五日にはポンピドゥー首相が労使調停に乗り出すが、組合員が合意を拒否するなど、既成の秩序に対する反発が高まった。

この間、軍と連絡をとっていたド・ゴールは、三〇日に一気に形勢の逆転に打って出た。一斉取り締まりを指示して鎮圧し、議会の解散で事態を乗り切ろうとした。五〇万人以上のド・ゴール派の人々がシャンゼリゼ通りに溢れた。結局六月に行われた議会選挙ではド・ゴール派が圧勝した。

この六八年の出来事は、ベビーブーム世代が大学に入学し、その過密化が進んだことで溜まった不満が爆発したことがきっかけである。また、大学が大衆化していく一方で、その意思決定を教授会が独占していることへの不満の現れでもあるとされる。さらに、今まで主流の学問であった社会学、神学、哲学といった分野の学生たちが、徐々に実学に取って代わられる不安、閉塞感が爆発したのだと解釈されることもある。それゆえイデオロギー的にはチグハグしたものので、最後には体制を転換させるほどのものにはならず、考え方の異なるものが分離し、自己崩壊していったともみなされる。

ただし、フランスでは、ド・ゴールの独裁体制に対する反発が、さまざまな政治勢力を結集させ、大きな運動を作り上げ、約一年後の一九六九年四月にド・ゴールを辞任に追い込むことになった。改めて学生の力の大きさを思い知らされた事件であった。

3　ドイツ――冷戦体制の確立

†東ドイツの発展

一九六〇年に東ドイツは大統領制を廃止して、立法と行政を担う最高指導機関、国家評議会を設置し、党の第一書記であったW・ウルブリヒトが議長となった（一九七三年まで）。ウルブリヒトは一九二〇年からドイツ共産党に加わり、戦時にその指導者の地位に上り、ナチス政権時代はパリやプラハに亡命していた。一九三七年から四五年まではソ連で過ごし、心の底からスターリン主義に惚れ込んでいたという。

一九五九年から本格化した農業集団化や労働強化に抵抗して多くの人々が西側に流出したが、一九六一年八月に東ドイツは人口流出を防ぐため、東西ベルリン間の道路を遮断してベルリンの壁を建設した。山田徹によれば、この時期までに東ドイツの社会主義体制はある程度骨格を作り上げていた。さらに壁によって国民を国境内部に閉じ込めた。他方で、西側がそれを暗黙裡に了解することで東西の緊張を結果的に緩和して、初めて東ドイツは成立しえた。

つまり、これ以降、東ドイツの人々はこの体制と折り合って生活しなければならず、より現実的な、眼前の利益を求める生活態度を身につけていかねばならなくなった。統治する側も人々の態度を配慮して、経済を発展させその利益を還元して帰属意識を高めなければならないと考えるようになった。国民生活の向上があれば、国民はこの体制を容認するという一種の契約が存在した。特にスターリン批判が進んでからは比較的寛容な時代が続いた。

ウルブリヒトは新経済システムを発表した。これは中央の計画経済に基づきながら、地方に決定権を委ねたり、企業の独立採算制を導入し、決定権を移譲したものだ。「追いつかずに追い越せ」という、西側の真似でなく、独自のやり方、開発で西の生産水準を追い越そうとするスローガンが立てられた。企業の「利潤」概念を導入して給与、賞与なども考慮した。また、計画は「科学的」でありつつ、現場に任せたほうがうまくいくことを主張し、これによって一九六二年から一九六六年の間の東ドイツは急速に経済成長を果たした。工業生産は二五％増、国民所得は年五％のペースで成長した。テレビの保有率も五五年の一％から五四％、洗濯機は〇・五％から三一％、冷蔵庫は〇・四％から三一％と上がった。国民生活は一気に豊かになった。

この成果をもって、一九六八年に東ドイツは新社会主義憲法を制定した。ただし現場を重視する手法は共産主義の理論とかけ離れていき、党内で批判されることもあった。それにもかかわらずウルブリヒトは、ソ連モデルを上回る社会主義のモデルとして自らのシステムを誇ったので、ソ連指導部からは嫌われた。さらに、西ドイツの東方外交政策によってソ連や東欧諸国が西ドイツと関係を改善することに反対したので、ソ連の顰蹙を買い、第一書記を辞任することになった。

†西ドイツ

長期政権を維持して西ドイツの発展に尽力したアデナウアーであったが、すでに齢八〇代半ばとなり、行動力は以前と比べて低下していた。一九六一年に東ドイツが突如ベルリンの壁を建築したとき、素早く事態に対処しようとしたのはSPDのブラントで、アデナウアー時代の終わりを印象づけた。

SPDは前述の通り一九五九年にゴーデスベルク綱領を採択し、革命路線から現実路線に転向し、NATO加盟と徴兵制を容認していた。党内左派からは批判されたが、国民の目には政権担当能力があることを示した。ベルリンの壁建設の年の選挙でCDU（ドイツキリスト教民主同盟）/CSU（キリスト教社会同盟）は得票率を四五％に低下させた。他方でSPD（ドイツ社会民主党）は第二党にとどまったが三〇％を超えて、前回よりもさらに得票率を高めた。アデナウアーはやがて心臓発作を起こすなど健康上の問題も明らかになり、一九六三年には当時のCDU/CSUで最も人気の高い、「経済の奇跡」を支えたL・エアハルトに首相の座を譲ることになった。

しかし、さすがのドイツ経済も一九六〇年代半ばには経済不況に見舞われた。戦後経済を支えたエアハルトではあったが、一九六六年に成長率は三%に落ち、戦後初の経済不況に陥った。しかしエアハルトが従来の社会的市場経済の立場に固執している間に失業者数は三三万人になった。CDU/CSUは増税によって財政の立て直しを試みようとしたが、連立パートナーのFDP（自由民主党）は政府支出の削減を主張し対立した。結局一九六六年一〇月にFDPが連立から離脱し、エアハルトは退陣する。

同年一二月、深刻な経済不況に対応するため、K・キージンガー首相（CDU/CSU）・ブラント副首相（SPD）による大連立政権を形成することで合意に至った。SPDのなかには異論もあったが、党改革を進めてきた指導部はこれを好機と捉えたのである。ゴーデスベルク綱領以降、すでにCDU/CSUとの間で政策協議を続けてもいた。CDU/CSUの側でも、小政党であるFDPに振り回されることへの嫌悪がみられたし、むしろSPDとの間で選挙制度改革を進めて、イギリス流の二大政党制を目指したいという思いも一部にはあった。

キージンガーは地方政界から名を上げたプロテスタント政治家で、「協調的連邦制」や「政治計画」などを謳って改革を進めた。大連立下では二大政党首脳による非公式会合によって政策の調整が行われた。経済政策などいくつかの分野では大きな成果をあげることができた。一九六七年に経済を安定化するために労使の協調を促す経済安定成長法が成立し、同年春には経済は底を打ち、翌年五月以降には好況に転じた。

†非常事態法

一九五四年に遡るが、この年の一〇月に英米仏による占領政策は正式に終わった。占領下においては、非常事態における緊急措置に関する権利は占領国が有していた。それが廃止され、西ドイツが完全な主権を回復するためには国内法整備が必要とされた。この準備はもちろんアデナウアー時代から進められていた。当初は議会とは別の「緊急議会の設置」などが構想されていたが、SPDが法案整備に加わってからは、例えば対外的な非常事態において、限定された権限を有する委員会が活動することにするなど、部分的な修正が進められてきた。

しかしエアハルト政権時代（CDU／CSUとFDPの連立）になると、治安維持の側面を強調するように議論が変化してきた。そのため野党SPDは法案成立に厳しい態度をとることになった。一九六六年一〇月三〇日には「民主主義の非常事態」と呼ばれる会合が、学生を中心に、労組が加わって二万人規模で開催され、この問題が国家的大問題であることを周知させた。

キージンガーは議論を進めて、法案が成立するまでに多くの修正事項が加わった。非常事態とは、災害、防衛などで、その際制約される基本的人権は、信書、郵便、電信電話の秘密、移転の自由、職業選択の自由に限定されることになった。議会の権限が委員会に移転されるのも一定の条件に限定され、手続きも厳格化された。非常事態であっても労働争議権は制限されないことになった。

これほど重要な法案が比較的短期間で成立した理由としてSPDが与党であったという点を挙げておこう。SPDが与党であったがゆえに労組はSPDを支持して、学生運動など反対派と一定の距離をとった。そのため反対派の運動は破壊的なほどに大きくならなかった。これもあって、非常事態法の改定の多くが連立パートナーのSPDの成果だとされている。SPD議員の大部分が賛成して、非常事態法は一九六八年五月に成立した。

†ドイツの六八年

戦後、急速に議会制民主主義が定着したドイツにおいて、大連立内閣の成立は議席の安定多数を確保したが、与党の議席占有率は九〇・一%に達していた。これでは議会の「野党」は力が及ばず、「議会外反対派」(学生運動の活動家グループAPO)が勢いを増すようになった。ちょうどフランスの五月革命などに刺激され、ドイツでも学生運動が高揚した。

直接のきっかけは先の非常事態法である。統制的措置や政府の権限について、批判勢力はこれを阻止しようとした。多くの学生たちは、K・ヤスパースのいうとおり、個々の条文を「国民を隷属状態に落とす」とみなした。

ちょうどベトナム戦争で、アメリカの帝国主義的政策に対する懸念が高まり、これを後押しした。反対運動の中心は学生で、さらに一九六七年六月、イラン国王夫妻が来訪した際、イランとアメリカ、西ドイツによる武器輸出における癒着に抗議した学生が警官に射殺されたことを契機に運動が過激化した。一九六八年二月には、（学生運動を攻撃していた）ドイツ最大の新聞シュプリンガー紙が批判の対象となった。ドイツでも様々なセクトがかかわり、神学、文学、社会学の学生たちがフランクフルト学派と呼ばれたマルクス主義研究者たちに感化され、「大学の学問は批判精神を忘れており、知識がただ単に支配階級の道具と化している」と抗議運動を展開した。また、彼らは元ナチ党員だったキージンガーを含め、自分たちの親を問い詰めた。「あなたたちはナチスの時代に何をしていたんだ」と。

しかし、運動はそれほど大規模にならなかったと評価する者もある。ドイツの場合、こうした知識人がかなり影響力を持ったがゆえに、大衆的な運動とならなかったという。また、フランス同様に、思想的にはアナーキズムやマルクス主義など様々な思想やイデオロギーが入り乱れて玉石混淆の状態であった。「非常事態法」が成立すると運動は沈静化した。

続く一九六九年の選挙ではやはりCDU／CSUが第一党であったが、第二党のSPDと第三党のFDPが多数派を形成しCDUを野党に追いやって、SPDのブラント政権が誕生することになった。また、沈静化したが、こうした反体制の精神は、緑の党、反原発運動など一九七〇年代以降の思想へと結びついていった。親への反発から家を飛び出し、同棲する若者が増えて、戦後の雰囲気が一変し、生活スタイルが大きく変化したという。

4 ソ連――フルシチョフからブレジネフへ

†経済改革

ソ連では一九五〇年代後半から一九六〇年代前半にかけて、高度経済成長期を迎えたというのが一般的な理解である。

その間に開かれた一九六一年一〇月の第二二回党大会では新党綱領が採択された。「共産主義建設の二〇ヵ年計画」が謳われた。そこではこの一〇年間でアメリカを経済で追い抜き、その次の一〇年間で共産主義社会が建設されると謳った。また党指導体制の更新など党改革、行政改革の方針を示した。フルシチョフはマルクス・レーニン主義を認めるだけでは十分ではなく、労働者や農民の生活を改善したいと考えていた。賃金を引き上げ、医療や福祉サービスを充実させ、生活を改善できてこその社会主義、共産主義なのだ。フルシチョフは「精神性」よりも「物質主義」を追求した点でレーニンやスターリンと異なり、「科学的方法」よりも「人間性」を重視する点で、後のL・ブレジネフと異なると比較される。

しかし目標として「アメリカに追い付け、追い越せ」が掲げられ、強調された結果、不正も発生した。少し戻るが、例えば一九五七年にリャザン州の指導者は、食肉生産のノルマを数倍とし、それを達成したことで英雄として表彰された。しかしこのノルマは他の地方から家畜を買い付け、将来的な繁殖のことなど無視して屠殺し続けて達成されたもので、ルール違反であった。一九六〇年一月にはこの不正が発覚し首謀者は自殺した。この結果、将来にわたる繁殖が不可能になるなどリャザン州の食肉産業は壊滅した。書類上の数字のごまかしなどはいたるところで生じた。こうした偽装、虚偽の報告が蔓延した時期でもあった。

一九六二年には農民の意欲を回復させるために農作物の買い付け価格を引き上げ、小売価格も三〇%引き上げた。しかし小売価格まで引き上げたことで指導部への反発や抗議運動を生んだ。また強引に連作を行ったため土地は痩せて、一九六三年にはすでに凶作に陥って食糧不足となり、穀物を輸入しなければならなくなった。

しかしこの時期、まだ社会主義体制の資本主義に対する優位性、ソヴィエトの正しさを多くの人が確信していた。そのため政策は抑圧的になることもあった。

例えばフルシチョフはソ連の強制収容所の生活を描いたA・ソルジェニーツィンの小説を自

ら読んで出版を許可したが、これを機に今までタブーとされていた過去を描こうとする、新しい動きが顕在化してきた。そこでフルシチョフは慌てて知識人たちに、もし一線を踏み越えて体制の基盤を揺りうごかすようなことをすれば、遠慮なく発砲を命じると警告した。これは他の芸術分野についても同じであった。

宗教についても、ロシア正教会の聖職者が逮捕されたり、教会の破壊、接収が行われたりした。ただし宗教活動が全面的に禁止されていたわけではなく、登録と監視の下で許されていたので、教会婚を挙げたり、子供に洗礼を授けたりする者もいた。その際に祝宴も行われたが、宗教の祝祭の際にコルホーズでの労働を休んで酒を飲んでいたことなどが問題になり、宗教行事が労働規律を緩めると考えられ、宗教を不要としようとした。このようにフルシチョフはスターリン批判から自由化を促したが、行き過ぎと感じると、いきなり抑圧する方向に転回した。

†軍事・外交

この時期ソ連が自由化とそれが招いた混乱とのはざまで地に足がつけず、焦っていたのだとすれば、それはアメリカの軍事、特に原爆に対する脅威が背景にあったからだ。アメリカは第二次世界大戦中にすでに原爆を広島や長崎で「実用化」することに成功していた。その驚異的な破壊力をみせつけられ、ソ連は原爆開発を急いだ。このために科学者や技術者を集めた都市が作られたりした。この結果、一九四九年八月にソ連は核実験に成功した。

しかし、当時まだソ連の原子爆弾は運搬手段をもたなかったため、アメリカ本土へ核攻撃する能力は持たなかった。他方ですでにアメリカは、一〇〇発以上の原子爆弾を保有し、ソ連に打ち込むこともできた。実力の差は歴然としていた。

五〇年代におよそ五〇発の原爆を保有したソ連は、水爆の実験にも成功し、さらに一九五七年一〇月には人工衛星スプートニクの打ち上げに世界で初めて成功した。フルシチョフはソ連がこれで地球上のどの地点にでもミサイルを撃ち込めるようになったと公言し、アメリカに大きなショックを与えていた。

フルシチョフは、アメリカが脅威を感じている間に「軍縮」を提案した。一九六〇年の国連総会でも提案し、自国の兵力の大幅削減を実行し、一時的だが核実験を一方的に停止した。実は一九六〇年代のソ連は、軍縮から始まったのだ。しかしスプートニクの衝撃とソ連に対する不信感が強く、アメリカはこの軍縮提案に応じず、大陸間弾道ミサイル（ICBM）開発に一層力を入れていく。さらにソ連は一九六一年にY・ガガーリンによる世界初の有人宇宙飛行を成功させ、技術力を証明した。

この時期、フルシチョフは本気で核軍縮を望んでいたといわれている。他方で、アメリカやイギリス、フランスが、この提案や考えを受け入れないだろうことも、よく理解していたともいわれている。こうした疑心暗鬼のなかで大きな事件が起きた。

†キューバ危機

一九五九年九月に初めてアメリカを訪問し、一九六〇年の国連総会で軍縮を呼びかけたフルシチョフだが、同年五月にはソ連領空を飛んでいたアメリカのU2偵察機を撃墜した。この時期両国の関係は微妙に揺れ動いた。

一九五九年にキューバでは、親米政権を独力で倒して、F・カストロの社会主義政権が成立していた。アメリカのお膝元で、独力で樹立された社会主義政権をフルシチョフは高く評価し、ソ連ではキューバ防衛の気運が高まった。しかしソ連が所有するICBMはまだ実戦で使えるものではなく、アメリカに対する抑止効果としては不十分と考えられた。そこで一九六二年にキューバに中距離ミサイルを配置することを決定した。フルシチョフは「キューバにはもはやアメリカの利益のために戦わせるべく組織しうる勢力は残っていなかった。残された唯一の手段は、侵攻だった」と回顧している(前掲『フルシチョフ回想録』四九八頁)。

そしてアメリカに届くところに中距離ミサイルを配置して、核攻撃能力を示して、米ソの均衡を保とうとした。「キューバに核弾頭をつけたミサイルを据えつけ、合衆国が何か手を打とうとしても手遅れになる時期までその存在をさとられぬようにするという考えを抱いた」のである（同、五〇〇頁）。

アメリカは偵察機が撮影した画像を分析して、キューバに配置されたミサイルが核を搭載する可能性を察知し、一九六二年一〇月、キューバ周辺海域を艦船等で海上封鎖し、ソ連にミサイルの撤去を要求し、応じない場合キューバに侵攻すると宣言した。これが両国の威信と存亡をかけた「キューバ危機」である。

フルシチョフは、ここまでアメリカが強硬な態度に出るとは思わなかったようである。ケネディ大統領とフルシチョフのお互いの疑心暗鬼で核戦争の一歩手前まで事態は進んだといわれている。しかし、ケネディの「侵攻しない」という約束を信じて、フルシチョフも敵意はなく、「キューバが局外者から命じられた方向ではなく、その人民によって決められた道をたどることができるようにする」ためだったと説明した（同、五〇五頁）。そしてミサイルを撤去し、核戦争の危機は去った。これを機に一九六三年には米ソの間にホットラインが開設された。

ただし、ソ連側には屈辱だった。そのため、一層ソ連は核ミサイルの製造に励むようになった。ソ連だけでなく両国が抑止力強化のための核戦力の増強に努めた時期であった。またソ連では、キューバ危機の撤退による威信の低下が、特に軍の怒りを招いた。一九六四年に反フルシチョフ一派は、フルシチョフが休暇中に、ブレジネフを第一書記に、A・コスイギンを首相に指名した。同年一〇月一六日フルシチョフは「高齢と健康の悪化」を理由に辞任したことが公表された。

フルシチョフの対外政策は、とりたてて成功したとは思われない。ロケット発射場を建設したり、キューバに核兵器を持ち込もうとしたり、やや冒険が過ぎた。アメリカとの対立の後、今度は平和共存路線に切り替え、軍事予算を削減した。これが軍事関係者の不満を高めるなど、ぎくしゃくしていた。

こうしてフルシチョフの時代を振り返ってみると、彼の外交政策は反スターリン的な「融和」路線から再び対米強行策に戻ったりするなど「揺らぎ」があったように映る。論者のなかには、実はフルシチョフの「スターリン批判」がソ連内で全面的に支持されていたわけではないと主張する者もある。むしろそれに反感を抱く者もいた。スターリンの故郷では、スターリン批判に反対するデモまで生じた。こうした状況に危機感を抱いた古参の指導者たちは、一九五七年にはフルシチョフの更迭を試みてもいた。フルシチョフはこの戦いには勝ち、党における権力を高めたのであるが、党内基盤が不安定だったという点が、こうした対外政策の「揺らぎ」に影響していたかもしれない。

外交面では首尾一貫していない点はあったが、フルシチョフの時代はかなりの経済発展があったし、人々が「自由が認められていく」と信じていたから、ソ連にとっては前向きな時代だった。

†非フルシチョフ化

一九六四年にフルシチョフは辞任し、ブレジネフが第一書記となった。フルシチョフが独断専行で改革を進めた反省から、党の第一書記と首相の兼職は禁じられ、首相にはコスイギンが就いた。

ブレジネフは、前任のフルシチョフがスターリン批判という大それたことをして失敗したと考えた。まずはフルシチョフに対する攻撃が始まり、経済政策や外交政策の失敗が彼のせいにされ、公的記録から抹消された。逆にスターリンを復権させるよう方向転換した。

フルシチョフの行き過ぎを教訓として、ブレジネフはあまり大胆に改革することを好まず、「待ちの姿勢」で政治や社会の安定を確実にしようとした。先のラカーは「いかなる新しい発想や創意もないことが、フルシチョフ後の時代の最も際立った特徴」と述べる(『ヨーロッパ現代史2』二五二―二五三頁)。特に党の人事においてはそれが顕著で、スターリンが粛清を行ったり、ブレジネフが(粛清はしないけれど)頻繁に更迭したりしたのと比べると、幹部の人事を安定させることを重視した。そのことは社会の安定に寄与したが、逆に汚職や政治腐敗を招くことにもなった。

ブレジネフの政治を、フルシチョフの政策を失敗として、社会主義体制を復元していく改革だと論ずる者がある。スターリン批判から雪解けへ、がフルシチョフであれば、雪解けから引き締めへ、がブレジネフの政治であった。具体的には検閲が強化されたり、海外出版の引き締めが強化されたりした。いわゆる「非フルシチョフ化」である。一九六〇年代後半から八〇年代のブレジネフ政権下のソ連において、自由を求める声が反体制知識人といわれる少数の人々から起こったが、監禁されるか国外追放となってしまい、自由な言論は抑え込まれた。

経済についてはフルシチョフの政策が部分的に受け継がれつつ、大規模農場化、機械化が推し進められた。国家の投資額の二〇％程度が農業に向けられたといわれるが、土地が悪く生産性は低かった。

一九六〇年代は都市化が先行し、農村部は荒廃したまま放置されることもあった。そこでは電気、ガス、水道といった基本的なインフラすら整備されていない。農民の勤労意欲は減退していった。一九六六年には「保障賃金制」が導入されたが、人件費支出が増えて、結局国家財政を大きく圧迫することになった。また給与をもらって、あくせく働くのではなく、暮らしていける程度働けばよいと考える人が増えて、生産力は上がらなかった。結局、この時期農民の労働意欲は減退し、食糧事情が再び悪化して闇市が横行した。

†プラハの春と中ソ対立

この時期の対外政策を見てみると、（フルシチョフ時代の）一九六八年一月にチェコスロバキアで改革派のA・ドゥプチェクが第一書記に就任し、「人間の顔をした社会主義」を掲げた。四月に「行動綱領」が発表され、検閲を廃止した。いわゆる「プラハの春」である。しかしこれをチェコスロバキアの人々が支持したことによって、ソ連をはじめとするワルシャワ条約機構の軍が軍事介入した。このときソ連は「社会主義の利益のために一国の主権は制限しうる」という「制限主権論」を主張し、介入を正当化した。以後、東欧諸国の改革の動きは押さえつけられた。

他には、中国との関係の悪化が顕在化した。中国は第二〇回党大会以降、スターリン批判には否定的であった。しかしまだ中国はソ連の援助を必要とした。また、スターリン批判後の東欧諸国の動揺のため、これ以上社会主義圏の亀裂をさらすわけにはいかず、両者とも表向きは良好な関係を保った。しかしフルシチョフがアメリカとの友好関係を築こうとし、さらに中国が核開発を進めようとする動きに対してソ連が懸念を抱くと、双方の関係は悪化した。

フルシチョフ時代の一九六〇年、ソ連は中国から技術者・専門家を引き揚げ、さらに同時期、軍事協定を破棄すると、中ソ論争が始まった。両国の関係はフルシチョフ失脚後、いったん関係改善に向かったが、一九六五年二月にアメリカがベトナムの北爆を開始したことにより対立が激化した。中ソともにアメリカを非難したが、ソ連は対話路線を取った。これを中国は弱腰と批判した。また同年にはインドとパキスタンの武力衝突が生じたが、このときソ連は中国の介入を嫌がり、仲裁に入った。これもまた中国の怒りを買った。一九六九年には領土をめぐって中ソが武力衝突した。

こうした一連の対立によって、ソ連は徐々にその国際的地位を低下させていくことになり、多くの国がソ連陣営からの離脱を望んだ。多極化が始まったのだ。

5 北欧福祉国家の充実

北欧諸国とは、ヨーロッパの北端、スカンジナヴィア半島に位置するスウェーデン、ノルウエー、フィンランド、そしてデンマーク、アイスランドを指す。百年余りロシアの支配下にあって一九一七年に共和国を樹立したフィンランド、一九四四年に国民投票でデンマークから独立したアイスランド共和国と比べると、スウェーデン、デンマーク、ノルウェーは社会的に同質的だといわれる。特に政治に目を向けると「北欧諸国＝《イコール》福祉国家」と捉えられる。ここでは、主にこの地域の福祉国家成立の歴史に注目する。

†地理と歴史

武田龍夫に従えば、地理的には世界で最北端の独立国家群である。このうち最も南に位置するデンマークの南端が北緯五五度（日本近海ではオホーツク海が位置する）、北のノルウェーの北端は北緯七一度。すでに北極圏に入っている。もしここにグリーンランド（デンマーク）やスヴァールバル諸島（ノルウェー）を含めると、北緯八一度にまで及ぶ。ただしメキシコ湾流の影響で、気候はその緯度から想像されるよりも温暖で、中心部はアメリカの中西部よりも穏やかだといわれている。

五国で最も小さなデンマークは国土の六五％が農耕地で、最も早く政治的統一を成し遂げた。フィンランド、スウェーデン、ノルウェーはヨーロッパでは面積の上で大国に分類される。フィンランドとスウェーデンはそれぞれ六五％、五〇％が森林である。ノルウェーの国土の六五％以上は山岳地帯で、人口の八〇％が海から四マイル（約六・五キロ）以内に集住している。アイスランドは大西洋の中心部に位置する火山島で、人類が定住したのは西暦八六〇〜一一〇〇年にかけてと言われる。当時は農業も可能で木も生えていた。しかし一四世紀以降の小氷河期の影響で衰退し、現在でも農業は行われてはいるが、主たる産業はタラ漁業である。

人類は、北欧の地におよそ紀元前八〇〇〇年から住みだしたといわれている。今日のデンマーク、アイスランド、ノルウェー、スウェーデン人は紀元後一〇〇〇年の間に定着した。この時期以降、大きな侵略などがなく、この地の人々は青い目とブロンドの髪の毛などエスニックという点での同質性が高い。

　西暦八〇〇年頃からこの地の人々はヴィーキング（ヴァイキング）と呼ばれる略奪の時代に入る。これはこの地が人口過剰になり、若者が新しい土地を求めたからだという説があるが、イギリス、フランス（ノルマンディ）やロシアのキエフなどで自分たちの国を作り上げた。この結果、逆に北欧には様々な文化が入り込むことにもなり、その最大の遺産がキリスト教だった。一一世紀中葉になると大陸に定着し、中世ヨーロッパの文化を受け入れていく。

　ただ、異文化を受け入れていくというのは難しい。ヴィーキングをキリスト教化することで押さえ込もうとした大陸の王は、話し合いのため彼らの「首領」を呼んだ。しかしヴィーキングたちからの返事は「そんなものはいない！」だった。ここではみなが対等だったからだ。だから王に忠誠を誓う大陸のやり方になじめず、王をひっくり返してしまったというエピソードもある。「対等」が原則だから、誰が上座に坐るかも喧嘩して決めたようだ。本来平等な社会に、縦社会のルールを強要するときに争いが生まれるということなのかもしれない。

†各国の連合と対立

　一四世紀後半には、ブルゴーニュ公国やモスクワ公国などの大国がヨーロッパで勢力を強めていった。またドイツ圏ではハンザ同盟が勢力を広げていた。それに対する警戒心、対抗心があり、デンマーク、ノルウェー、スウェーデンがカルマル連合という同君連合を結成した。このカルマル連合によって北欧諸国の「同質性」の土台ができたといわれることがある。しかしこの連合国家は政治的に不安定で、一五二三年のスウェーデンの独立をもって崩壊し、このとき以降、スウェーデンとデンマークはしばしば衝突した。

この時期起きたルターの宗教改革の影響力は大きく、ルター派教会を中心とするプロテスタンティズムがこの地で受け入れられ国教会となり、国家権力を強化することに役立った。この時期を代表するスウェーデンの国王がグスタフ二世アードルフである。幼少のころから頭脳明晰で、父の国政を手伝い、一七歳で国王となり、スウェーデンを大国にした。哲学者デカルトを招いた娘(女王)クリスティーナ(一六二六~八九)とともにスウェーデンのなかでも歴代トップクラスの人気を誇る国王である。アードルフ王はドイツ三〇年戦争のなかで一六三二年に戦死したが、スウェーデンは、デンマーク、さらにプロイセン、ロシアなどと戦い、一六五八年には当時のデンマークから東側三分の一に当たる大きな領土を得て大国となった。

一七二〇年以降スウェーデンとデンマークが争うことはなくなったが、一八〇九年にはスウェーデンはフィンランドをロシアに奪われ(一九一七年に独立)、一八一四年にはデンマークがノルウェーをスウェーデンに割譲する。ノルウェーは自身で憲法を制定し(独立は認められず同君連合を強いられた)、その後一九〇五年に独立した。

紆余曲折の時代を経たが、第一次世界大戦時、スウェーデンとノルウェー、デンマークは三国の中立を誓い合った。第二次世界大戦になると、一九三九年一一月末、ソ連軍がフィンランドに侵入してきた。結局翌年イギリス、フランスが援軍を送る計画を立て、そのためソ連軍は撤退したが、フィンランドの戦争被害が甚大になった。

†戦後の経済復興から福祉国家へ

北欧諸国のうち特にスウェーデンは大きな被害を受けることなく第二次世界大戦を乗り越えた。一九五〇年代を通じて成長は着実だった。一九六四年までの間、GNPは平均年率五％程度で増大した。スウェーデンは自然資源に恵まれているとはいえず、製造業はコストが高かったが、品質には定評があった。工業生産の約半分を輸出し、一九五五年から六五年に輸出を倍増させた。

デンマークは高度に発達した農業を中心とし、一九五八年以降一九六三年まで全般的な好況を経験した。社会民主党が安定して四〇％前後の得票率を維持し、単独であれ連立であれ多くの政権に参加していた。一九六六年以降、経済不況に影響され、社民党政権も支持を落とし、中道諸政党との連立が必要になった。デンマークは農業国でありながら欧州共同市場に参加していなかったため、農産物の輸出先を見つけることに苦労して、まもなく製造業を中心にする政策転換を試みることになる。

他方、ノルウェーは復興に時間を要した。社会民主党が戦後約一〇年間、経済再建に尽力した。スウェーデンと同様の福祉国家が整備されつつあったが、ノルウェーでは商船団と漁船団が最も重要だった。社民党が分裂して野党に転落し、一九五六年には中道政党による連立政権が誕生した。一九五八年以降好況期が到来し、六四年までそれが続いた。

フィンランドの戦後は若干他と異なる。フィンランドは地理的に直接ソ連の脅威にさらされており、フィンランド共産党が二〇％程度の支持をえていた。しかし一九四八年に共産党がクーデターに失敗し、以降、他の政党が共産党との協力を拒絶していた。他方でソ連は勢力圏の一つとみなし、フィンランドの社会民主党を信頼せず、時には公然と介入することもあった。大統領は時にソ連によって選ばれた。このような状況で安定的な政権を維持することは難しかった。第二次世界大戦後から一九六六年まで二五の政権が交代した。

北欧では、先述のように、ルター派教会が国教会制を採ったことで国家と教会の対立は解消され、国家が権力を強くした。しかし伝統的に地方（農村・漁村）が強いなかで一九世紀前半から産業革命と急速な工業化が進み、都市と農村の亀裂を抱えることになった。都市の発展は早かったが、社会主義は都市でなく農村でも発展した。結局、社会主義政党も労働者のみを支持母体とするだけではなく、戦間期に農民政党と連合し、結果的に両勢力が福祉国家を建設した。

小川有美によればスウェーデン語の「社会」という語（samhället）という語には、国家と社会の意味が重なっている。その背景に労働者と農民の連合（赤緑同盟）が主流となった点がある。結果的にこの地の社会主義運動は温和な運動となった。

特にそのモデルとされるスウェーデンでは、社民党の創設者であり初代党首のK・ブランティングが、議会主導の穏健な中道と妥協を重視する現実路線を追求した。第一章で示した通り福祉国家の基本思想はイギリスのベヴァリッジ報告を端緒とするが、全国民的平等思想を背景にした福祉国家は、むしろスウェーデンで結実した。「バター（国内）も大砲（対外）も［充実させよう］」という政策を打ち出し、一九三二年以降、七六年まで四四年にわたる長期政権をスウェーデン社民党が実現して、福祉国家体制を確立していった。こうした事情はどの北欧諸国も似ており、それゆえ「北欧モデル」と呼ばれるようになった。

スウェーデンでは第二次世界大戦後、農協と労働組合が社会民主主義政党を支持して、全「国民」を対象とした広範囲の公的サービスによる普遍主義的な福祉制度が建設された。すなわち国民年金、両親保険（育児休暇の収入保障）、失業保険、児童手当、有給休暇、医療保険などが体系化し、高課税・高福祉による福祉体制を導入した。さらに女性の就労を高め、男女平等が進んだ。国家レベルの委員会におけるクオータ制（女性の比率を四〇%以上とする）も導入された。

†北欧モデルのその後

北欧の福祉国家は生活困窮者や社会的弱者のみに社会福祉の対象を限定せず、住宅や教育、ジェンダーなども福祉の範囲として捉えて、全ての市民をその対象としている。これが普遍主義、平等主義とか「包括的」といわれるゆえんである。

スウェーデンでは障がい者福祉などの地方分権が進んでいることも特徴で、日本の市町村にあたるコミューンが大きな権限をもって「ノーマライゼーション」の実現を目指した政策を実施している。もともと「ノーマライゼーション」は北欧の知的障がいのある人たちの周りで生まれた運動で、特に戦後のデンマークで発達した。障がいのある人をノーマルに、ではなく、環境を整えさえすれば、障がいがあってもノーマルに過ごすことができるという発想だ。

ところがその後、スウェーデンの福祉国家もまた困難に直面するようになった。最大の要因は経済の停滞だ。さらに高齢化社会の進展、高福祉を負担するための高い税金（例えば消費税二五％）負担が問題となった。老人の四分の三は一人暮らしで、その半分がホームサービスを受けている。政府予算のおおよそ半分が福祉支出で、さらにその半分が高齢者福祉である。国民負担率（国民の所得のうち、税金や社会保険料が占める割合。高ければ「高福祉・高負担」と考えられる）は一時七〇％近いという算出もあった（平成二九年度の日本の負担率は四〇％強）。一九九五年にはE

Uに加盟したことで、財政上の制約も受けた。

また福祉部門に女性の労働が集中していること、行政国家の肥大化、福祉制度の悪用（不正受給やズル休み）が噴出して、福祉国家の再編が政治的争点となっていった。

北欧、特にスウェーデンの福祉国家がなぜこれほどまでもてはやされてきたのか。第一の理由は、西欧各国が一九八〇年代から新自由主義的政策へ転換したのに対して、スウェーデンではなお福祉国家に対する国民的合意があったことにあるだろう。本書の立場からすれば、他の西欧諸国において福祉システムに対する疑念は、すでに本章の時期（六〇年代）に見え隠れしていたのに対して、北欧ではその時期がまさに福祉国家花盛りだった。一九七〇年代の石油危機を経て、先進諸国の福祉システムのあり方が多様化したことをG・エスピン＝アンデルセンが論じたが、そのなかでも北欧諸国は「普遍主義」的な福祉システム（自助努力の有無などに条件づけられることなく、誰でも必要に応じて等しく福祉給付を受給できるシステム）に類型化されていた。特にスウェーデンは地方分権と地方税によってシステムが維持されるため、市民から行政サービスと税負担の関係がみえやすいというのがその理由だ。

しかし、近年では難民の流入に伴い、本来罪のない彼ら・彼女たちに、国民が負担している福祉サービスを供給すべきではないという「福祉ショーヴィズム」と呼ばれる排外主義が高まって、それを主張するポピュリストが支持されるようになってきた。二〇一八年九月に行われた選挙では、過去スウェーデン政治の代名詞だった（与党だった）左派の社民党は得票率を減らし、逆にポピュリストのスウェーデン民主党が得票率を伸ばした。

渡辺博明によれば、スウェーデン民主党は一九七〇年代後半に移民統合を進める政府に対抗して、「スウェーデンをスウェーデンのままに」をスローガンに、ネオナチ組織や民族主義小政党が合流して一九八八年に結成された。一九九〇年代に入ってもスキンヘッドで鍵十字の旗をもって行進するなど、極右勢力とみなされていたが、その後穏健化が進み、二〇〇六年の選挙で移民政策（難民受け入れ条件の厳格化等）を訴えた。その後二〇一〇年の選挙で国政に進出し、二〇一四年の選挙では四九議席まで議席を伸ばした。

二〇一八年選挙の結果、全三四九議席中、左派連合（社民党、左翼党、環境党による「赤緑」）は一四四議席、右派連合（キリスト教民主党、中央党、自由党、保守党による「同盟」）は一四三議席でいずれも過半数を取れず、六二議席を得たスウェーデン民主党がキャスティング・ボートを握り、連立政権が成立するまでにかなりの時間を要した。

コラム2 ヨーロッパ政治とカトリック

一九六〇年代にヨーロッパ政治が内側から変化したことの一因に、カトリック教会の変化があるのではないかと考えている。「原罪を抱える罪深い人間は、悔い改め、神の摂理に従って生きよ」とメッセージを発し続けてきたカトリック教会は、歴史的に様々な挑戦を受けてきた。古くはルターによる宗教改革もそうであろうし、一九世紀末には労働運動の挑戦を受けた。第二次世界大戦後には「世俗化」（人々の教会離れ）が進んだ。こうした動きに影響されたのか、カトリック教会内部で自らのあり方の見つめ直しが進んだのが一九六〇年代であった。

神の摂理を尊びながらも「人間性」「人間らしさ」の可能性を追ったアメリカの自由主義神学の影響を受け、一九六三年に刊行されたJ・ロビンソンの『神に正直に（Honest to God）』は、原罪を抱えるはずの人間性の可能性を指摘して、論争を巻き起こした。

さらに大きな影響を及ぼしたのは第二バチカン公会議（一九六二〜一九六五年）である。これらをきっかけに主に六〇年代末から七〇年代にかけて、カトリック世界ではカリスマ運動と呼ばれる職制、つまり聖職に就く者は〜あるべきだ、〜してはいけないという資格、ルールの刷新運動が広がった。例えば聖職者の結婚を認める運動が展開され、それに失望した多くの聖職者が辞したこともあった。また、こうした議論は「カトリック学校の存在意義」など、カトリックが本来社会に提供すべきサービスのあり方をめぐる議論、換言すれば教会の社会における役割に関する議論を巻き起こした。第二バチカン公会議から戦後のカトリック世界はさらに大きく揺れたと思われる。

礼拝出席者はこの時期から減少し始める。熱心なカトリック信者が多いベルギーにおいても、一九六七年には定期的な礼拝出席者は四三％であったのに対し、一九七三年には三七％、さらに一九九八年には一一％に低下している。

こうした出席者数の減少は教会を組織力、資金面で直撃することとなる。あるアンケートによれば、一九八七年には七七％の人が「信仰はある」と回答している。しかしこのうち半数が「神」ではなく、「霊」や「生活」「何かわからないもの」を信仰していると回答している。さらに一九九九年には「信仰している」と回答した人も六五％にダウンしている。カトリック教会が明確な礼拝メッセージを喪失したことを含意していよう。こうしたカトリック教会のメッセージの喪失、内的な規律の低下、論争の結果として生じた影響力の低下が、この時期のヨーロッパ全体の動揺を抑えきれなかった要因になっていたといえないだろうか（アンケートはVoyé et Dobbelaere 2001による）。

第三章
石油危機と低成長の時代
（1970年代）

レオニード・ブレジネフ

第三章関連年表

年号	出来事
1970	英6月　ヒース政権 8月　西独ソ連とモスクワ条約
1971	5月　東独ホーネッカー政権
1972	英1月　血の日曜日 ソ5月　SALT締結 独12月　東西ドイツ関係正常化
1973	英1月　イギリス、アイルランド、デンマークEC加盟 10月　第四次中東戦争、石油危機
1974	英2月　宙吊り議会、第2次ウィルソン政権 仏4月　ポンピドゥー死去 仏5月　ジスカールデスタン大統領 独5月　シュミット政権
1975	4月　ベトナム戦争終結 8月　全欧安全保障協力会議（CSCE）発足
1976	ソ1月　新型INF配備開始 英4月　キャラハン政権
1977	英1月　IMFから最大規模の経済支援
1979	英1月「不満の冬」 2月　イラン革命 英5月　サッチャー政権 ソ12月　アフガン侵攻

	イギリス	フランス	ドイツ	ソ連
相違点	労働党政権による緊縮政策	右派政権から左派の拮抗へ	左派政権による緊縮政策	安定期（停滞期）
共通点	石油危機			

表6　70年代のヨーロッパのバリエーションと共通点
出典：筆者作成

一九六〇年代を、福祉国家の限界が露呈したということができるなら、一九七〇年代のヨーロッパの和解システムは、外からやってきた石油危機によってさらに追い討ちをかけられた。従来の経済運営はもう限界まできた。その経過は多様であるが、概して右派政権だった国は左派政権に、左派政権だった国は右派政権に政権交代し、しかしそれでも経済難を克服できず、やがて新自由主義の時代が幕開けする、その前触れの時期だった。

他方、ソ連では豊富な資源の恩恵とブレジネフの方針で安定した時代を過ごしたが、逆にみれば、その時期は大きな改革もできない「停滞」の時代でもあった。特に経済的には比較的安定した市民生活が安心感をもたらし、むしろ軍備に国の投資が集中して、将来的な発展のために必要な改革が遅れた。

1　イギリス――英国病

†ヒースの保守党

植民地の独立、経済の低迷によってマクミラン、ダグラス＝ヒュームと人気を凋落させた保守党は、E・ヒースを党首に立てた。彼は大工の子で、音楽家の道を志したがそれは果たせず、しかし非常に勉学に秀でてオクスフォード大学（特に幅広い階層の子弟を集めていたベイリヤル・カレッジ）に進学して弁論部に所属し、W・グラッドストーンやH・アスキスが歴任した会長のポストを務めた。

上流階級が中心の保守党にあって、労働党に対抗するために、新しいリーダーには庶民的な人物が良いと考えられた。ヨットのアドミラルズ・カップなど大きな大会で優勝し、また首相就任後、官邸にピアノを持ち込み、引退後はロンドン交響楽団を指揮するなど多趣味であった。ちょうど大恐慌期に育ち、資本主義の意義を考え直す空気のなかで学んだ。またナチスの台頭やスペインの内戦を目の当たりにして、当時のヨーロッパ情勢に強い危機感を抱いた。

一九五〇年に初当選し、翌年から院内幹事を務め、マクミラン時代にはスエズ紛争後の党内の混乱を収拾するために尽力して若手実力者として認められ、影の内閣の重要なポストを任され、実務能力を評価されていった。

一九六五年に保守党は下院議員による党首選挙を導入し、そのとき新党首に就任した。再びイギリスを成長させることが彼に課された重要な課題だったが、翌年に選挙で敗北すると、党首脳の刷新へ動いた。成廣孝によれば、彼自身は穏健な戦後福祉国家の政治をまだ重視していたようだが、ここでF・ハイエクやM・フリードマンの新自由主義経済学に惹かれているM・

サッチャーらを影の内閣に起用した。さらに一九七〇年の選挙を前に市場中心型経済政策を打ち出した。この新自由主義の考え方はまだ保守党内でさえ浸透していなかったし、主流ではなかったけれども、党のイメージ刷新にはつながった。ヒースはバツケリズムの伝統のなかで、いかに保守党と労働党を差別化するかに尽力した。

労働党の支持率が低迷するなかでウィルソン労働党政権は、一九六九年になると経済が好転の兆しをみせたため、選挙を前倒しして一九七〇年六月一八日に選挙を行った。大方の予想では保守党が不利でヒースの当選すら危ぶまれていたが、投票の三日前に国際収支が赤字であることが公表され、それを一因として予想外に保守党が勝利し、ヒースが首相となった。新たな市場中心型の経済政策という手法によって、再びイギリスを成長へ導くことが期待された。

†Uターンの政治

上記のようにヒースは、政権に就く前には、新自由主義的政策への転換を打ち出して保守党の新しい姿を有権者に期待させた。しかしながら、政権に就くと自らのリーダーシップを十分に発揮できず、官僚に依存した政治運営を行うことになってしまった。大きな理由は、ヒースの盟友でコミュニケーション能力に長けて、新自由主義的な政策にも理解を示していた蔵相I・マクラウドが急逝したことにあるといわれる。この期待はずれの政治を人々は「逆戻り」

を意味する「Uターンの政治」と呼んだ。

政権発足直後のヒース政権は、停滞した経済を上昇気流に乗せるため、減税と企業の自由独創を活かすための投資を増やすと打ち出し、国家による市場介入を否定した。特に彼は労働組合が過剰な賃上げ要求や、ストライキを多発しないように、労使関係の改革を目指した。組合の登録制度や労使関係裁判所を導入する労使関係法を目玉に、国益を損なうような企業のストライキについては冷却期間と組合員による投票を導入しようと試みた。賃金要求の穏健化による労使協調によって生産性を高めようとしたのである。後のサッチャーと異なり、単に労働組合を敵視していたわけではないと理解されている。「レームダック（行き詰まり、つまり経営不振に陥った企業）を救済しない」がその時のヒースの主張だった。

しかし、早くも一九七〇年一一月、ロールス・ロイス社が破産を宣言すると、翌年国営化による救済を渋々決断した。またスコットランドのアッパー・クライド造船会社の労働者がストライキを起こすと、その対応へと動いた。これが先の「救済しない」という公約と矛盾していると党内から批判が噴出した。一九七一年に導入された労使関係法も、これを規制と考える組合は登録をボイコットして労使関係裁判所の介入を阻んだ。そうなると企業側も組合の過激化を恐れて労使関係法に従うことを強要しなくなった。

一九七二年には失業率が戦後最悪の四％に上昇した。結局、大幅な財政赤字を生み出しながら社会保障支出の増額、減税で対応し、公約とは全く逆の方向にイギリスは向かった。中東では第四次中東戦争が勃発し、七三年後半から石油危機が生じて、経済成長率の劇的な低下をイギリス経済は経験し、さらに組合の賃上げ要求が高まりストライキの動きが高まるなかで、ヒースは国民の信任によって事態を進展させようと、下院の解散に踏み切った。

EC加盟と北アイルランド紛争

同時期、イギリスはECに加盟するため、再交渉を進めた。かつて「アメリカのトロイの木馬」と批判され、加盟を拒絶されたマクミラン政権時の交渉役だったヒースにとって、加盟は悲願だった。また、停滞し底の見えない経済を立て直し、米ソに並ぶためにもEC加盟は必須と考えていた。

イギリス加盟に反対していたド・ゴールが退き、引退、死去したことでEC諸国側にも受け入れの素地ができた。一九七一年にヒースは、フランス大統領ポンピドゥーとの長時間の頂上会談を経て、コモンウェルスとの関係を見直すこと、農業政策など主要政策の一致などを検討することで、加盟を認められることになった。

これはヒースの悲願であったが、しかし国内世論はあまり盛り上がらなかった。短期的には、経済共同体に加盟することで関税収入の減少などマイナス効果が大きいと考えられたからだ。

また、イギリス議会ではヒースの交渉は大陸に対するイギリスの譲歩とみなされ、保守党の一部が叛旗を翻すなど議場は混乱した。しかし自由党と労働党の協力により加盟法案は議会を通過した。その後も法整備に時間を要するが、一九七二年一〇月にヨーロッパ共同体法が成立し、翌年一月にイギリスは正式に加盟した。

しかし反加盟派のパウエルが(保守党であったにもかかわらず)一九七四年二月の総選挙で、加盟条件の再交渉を訴える労働党を支持すると表明するなど、加盟のまさにその瞬間から欧州統合に対するスタンスは保守党の内的課題になった。あまりに強調してはならないが、近年話題となっている懐疑派もこの時点から反体制派として存在していたことも忘れてはならない。

またやはり対外関係でいえば、一九六〇年代の終わりから一九七〇年代は北アイルランド紛争が激しくなった時期でもある。北アイルランドのナショナリズムが高揚するにつれて、それを支持するとみられたイギリス政府に対するアイルランド共和国軍(IRA)のテロが生じ、それを押さえ込むために、一九七一年七月に政府は裁判なくテロ容疑者を拘束できる法を整備した。しかし収まる気配はなく爆弾テロが頻発し、一九七二年一月三〇日にはカトリックのデモ隊とイギリス軍が衝突し、北アイルランド紛争における「血の日曜日事件」が生じた。この際、非武装の市民を銃殺した軍の処遇をめぐり、国内世論で大きな問題になった(この事件の真相究明は時間を要し、ブレア時代に調査委員会が立ち上がり、キャメロン時代にイギリス政府は謝罪した)。

これを機にイギリス政府はアイルランドの自治を停止し、北アイルランドの直接統治を決断してIRAとの間に一時休戦協定を結ぶが、今度は北アイルランドで独立を求める抵抗運動が激しくなった。一九七三年一二月には南北アイルランド協議会が設置されたが、翌年には北がその設置を拒否した。カトリック、プロテスタント、それぞれの過激派、穏健派さらにイギリス政府の間の対立はT・ブレア時代まで続き、テロなどで三〇〇〇人以上の人命が奪われた。

†七四年選挙と第二次ウィルソン政権

以上のような混迷のなかで、七四年二月の選挙では保守党の人気は再び凋落し、労働党側が労働組合と話し合い、「社会契約」（保守党による労働組合に対する規制を廃して組合の行動を自由にすること、インフレを解消するために賃金抑制策は採らない）で合意して支持を獲得し、労働党が第一党となった。しかし単独で過半数には達せず、いわゆる「宙吊り議会《ハング・パーラメント》」と呼ばれる状態に陥った。二大政党の得票率は九〇％から七五％へ激減した。保守党に失望した中間層が自由党、スコットランド国民党を支持した結果であった。

ヒースは自由党に連立を願い出るが、自由党の望んでいた比例代表制選挙の導入を妥協できず、結局辞任し、単独では過半数を割った労働党政権（第二次ウィルソン政権）が自由党の協力の下で成立する。

下野した保守党の内部には、ヒースに対する不満が鬱積していた。特に完全雇用より企業の活性化に重きをおく新自由主義派は、従来保守党内でも危険視する人々が多かったが、この選挙の負けによって時機を得て「反ヒース」を掲げて台頭し、保守党の党改革（党内選挙）でサッチャーが勝利する。逆に敗れたヒースは、引退する二〇〇一年まで「反サッチャー」を掲げていくことになる。

一九七四年三月に過半数を持たないまま四年ぶりに政権に返り咲いたウィルソンは、しかしながら、先の「社会契約」によって支持を回復したこともあって、労働組合の同意を得なければ何もできない状況に陥っていた。さらに少数与党でもあったから、困難な政権運営を余儀なくされた。労組と結びついた党内左派への配慮、自由党やスコットランド国民党への配慮に振り回された。結局インフレ抑制のために賃金抑制策を実施せざるをえず、それをきっかけに労組の支持を失った。

さらに一九七五年、ＥＣ加盟か、それとも残留かを問う国民投票を実施しようとしたが「経済的繁栄が残留によって得られるか、それとも離脱によって得られるか」が議論になって、演説会は大荒れとなった。ウィルソン自身は残留に肯定的だが、組合は否定的であった。

それもあって労働党員がウィルソンに「帰れ、帰れ、裏切り者！」と罵声を浴びせ、ウィルソンが実際に帰ってしまったこともあった。結局国民投票は六七％が残留を支持して勝利したが、党内基盤を失ったことは明らかで、翌七六年三月一六日の閣議で六〇歳の誕生日を迎えたことを理由にウィルソンは突然辞任してしまった。四月五日の党首選第三回投票でJ・キャラハンが党首となり、首相になった。

†キャラハン政権

梅川正美によれば、「ジムおじさん」の愛称で親しまれたキャラハンは、学校に行けない貧しい家庭で育った。九歳の時に父が他界し、篤い信仰を持つ母が家庭を支えるが、ろくに食事もできないときもあったようだ。中学を出たら、すぐ税務署に勤務した。キリスト教の信仰に篤い人であったが、B・ショーやH・ラスキに学び、政治に目覚め、社会主義へ傾倒した。

一九三〇年代、キャラハンは税務署職員の組合活動に参加して活動家となり、一九三三年に委員となりロンドンに移ると、三六年に専従書記に選ばれて税務署を退職した。この一九三〇年代は経済恐慌の影響で失業者が増えた時期である。ファシズムが台頭したヨーロッパの状況を目の当たりにして、失業問題の解決が最重要課題だと考えるようになった。一九四五年、ラスキの勧めで三三歳の時、下院議員に立候補、当選し、三五歳で運輸政務官に抜擢されて以来三〇年間、影の内閣ないし内閣の一端をになった。

首相に着任すると、すぐ蔵相、TUC（労組会議）議長、イングランド銀行総裁を招き、粘り強く説得し、「大きな政府」と石油危機が招いた財政破綻を立て直す政策を考えていく。「福祉国家か緊縮政策か」を熟慮した結果、一九七六年九月の労働党大会で、「従来の福祉国家はもはや維持できない」と演説した。しかし事前にこの内容を知らされていなかった内閣、労組は反発した。キャラハンは話し合いで妥協策を模索したが、その間ますます経済は悪化した。結局一九七七年には国際通貨基金（ＩＭＦ）から借款することになる。大英帝国の没落が印象づけられたし、キャラハン政権に対する信用は地に落ちていった。

この頃になると、福祉国家を放棄した党と政府が組合を制御することが無理になり、組合は反発を高めていく。組合との協議は繰り返されるが、ない袖は振れず、一層反発が高まった。

一九七八年一一月からフォード自動車で賃上げ争議が起きた。政府が要請した賃上げ水準（五％以内）よりもはるかに高い水準（一七％）で妥協されたことで組合の力が認められ、政府の信用は地に落ちて、組合は攻勢を強めた。一九七八年から七九年にかけての冬は政府、党に反発する公務員のストが頻発した。「不満の冬」と呼ばれる。郵便、ゴミ清掃ですらストライキに突入し、首都ロンドンは「ごみの都ロンドン」と化した。組合の指導層もすでに指導力を欠いていた。おそらく戦後イギリスが最も停滞した時だったのではなかろうか。

一九七九年三月に保守党党首サッチャーが提出した不信任案が一票差で可決され、戦後初めて不信任での選挙が行われることになった。

2　フランス——ポスト・ド・ゴールの時代へ

†ポンピドゥー

　一九六九年に戦後フランスを支えたド・ゴールは大統領を辞した。ド・ゴールを失った右派勢力は、一九六九年の選挙で右腕だったポンピドゥーの下に結集した。ポンピドゥーは第一回投票で四四・五％を獲得し、第二回投票を経て大統領になった。

　ポンピドゥーは一九一一年に小学校教員の家に生まれ、彼自身もエリート街道を歩み、名門アンリ四世高校の先生となった。第二次世界大戦後、フランス解放時にド・ゴール将軍の官房で働き、ロスチャイルド銀行の頭取にまでなった。

　正式に政界に入ったのは、一九六二年、つまり第五共和政の時に銀行を辞めて首相になったときで、六八年まで務めた。ド・ゴール体制の下では最も任期の長い首相だが、ポンピドゥーはいつもド・ゴールを恐れていたともいわれている。

　ポンピドゥーの政治は「連続性と開放」という言葉で表現される。例えば閣僚人事に表れていて、「連続性」とは古参のド・ゴール派が入閣していること、「開放」とは、ド・ゴール派と一線を画す穏健派のプレヴァンが入閣したことに示されている。しかし、そのことが後の亀裂を生むことは容易に想像できよう。また政策面では、ド・ゴール路線を踏襲しつつ、議会尊重など新機軸を打ち出した。経済面では、多くはJ・シャバン＝デルマス首相の手腕によるとされたが、高度成長は維持したまま財政再建に取り組んだ。外交面では、ド・ゴールが拒絶し続けた「トロイの木馬」であったイギリスのEC加盟を認めた。

ド・ゴール派の古参であった首相、シャバン＝デルマスは、六八年の混乱の反省から、「閉ざされた社会」の改革を打ち出した。すなわち工業化、輸出促進、団体交渉、最低賃金の保障、物価スライド制など経済的、社会的自由化を進めて高い支持率を得た。この成果を独り占めしたとされて、二人の間に確執が生まれたといわれている。

外交の最大の成果であるEC拡大、すなわちイギリス、デンマーク、アイルランドのEC加入の中心的役割を果たしたが、フランス国内ではあまり議論が盛り上がらず、大統領の不人気を顕在化させることになった。その責任の一端を負わされたシャバン＝デルマスは信任投票に訴え、高く支持された。これで両者の確執は決定的となり、ポンピドゥーの意向でシャバン＝デルマス首相が辞任し、与党内対立が顕著になった。

こうしたなか、ポンピドゥーはその一九七三年の春に白血病となってしまう。同年一〇月から石油危機がフランスを襲い、翌年には失業者数が四五万人にも上った。そのなかで一九七四年四月二日、大統領は死去した。

悲運のポンピドゥーではあるが、ド・ゴールの個人的力量に多くを負っていた第五共和政を、制度として定着させたと評価もされる。しかしド・ゴールの後任は重かった。彼の個人的力量だけに帰すべきではないだろうが、与党内、政府内をまとめきることができなかった。

†左派の戦略転換

他方でド・ゴール亡きあと、左派に好機が訪れた。すでにド・ゴール時代の一九六五年に社会・共産両党でミッテランを支持するなど共闘体制の下地はできていたが、一九六九年の時点ではまだ左派は多様な組織の集合体にすぎなかった。同年の大統領選では決選投票に候補者を送り込めないほど分裂状態にあり、結局ポンピドゥーの後継を許した。

すると一九七一年六月に行われた大会において、分裂していた左派が社会党に結集した。渡邊はこれを第五共和政における左派の歴史的転換点という。ここで党の構造改革、共産党との関係について議論が進んだ。激しい議論のなか、共産党とのイデオロギーの相違を主張する一派に対して、現実的、具体的問題についての協議を主張するミッテラン派が勝利し、ミッテランが書記長となった。ミッテランは党内の対立を残しつつ、「自主管理」を政治綱領に掲げて社会党を率いていく。その後、国有化の是非をめぐって共産党と対立しながらも交渉を進めて、一九七二年六月には、左派政権を実現するため、政府共同綱領の調印に成功する。しかしその後、一九七四年選挙ではミッテランを統一候補として立てるが、決選投票で惜しくも敗れる。その後、経済的な苦境のなかで左派が支持を獲得し、一九七八年に支持率が五〇%を越え、いよいよ政権奪取がみえてくると、共産党と社会党の亀裂が顕在化した。確かに一九七二年に左派は共同綱領に調印しその後勢力を回復したが、共産党自体に対する支持は凋落していったからだ。存在感を失ったのだ。

そのため一九七七年から共同綱領の見直しに入ると、再び国有化などをめぐり論争が激しくなり、共産党は社会党を右傾化したと批判して、独自候補を立てて選挙を戦うと宣言した。その年の国民議会総選挙では、第一回投票で共産党は一層支持率を下げ、その後また慌てて統一候補の協定を結び直すなど左派全体が揺れ動き、保守派に敗北することになる。

†ジスカールデスタンと「栄光の三〇年の終焉」

ポンピドゥーの死後一カ月の選挙で、ポンピドゥーの後を継いだのはV・ジスカールデスタンであった。父は高級官僚、母系も大臣、上院議員の家系の名門出身で、ENA（国立行政学院）に進んだ、フランスにおけるエリートである。聡明、おしゃれで弁が立ち、「フランスのケネディ」と呼ばれた。ポンピドゥーに見いだされたが、与党の内部対立のなかで彼とは一線を引き、穏健派に身を置いた。ド・ゴールのような権威主義的な政治に反対する人たちのなかで、左派政権に取って代わられることを恐れた人に支持され、中道の立場で大統領に立候補した。

大統領選において右派は候補者選びで難航した。J・シャバン＝デルマスとジスカールデスタンの間で対立して分裂状態に陥った。左派が結集し、第一回投票ではミッテランが首位に立ち、決選投票をミッテランとジスカールデスタンの間で競った。ジスカールデスタンは討論会でエリートらしく柔らかいイメージ戦略で売り、その結果、四八歳の大統領が誕生した。

ジスカールデスタンは政治家以外の閣僚も登用するなどド・ゴール路線の刷新を目論んだが、議会ではド・ゴール派が多数を占め、行政府（大統領）と議会の多数派の所属政党が異なる「コアビタシオン」に陥った。

コアビタシオンになれば政治の刷新はおろか政局運営すら難しくなるが、ジスカールデスタンは中道主義を掲げ続け、選挙権年齢の引き下げ、「待機補助手当」などの社会保障改革、避妊薬の販売、離婚理由の拡大など、改革に積極的に取り組んだ。

しかし、経済政策では苦労した。石油危機後、一九七四年には緊縮政策を余儀なくされた。増税、公共料金の値上げ等により、支持率は一気に五〇％を下回った。それでも経済は立ち直らず、翌七五年末には失業者が九〇万人を超え、左派が急激に支持されることになった。さらにインフレ対策として賃金抑制策が含まれており、労働組合の怒りと団体行動を高めることになった。一九七八年九月には第二次石油危機が生じ、失業者数も同年末には一三〇万人に達した。フランスの戦後経済の発展が終焉したことは明らかであった。

†シラクの登場

こうした保守派の苦境のなかで、次世代のリーダーとなるJ・シラクが登場した。シラクは銀行員の家庭に生まれ、ENAを卒業した。在学中は共産党員だったといわれている。国家公務員、会計検査院を経て、ド・ゴール時代のポンピドゥー首相の官房に入る。

ポンピドゥー大統領時代にシラクはド・ゴール派のUDR（共和国防衛連合）の代表としてジスカール・デスタンと知り合った。一九六七年にはポンピドゥーの推しで国民議会議員に当選し閣僚を歴任した。当時から「ブルドーザー」と呼ばれ、行動力には定評があった。他方で師であるポンピドゥーからも「目標に向かってしゃにむに走る男だが、成熟が課題」といわれた。政敵ミッテランでさえ、「何というエネルギー、何という行動力、何という快活さ、惜しむらくは、冷静な判断力に欠ける」と分析し、行動力を評価している。

一九七四年から一九七六年までジスカールデスタンの下で首相を務め、「ド・ゴール主義の基本的価値を守るため」と呼びかけ、RPR（共和国連合）を創設し、その代表となった。反共、反リベラルを掲げて、ジスカールデスタンが掲げていた「リベラルで、近代的で、多元主義的な社会」に対抗した。

この当時争点の一つにパリ市長があった。実は百年間パリに市長は置かれず、歴代ド・ゴール派が多数派を形成して、市議会の議長が限定された権限を行使していた。一九七五年にようやくパリ市長が制定されると、どうしても譲ることのできないド・ゴール派はシラク自らが出馬して、市長となった。その後シラクはパリ市長と首相を何度も兼任した。

3 ドイツ――東方外交の時代

†ブラントSPD政権

一九六九年の選挙では、通貨切り上げの是非をめぐり選挙戦が展開された。通貨を切り上げる（ドルに対して自国通貨の価値を上げる）と一般的に（アメリカ製品が安くなり）輸入が促進されるので、輸出産業は反対する。それを代弁して反対するCDU／CSUと、長期的な国民経済のため切り上げを支持するSPDが対立した結果、SPDが勝利して、SPDとFDPの連立政権が成立し、SPDのブラントが首相に、FDPのH・シュミットが副首相になった。

ブラントは労働者階級の出身で、ヒトラーに対する抵抗運動に参加してノルウェーに亡命した経験をもつ。つまりナチスに汚れていないドイツを象徴する存在であった。優秀な成績で労働者階級の子弟としては珍しくギムナジウムに進学した。他方で高校時代からサークル活動を通じてSPDに入党し機関紙に論文などを投稿した。ノルウェーから帰国後西ベルリン市長になり、一九六一年のベルリンの壁建設に迅速に対応することなどで知られるようになり、一九六四年から党首になった。

彼は、社会における「より多くのデモクラシー」の実現を目指した。彼によれば、民主主義は選挙による多数決ではなく、柔軟で激しい議論が不可欠なものであった。特に教育や家族制度の改革に力を入れて、教育の機会均等を目指した。当時のドイツは身分制的な教育制度で、将来の進路を小学校四年生で振り分けていた。ただしその実態は「大卒の家庭の子弟は大卒」という学歴社会で、人口で三〇%を上回る労働者階級の子弟は、全大学生のうち八%にすぎなかった。社会的流動性を高めるために「学位取得促進法」の制定などを行ったが、これらの教育改革は成果をみなかったと評価されている。

また家族制度については、妻の不貞が原因で夫婦が離婚しても、夫は生活を保障すること、一定の要件のもとで中絶を可能にするなど改革を進めようとした。さらに社会保障の拡充を行おうとしたが、石油危機の到来もあって全ては実現しなかった。様々な改革に取り組んだが、一九七四年に個人秘書G・ギョームが東ドイツのスパイであることを理由に逮捕された。事の真偽は定かでないが、さらに女性問題などが発覚し、退陣することになった。「短い夏」であった。それでもブラントは改革を試み、西ドイツをより開かれた社会とするのに貢献した。

†ブラントの東方外交

むしろブラントの名声は東方外交で知られている。国際的な状況をみれば、キューバ危機の後、米ソ間にホットラインが作られるなど緊張緩和が進むなかで、「西ドイツだけが正統なドイツ民族の国家組織」と主張して東ドイツを認める国家との国交を拒否し続けつつ、東欧諸国との通商関係を維持拡大することは無理があった。

首相に就任したブラントは「西ドイツ政府が、東ドイツを国際法上承認することは考えられない」としつつ、「もしドイツに二つの国家が存在するとしても、その二つの国家は、互いにとって外国でなく、相互の関係は特別なもの以外ではありえない」と述べて、東ドイツを事実上承認した。そして東西ドイツの関係について、当分は現状を容認しつつ、東西間の対話と交流を促進するという「接近による変化」を訴えた。

西ドイツ国内には、もともと東ドイツとの関係を改善する推進派もいた。例えば一九六〇年代にブダペシュトで行われたヨーロッパ水泳選手権で東独の国歌が流されると、西側の中継の音声が消されたことがあり、物議を醸し出した。これに対して、ヤスパースら知識人が東ドイツとの関係を安定させて、現実的な接近を図るべきだと声をあげていた。しかし一九六八年に「プラハの春」が生じてソ連が東欧諸国に対する引き締めを強化した後のことだったので、接近は難しかった。この状況下でブラントは東方外交を進めた。

一九七〇年八月には、ブレジネフとの間で東西ドイツ間の国境を含めたヨーロッパの現状の国境を尊重するモスクワ条約を結んだ。同年一二月には、ポーランドとの間でポーランド西部国境を承認するワルシャワ条約を結んだ。国内保守派の反発が高まったが、一九七二年六月に占領四カ国の間でベルリンに関する議定書を交わして相互に存在を承認し、一二月には両ドイツ基本条約を結んで東西ドイツの国交を樹立した。これによって翌七三年九月には両国が同時に国連に加盟することになった。またこの時以降、互いの存在を認め、交流が開始された。

ただし、いきなり東側に接近することについて英米から警戒され、そちらの関係は悪化したが、一九七二年一一月の西ドイツの連邦議会選挙ではSPDが戦後初めて第一党となった。これはブラントの外交が支持されたからだと考えられている。

ブラントがワルシャワにいた時に、雨でぬれているにもかかわらず、ユダヤ人犠牲者慰霊碑の前で跪き、ユダヤ人迫害へ謝罪の意を表明した。予定外のことであった。国際的な反響が大きく、パフォーマンスとして「やり過ぎ」という批判や、基本法（憲法）に違反するのではないかという批判もあり、ワルシャワ条約の批准は一苦労だった。離党者も現れ、SPDは一時少数派に転落した。不信任案も提出されたが、辛くも政権交代は免れた。これを機にナチスの過去に対する批判と議論が国内でも高まっていくことになった。

†シュミット政権

しかしブラントのスパイ疑惑、さらに石油危機のため、ブラントの改革路線は頓挫してしまった。最大の課題は経済と（スパイ疑惑の影響で）危機管理だった。そして一九七四年五月に危機管理能力を評価されていたシュミットが政局を運営することになった。

シュミットは一九一八年、ハンブルク市で教師の家に生まれた。第二次世界大戦中、砲兵将校として東部戦線で従軍した。正しいと信じたことははっきりと口にする人物だった。

大戦時にイギリス軍の捕虜となり、その時に知り合った社会主義者に影響されて、釈放されるとすぐにハンブルク大学に入学し、SPDに入党した。大学卒業後は自治体職員を経て一九五三年から連邦議会議員となる。一九六一年からハンブルク州の内務相となり、翌年に生じた洪水時に優れたリーダーシップを発揮し、危機管理能力で知られるようになる。ブラント政権では国防相、財務相を担当した。同じSPDでも理想主義者のブラントと異なり現実路線を採り、東西冷戦下、テロにも毅然とした態度で対応した。

もともと輸出に依存していたドイツ経済は、石油危機で輸出先国家の景気が後退した影響を受けた。このなかでシュミットはSPDであるにもかかわらず、一九七五年に社会保障の支出削減を進めて国家財政の安定化を優先した。失業給付関連の連邦予算が削減された。削減することには連立パートナーのFDPの協力が得られた。しかし一層財政再建に向けた緊縮政策が必要となると年金、健康保険制度の改革が進められたり、さらに失業給付の給付条件の厳格化が進んだりした。当然のことながら、これに労組は反発した。しかし石油危機という未曾有の経済危機のなかで彼に選択できる手段は限られていた。

対ヨーロッパについてはアデナウアー以来の路線を踏襲した。特にシュミットはフランスのジスカールデスタンとともにヨーロッパが団結してこの危機を乗り越えるべきだと考えた。そのためにも超国家機関に任せるだけではなく、各国首脳同士が面と向かって議論する場が大切だと考え、一九七四年に欧州理事会を制度化した。またさらに国際的な協調の場として第一回先進国首脳会議（サミット）の発足に尽力した。

†テロとの戦い

シュミットの時代にドイツではテロが多発した。六八年の反政府活動の名残と理解されているが、国際的なテロ組織が活発になったのもこの時期であった。一九七二年のミュンヘン・オリンピックでイスラエルの選手団がアラブ系テロ集団に襲撃されたことを機に「過激派条例」が通り、特殊部隊が設置された。電話の盗聴等が頻繁に行われ、急進左翼系グループは逮捕された。このなかで若い人の間に「六八年の反抗は何だったのか。規律を強化し、隷属をもたらしただけではないか」という幻滅が広まった。この条例は後の七九年に連邦で廃止された。

他方でテロは、逮捕されたテロリストの釈放を求めてさらに過激化した。一九七七年九月、獄中にいるテロリストを救い出すため、ドイツ赤軍がドイツ経営者連盟会長H＝M・シュライヤーを誘拐し、一〇月にはルフトハンザ機をハイジャックした。シュミットは犯人の要求に屈しない決然たる態度を取った。最終的に機内に対テロ特殊部隊を突入させて解決したが、その翌日、エルザスの山中でシュライヤー会長が射殺体で発見された。

誘拐事件での毅然としたシュミットの対応は支持を集めた一方で、シュライヤー未亡人は生涯、「夫が見殺しにされたことには納得できない」といい続けた。シュミット自身も「罪悪感は消えない」と振り返っていた。

また、一九七〇年代半ば以降のドイツの社会には新保守主義というべき思潮、空気が漂っていた。一九六〇年代後半の抵抗運動が、社会の箍《たが》をはずしたという批判から生まれた思想である。やるべき仕事をせずに文句ばかり並べる若者にもう一度やる気を起こさせなければならない。そのためには学校で改革を唱えているインテリを押さえ込むべきで、「改革派知識人は美辞麗句を並べ立てながら、人の上に立って甘い汁を吸う」と知識人への批判的言説が広がった。

さらにこの時期、石油の原価高騰に伴い、原発が推進された。七九年には、ソ連の中距離核ミサイルに対抗して、アメリカの中距離ミサイルを西ドイツに配備することを決定した。これは「ドイツを核戦争の最前線におくことになるのではないか」という疑念を生み、戦後最大のデモが生じた。この時期すでに萌芽していた「新しい社会運動」が高揚し、先の原発に対する反対と合わせて、一九八〇年には緑の党の結成に結びつくことになった。

石油危機をなんとか乗り切ろうとしたシュミットであったが、特に七九年の第二次石油危機のためマイナス成長となり、失業率が七・六％にまで上昇して、連立を組んでいたＦＤＰが鞍替えして、一九八二年に政権が交代することになった。

†東ドイツの繁栄とホーネッカー政権

第二次世界戦後、順調に経済発展し、書記長ウルブリヒトが独自路線を主張し始めたが、それがソ連の不評を買い、健康不安を理由に第一書記を辞任したのが一九七一年のことである。ウルブリヒトは二五年もの間トップの座に留まったのだ。その後第一書記に就いたのはＥ・ホーネッカーである。一九七六年から最高指導者となった。

ホーネッカーは一九一二年に炭坑夫の子として生まれた。二九年にモスクワ留学、三一年に帰国後、共産党地方部の指導的立場になった。第二次世界大戦後、ドイツ社会主義統一党の創立メンバーとなり、自由ドイツ青年団の会長として尽力し、子どもたちから（名前がエーリッヒであるため）「エーリッヒおじさん」と呼ばれ親しまれた。

一九四九年一〇月にドイツ民主共和国（東ドイツ）が成立すると、研修のためモスクワに滞在し、一九五六年にはフルシチョフによる「スターリン批判」を直接経験した。一九五八年から中央委員会書記局の正式局員になった。

その後、フルシチョフを継いだブレジネフと良好な関係を保ち、ウルブリヒトが導入した「新経済システム」は共産主義から外れつつあるとして、ブレジネフの支援を受けて党内で「反ウルブリヒト」に向かい、国有化と統制経済を推進した。しかし東ドイツの経済は七〇代後半から悪化した。

東ドイツの外交、特に西ドイツに対する考え方の主流は、「西はナチの後継者の集まり」であった。しかしブラントの東方外交を受け入れた。それでも「社会主義的民族と資本主義的民族」からなる、ドイツの「二つの民族論」は維持された。西ドイツの穏健な路線が、東ドイツの社会主義体制を維持するためには、逆に危険と考えられたのだ。東ドイツ指導部は一層強硬になり、一九七四年には新憲法で「ドイツ民族の一体性」「ドイツ再統一」という統一要求に関する文言は削除された。そして徐々に国境に対人地雷を設置したり、反体制派を抑圧したりするようになった。

しかしながら、六〇年代から八〇年代あたりに記された東ドイツに関する文献を見ると、R・ダーレンドルフは東ドイツが独自の福祉国家を建設し正統性を得ていると論じている。また将来的に東西ドイツの再統一は起こり得ないだろうと論じている者も多い。経済の成功を土台にした安定感が当時の東ドイツにはあった。

4 ソ連――アフガニスタン侵攻の余波

†ブレジネフ

ブレジネフは一九六四年一〇月から一九八二年一一月まで一八年間もソ連共産党第一書記としてソ連の政権を担当した。これはソ連でスターリンに次いで長い政権であった。スターリン時代に中央委員会に入り、政治局員の候補になっていった。ウクライナとモルドヴィアでの働きでフルシチョフに見いだされてカザフ共和国第一書記に抜擢され、共産党官僚として地位を固めたが、一九六四年にフルシチョフを追い落としてフルシチョフ解任後に党第一書記に就任した。一九六六年からは改称して昔の呼称の書記長となった。

当初ブレジネフは最高位に就くことを当然視されていたわけではない。他の指導者と比べて敵が少なく、また独裁者になるような資質を持ち合わせていないとみなされていた。彼を選んだ人々は暫定的な人事だと考えていた。しかしその地位に就くなり、巧みな手腕で一八年もその地位を維持した。

激しいスパルタタイプというよりも、また熱心な共産主義の信奉者というわけでもなく、人生を楽しもうというタイプだった。同じようなことを考えている人は実は多く、その点ではスターリン以降のソ連を率いるには最適だったという人も多い。楽天家で、嫌なことからは目をそらした。危険をおかすようなことはしたくなかった。

「要員の安定」が大切だと考えていたので、よほど重大な不正や失態がない限り更迭もなかった。内政は首相に担当させ、主として党務と外交にあたり、前任のフルシチョフの誤りを避けて改革には慎重だった。

経済政策でも急進的な改革に踏み込まないように注意し、今までの慣例を重視した。工業部門でノルマを緩和し、農業への資源配分の増加方針は継続し、買い付け価格を上げた（ただし小売価格は据え置かれて、差額は国家の負担となり、後に財政を圧迫した）。そのため一九七〇年代後半、農業生産は上向きで、人々の生活水準は緩やかに向上した。当時の幹部はそのまま年を重ねたが辞めなかったため、やがて一九八〇年代に次々と幹部が世を去ることになった。

†「穏やかな時代」

ブレジネフの世代は急激な工業化や、戦争、粛清の時代を経験してきた。だから七〇年代になると、少し豊かな生活を望んだ。ブレジネフはロールス・ロイス、キャデラックなど高級車を好んだし、しかし利己主義的ではなく、そうした満足を他の人にも共有して欲しかった。そのため彼はスターリンのように怖がられておらず、多くの人に尊敬されたという。

こうしたなかで党と国家の下層官僚も力を強めて、「十月革命勲章」「民族友好勲章」「労働名誉勲章」など新しい賞や勲章が設けられた。ブレジネフ自身がたくさんの勲章を得た。自叙伝にはレーニン文学賞が贈られ、四度の連邦英雄賞を受賞した。

国家は多大な社会投資を行い、巨大な発電所が建造され、最大のガスのパイプラインも敷かれた。バイカル・アムール鉄道も三〇〇〇キロメートルにまで延び、「世紀の建設」と注目された。おびただしい数の工場が建設され、天然ガスや石油の発掘も進んだ。こうして国民の生活も改善し、一家に一台のテレビと冷蔵庫が普及し、娯楽が増えた。七〇年代に一億七〇〇〇万人の国民が新居を手に入れた。

一九七七年には民主的な新憲法が採択されたが、公式のニュースでは一億四〇〇〇万人の人々が新憲法に関する議論に積極的に参加したといわれる。「共産主義的な自覚の高まった時期」、「ソ連の政治、経済、軍事力が着実に前進した時期」と公式メディアは報道した。「発達した社会主義」になったと宣言された。

彼の統治下ではブレジネフ・ドクトリンが徹底され、支配下の地域を手放さない方針が定められたが、デタントもまた彼の下で進んだ。ソ連はかつてないほど穏やかな時代に入った。

†「停滞の時代」と「確信」の揺らぎ

他方でこの時期は「停滞の時代」でもあった。ブレジネフは一九六〇年代後半から、企業の福利厚生向上、雇用の安定、社会保障の充実を進めた。その結果、ソ連社会では「あくせく働かない」ことが「暗黙の社会契約」とされた。というのも、ノルマを達成すればボーナスが支給され、未達成だとペナルティが与えられたため、実際の生産性を隠そうとした。低いノルマをギリギリで達成したほうがいい。また虚偽の報告も蔓延した。さらに一時的な突貫作業でノルマを達成しようという考え方が広がり、労働規律の弛緩も蔓延した。

「要員の安定」を重視したので、地区の書記長や工場長がいいかげんな人物で汚職を働いたとしても、それを理由に降格されるということはなかった。人を替えて事態が改善されるわけではないのであれば、あえて事を荒立てることはあるまいということだ。公式記録で一九五〇年代に年率一一%の成長率を示したソ連経済であるが、七〇年から七%に落ち込んだ。

また、一九七〇年代には、まだインフラが十分整備されていない地方の農民を、都市部のコルホーズへ移住させる「非農民化」が進んだ。この人々は保障賃金制が適用されて生活が保障されたので、都市部は整備されていったが、農村の荒廃が進んだ。

一九七〇年代の西欧諸国は石油危機に苦しんだが、豊富な資源を抱えたソ連は、この時産油国として利益を得た。社会主義システムの下で貧困層はいなくなった。しかしそれがゆえに技術開発は遅れた。一九七〇年代半ばになると西ドイツ、日本にも経済力で抜かれるようになり、先進資本主義国の技術を導入したり、経済提携を結んだりするようになった。

こうして西側諸国と接する機会が増えてくると、資本主義を優越するはずの共産主義モデルに対する人々の「確信」が失われていった。ひと世代前には共産主義の正しさやスターリンを心から信じている人がいたものだが、いまや共産主義イデオロギーを真面目に受け入れている人はほとんどいなくなった。

特に一九六八年の「プラハの春」以来、一層「改革」路線への警戒が高まり、人事も停滞し、同じ官僚がいすわって「老人支配」といわれるようになった。ブレジネフ政権末期の一九八一年の政治局員の平均年齢は六九歳だった。社会主義建設の意識は次第に薄れていった。

当時西側諸国は技術革新時代を迎えていたが、ソ連の立ち後れが目立ち始め、何よりも経済成長が停滞し、市民生活も閉塞感に覆われるようになった。そのようななかで一部の党高級官僚は別荘を持つなどの経済的に恵まれた地位を縁故によって維持しており、特権階級化した。

結局のところ、ブレジネフ時代は「穏やかな時代」であったが、後にソ連崩壊を迎えると、「停滞の時代」だったと呼ばれた。さらに歴史上かつてないほど豊かで、自由で、進歩した社会を築き、全世界の抑圧された人々を解放することが期待された共産主義イデオロギーはすでに廃れ、「確信の揺らぎ」の時代と呼ばれるようになった。それでもソ連崩壊後になって市場経済への移行が難航するなかで、人々はこのブレジネフ時代を懐かしみ、当時のロシアではノスタルジーが蔓延したという。二〇〇二年には『ブレジネフ再考』論が出版されたほどだった（この時代を「停滞の時代」と評価したのは、実はゴルバチョフだったといわれている）。

国際的なソ連の地位は軍事力のみに依存していた。経済発展のためには、軍事関連費の削減が必須であったが、そこでアフガン侵攻が生じた。

†デタント

ブレジネフ時代の特徴として、特に一九七〇年代初頭に首脳会談が行われてデタントが進んだことが挙げられる。それ以前、つまり六〇年代にソ連は軍事力を高めていった。屈辱だったキューバ危機以降、核戦力の整備を急ぎ、アメリカとの量的均衡を達成すると、デタントへと進むようになった。一九七二年には「戦略攻撃兵器の制限に関する暫定協定（SALTⅠ）」に調印し、七三年には訪米を果たす。七六年から七九年にかけて、さらに包括的なSALTⅡに調印し、ICBM、潜水艦発射弾道ミサイル（SLBM）、長距離爆撃機のすべてを規制の対象とした。実際のところ、戦後常にアメリカの核の力におびえていたソ連が「米ソの量的均衡」を果たし、それを認めさせ、デタントに向かったことは大きな出来事だった。

この交渉の過程で、一九七五年に全欧安全保障協力会議で「ヘルシンキ宣言」が採択された。これはソ連を含むヨーロッパ三三カ国とアメリカ、カナダによってなされたもので、国家主権の尊重、内政不干渉、武力の不行使、国境の不可侵、領土保全、紛争の平和的解決、人権と諸自由の尊重などの原則などが謳われた。両ブロックの政治的、経済的な接近をもたらした。

西側もソ連との関係改善に大いに期待したが、しかしながら八〇年代には再び対決姿勢に戻っていくことになる。一九七七年にJ・カーターがアメリカ大統領に就任すると、両国の関係は険悪なものとなった。カーター政権が「人権」を掲げたことでソ連の反発を招いた。それを機に、ソ連経済が停滞していったことにも後押しされて、両国の経済的関係も停滞した。同時に、ソ連の対外政策は根本的には変化のない、対外的に攻撃的なものであったことが明らかになっていく。それを端的に示したのがアフガニスタン侵攻であった。

†アフガン侵攻

アフガニスタンは中国やイラン、パキスタンそして当時のソ連の衛星国であるタジキスタン、トルクメニスタン、ウズベキスタンに囲まれた国で、首都はカブールである。一九一九年にイギリスの保護領から独立した。一九七八年四月に社会主義革命が生じるが、翌年軍事クーデターが生じ、ソ連が新政権転覆のために軍事介入したのである。

ここでのソ連介入の要因は様々に論じられるが、第一にソ連がペルシャ湾に侵攻し、石油獲得を容易にして、西側経済に対して攻勢をかけようとしたという見方（当時の西側の主要な見方）、第二に時を同じくしてイランで生じたイスラム革命が、万が一アフガニスタンに飛び火すれば、国境を接しイスラム教徒の多いソ連中央アジア諸国に波及する可能性があり、それを懸念したという説もある。また、アメリカが介入し、反ソの拠点としてしまうことを恐れたこと、七八年の革命が社会主義革命とされたため、これを守らなければ、他の同盟国に与える動揺が大きいだろうことを懸念したことなどが挙げられている。

ソ連の介入によって親ソ政権を樹立することができたが、これによって反政府ゲリラとの内戦が勃発し、これが一層大規模な軍事介入の呼び水となった。先の話となるが、一九八九年二月のジュネーヴ合意によって駐留ソ連軍は撤退したが内戦状態は続き、一九九四年頃からイスラム原理主義を掲げるタリバーンが勢力を伸ばし、一九九六年九月にカブールを制圧した。

この間、アメリカは反発し、ＳＡＬＴⅡの批准延期、穀物輸出の停止などを発動した。一九八〇年のモスクワ・オリンピックでは出場を辞退する国が（日本も含めて）西側だけでなく、イスラム諸国など五〇カ国ほどに及んだ。一九八一年にはレーガン政権が「ソ連は悪の帝国」と称し、いわゆる「新冷戦」の時代に国際政治は突入することになった。

現代との関連でいえば、一九七九年から一〇年間でソ連はおよそ六二万人の兵士を送った。他方でアフガニスタンを防衛するために、ヨーロッパからイスラムの人々が義憤にかられて中東へ渡った。これを国際的なテロ組織としてまとめたのがビン・ラーディンであり、やがてアル・カイーダと名乗るようになった。

その後アメリカ同時多発テロ事件を機としてアメリカ、イギリスなどがアル・カイーダやタリバーンに対する軍事行動を起こすなど、時代は新しい「文明の衝突」の時代に入ったことは周知のとおりである。またこれらの国際テロ組織が西欧各国へ入り込み、その後「テロの温床」と呼ばれる拠点を形成していく。このソ連の介入は戦後史のみならず、現代との関連においても、大きな分岐点であったといわざるをえない。

5　スペイン――フランコの死

†フランコとは

第二次世界大戦は自由民主主義陣営の勝利で終わったが、その後スペインやポルトガルではしばらくの間「権威主義体制」と呼ばれる抑圧的体制が存続した。スペインにおいてその体制を率いたのがF・フランコである。そのフランコが一九七〇年代に死んだ。そこからスペインは見事に、予想されたような混乱はなく、民主化を達成した。以下では武藤祥らの解説によりながら、フランコとスペインについて述べる。

フランコはスペインのガリシア地方出身で、一八九二年、代々海軍軍人を輩出した家系の生まれである。ガリシア地方は、ローマ、エルサレムとならぶキリスト教の三大巡礼地の一つ、聖ヤコブの墓があるサンティアーゴ・デ・コンポステーラがあることで知られている。当時は米西戦争で敗けた帰還兵、喪に服する友人家族が回りに多くいたようである。

父は自由主義、母は敬虔なカトリックであったが、父が女性と駆け落ちした後は、静かな生活を送り、寡黙な人とみられていた。また父のこうした行為を恥じ、秩序を重んじる人になったといわれる。その後トレード陸軍士官学校へ進んだフランコは、モロッコ戦線での働きが認められ二二歳で最年少大尉、三四歳の若さで大将にまでなる。

その後サラゴーサの陸軍士官学校の校長になり、規律、騎士道、奉職、勇気、自己犠牲……

を好んで教えたという。一九三一年にスペインが君主政から共和政に移行すると、政教分離政策に対するカトリックの反抗、急進的な左派の抗議行動などで混乱に陥って政権交代が繰り返され、議会制民主主義が機能しない状況に陥った。学校が閉鎖になると、軍に復帰してクーデターを起こし、一九三六年にヒトラーやムッソリーニの助けを受けてスペイン内戦に勝利して独裁体制を樹立した。ただし第二次世界大戦時、ファシズムに対して中立を保った。

第二次世界大戦が終結した時点では、フランコの体制は長くないとみなされていた。しかしそこから約三五年の間統治し続けた。当初スペイン経済が好調だったわけではないし、賃金も低い。社会福祉もないに等しい。教育予算は全体の一%以下だった。それでもフランコは批判的勢力を巧く抑え込んでいた。五〇年代後半から六〇年代に経済状態が上向きになり、他国からの借り入れ、フランスやドイツの投資によって工業化が進んだ。また観光客が急増し、重要な産業の一つになった。

スペインの場合、わずかな大土地所有者がほとんどの農地を所有していた。都市部の格差や不平等もひどく、カトリック教会はしばしば政府を批判し、カタルーニャやバスクでは一九五〇年代には何度も大規模なストライキが発生した。それがマドリードにまで影響すると、政府はしぶしぶ要求を飲むこともあった。他方でフランコは「カトリックが社会主義に飲み込まれた」と批判し、六〇年代になると、やはりカタルーニャやバスクで生じた学生や労働者の抵抗運動に対して非常事態を宣言して対応したこともあった。では、なぜ二五年も続いたのか。

†スペインの歴史

スペインはイベリア半島に位置する。フランス国境近くにはカタルーニャやバスクなどの地域があり、人々の交流が盛んであった。南端はわずか幅一五キロメートルほどのジブラルタル海峡を挟んでアフリカ大陸と面しており、やはり人々の交流があったという。

スペイン北部は日本並みの年間降水量がある湿潤地帯で、「乾燥スペイン」と呼ばれるその他の地域とは異なる。また中央部は高台で沿岸部との標高差があり河川運搬が発展しなかった。こうした地政学的な条件を一因として、また各地域の人々の交流の結果として、この地には各地域に様々な言語や方言が定着した。

スペインは古くはローマ帝国の支配下にあり、その後ゲルマン民族の時代に北アフリカからイスラム勢力が侵攻し、その統治下に入った。中世以来カトリックの影響が強く、宗教改革の影響は小さく、カトリックとイスラムの文化の影響を受けている。また地中海と大西洋に接するこの地域は、大航海時代に植民地帝国を作り上げ、カルロス一世（一五一六～一五五六）やフェリーペ二世（一五五六～一五九八）の時には「太陽の沈まぬ国」となった。

一九世紀になると、ナポレオンとの戦いで疲弊していたスペインはラテンアメリカの植民地の独立を許すことになる。一八六八年に第一次キューバ独立戦争、一八九五年に第二次キューバ独立戦争が起きるとアメリカが介入し、九八年から米西戦争が始まった。スペインは全ての戦線で壊滅的に敗北し、北アフリカ沿岸部のモロッコ以外の植民地を全て失った。スペインにとっては「厄災」(デサストレ)であった。

これを機に秩序を支えてきたカトリック教会に対する抗議運動が勃発した。また一九世紀末にようやく本格的な産業革命が始まり、それまでは旧態依然とした農業国であったスペイン社会に労働運動が台頭するようになった。

現代においては、第一次世界大戦による戦時景気で経済が伸長したが、戦後はかえって物が余って不況に陥り、政治的な停滞を招き不安定化した。一九二一年に最後の植民地だったモロッコに敗北すると、軍と政府に亀裂が生じ、一九二三年、カタルーニャの軍司令官だったM・プリーモ・デ・リベーラ将軍がクーデターを起こし、マドリードに軍事政権を作った。

プリーモはムッソリーニをまねて一九二四年に愛国同盟を結成し、ファシズム体制を目指し、政党を解体するなど国家の介入が進んだ。しかし大恐慌が発生すると彼は辞職し、反動的に台頭した共和派が三一年に共和国を宣言した。国王が亡命し、第二共和国がスタートした。これは君主政が弱くて混乱した帰結としてできた形式的な共和政にすぎず、ここからフランコは、「軍人の結束こそ大切」という教訓を得た。

†スペイン内戦へ

一九三六年にスペイン内戦が始まった。E・ヘミングウェイの『誰がために鐘は鳴る』、ピカソの『ゲルニカ』などの芸術作品の題材にもなった、世界中から注目された内戦である。ファシズム対民主主義の対立とも、左右の対立の暴力的な顕在化とも理解される。

そもそもスペイン共和国は、後進地域だった。教育改革による（一部の富裕層を対象とした教権主義的教育から脱して）公教育の普及や、土地改革によって土地を小農に分配する必要が国家にはあったが、教会の権力は強く、抵抗され、ほとんど実施されなかった。また軍部も強く、軍隊の改革、削減には抵抗していた。加えて共和政の鍵となる議会は二〇もの政党、会派に分かれていた。しかもほとんどの政党は地域自治に注力して、共和国全体の利益は二の次だった。

特に左派勢力がバラバラななかで、一九三三年の選挙では右派が団結して他の王党派とともにスペイン独立右翼連合（CEDA）を形成し選挙に勝利した。宗教予算が復活するなど保守的な政策が実行された。自治権が後退することを懸念したカタルーニャでは叛乱が生じ、アストゥリの炭鉱地区では社会主義革命軍が蜂起した。左右勢力が過激化し、いわゆる「暗黒の二年間」が訪れた。中道の勢力を欠いた空白状態に陥ったのだ。

一九三六年一月の選挙を前に、今度は左派が結集し人民戦線協定を結んだ。しかしこの人民戦線は単なる選挙協定以上のものにはならなかった。左派は直後から内部で対立し、公約の実現もならなかった。左派はストライキ、右派はテロと、治安はひどく悪化した。

こうしたなかで軍部を中心にクーデターの計画が進行していた。軍部には共和政に反対し、王政を望む者が多くいたし、左派勢力による軍の改革にも不満を抱いていた。右派の有力政治家が暗殺されたことを機に、一九三六年七月から軍が蜂起し、内戦に陥った。これは「第二次世界大戦の前哨戦」とみなされ、他の列強を巻き込んで泥沼化していく。ドイツ、イタリアが反乱軍を支援した。他方で人民戦線をソ連が支援した。しかし、モロッコで功績をあげたフランコが九月に最高司令官に就任し、右派はフランコの下に結集した。何よりイタリア、ドイツの支援は強力だった。結局一九三九年に共和国側が敗北し、フランコによる権威主義体制へ移行した。

†権威主義体制

フランコ体制成立当初は、三年にわたる内戦で国土が荒廃していた。フランコは反体制勢力を徹底して弾圧した。さらに学校でフランコの肖像を掲げてスペインの偉人と同列に並べるなど動員し、カトリックを重視した。また壊滅的な打撃を受けた経済に積極的に介入した。フランコは、共産主義者などによる陰謀を強調し、内戦の記憶と戦時の精神を維持することに努めた。政治学者のJ・リンスは、こうしたフランコの手法をみて、「権威主義体制」とは、イデオロギーではなく家父長制や宗教的信仰など旧来の「メンタリティ」によって維持されると説いた。

この体制が長く維持された理由の一つに、反体制勢力の内部分裂が挙げられるだろう。共産主義は孤立し、君主政を支持する派は何も一致できず、民主的勢力も右派と左派に分かれていた。またフランコを支持していたのは主に軍、教会、ファランヘ党(プリーモの息子が創設したファシズム政党)であったが、それぞれが内部抗争に明け暮れていた。

政府は、経済成長が進んだ一九六〇年代になるとある程度譲歩して、一九六三年に軍事裁判所を廃止し、マスコミに対する規制も緩めた。また限定的であるが、労働者はストライキ権が与えられ、宗教も寛容に扱われるようになっていった。一九六六年には、国家元首と議会の間で執行権を分離すること、全議員六〇〇名中一〇〇名を自由選挙で選ぶことにした。政党の結成は禁じられていたが、それでも四万人が処刑されたフランコ体制の出発期と比べれば、著しく自由化が進んだといえよう。一九六九年には公立の学校でバスク語教育が認められた。

内閣は多様な出自の閣僚で構成され、フランコは何かが突出しないように権力バランスに配慮した。独裁的な政治体制下にありながらも、家父長主義や宗教といった伝統的な権威を利用した、比較的ゆるやかな抑圧体制が存続した。「ゆるやか」にしたのは、フランコが独裁的だったナチスの敗北を目の当たりにしたからだと説明する者がある（脱ファシズム仮説）。

一九六五年以降、（国家公認の労組とは別の）組合や学生団体などの組織の承認を求める運動が激しくなり、またバスク地方でもナショナリズムが高揚し反体制的運動が高まっていった。

フランコの外交を評価する者は多い。一九五五年に国連に加盟すると、一九六〇年代には国交を正常化する国が多くなった。キューバとの間にはイデオロギーの隔たりがあるにもかかわらずF・カストロと親交をもち、関係を維持した。

†フランコの死

フランコの体制は、一九七五年一一月にフランコが死亡するまで存続した。戦後の権威主義体制は、反体制的集団間の、もしくは内部の対立に乗じて、フランコが巧みに各勢力の舵取りをしていたことで維持されていた。そのためフランコの死後、世界各国は再び大きな内戦が生じる恐れがあると懸念していた。それがあまりにスムーズに民主体制に移行したことは奇跡的だと考えられた。政治的対立はあったが、依然として内戦の記憶はトラウマのように受け継がれ、その再現は防ごうという合意があった。誰もまた内戦を繰り返そうなどとは思わなかった。

経済的側面を見ると、五〇年代まで農業国だったスペインは西欧の最貧国でもあったが、六〇年代に工業生産が三倍になり、以降も経済成長を続けた。平均所得は五〇年代には三〇〇ドルだったが、八〇年代になる頃には七〇〇〇ドルにまでなった（スタートがあまりに低いと考えるべきで、またインフレが進行したので、生活水準がそこまで上昇したわけではない）。さらに観光業の発展によって外資も投入された。

政治的には先述した通り、民主化勢力などが残り、一定の政治的多元性が維持されていた。フランコは生前に様々な基本法を整備し、それによって死後スムーズに国王が元首となった。一九七三年に首相として後継したL・ブランコ提督はまもなく暗殺され、それをA・ナバーロが継いだ。一時的に政府は不安定化したが、ここで国王とともに民主化を進めたのがA・スアレスであった。スアレスは議会改革と司法制度改革に着手し、共産党やストライキが合法化され、一九七七年には四一年ぶりに自由選挙が行われた。すると共産党やフランコ派は凋落した。スペインの人々は穏健な勢力を支持した。七八年には国民投票の圧倒的支持を受けて新憲法を制定することができた。

石油危機の際は、やはり経済成長率が低下していたため緊縮政策に踏み切った。しかしそのために七九年の総選挙で最大の支持基盤であった民主中道同盟（UCD）が支持を落とした。八〇年代に入ると社会労働党（PSOE）が政権を握り、また旧フランコ派も支持を回復する。こうした政治の不安定化を経て、こののちスペインは失業問題、労組の抵抗や地域間の経済格差などに苦しむことになっていく。

コラム3 フランクフルト学派のマルクーゼ

本書の重要な分岐点の一つである「六八年」の叛乱において、特にドイツにおいて思想的なバックボーンとなったのが、フランクフルト学派であると本文で論じた。しかし細見和之の著書によれば、ひと言で「フランクフルト学派」といっても、実践に向かわないT・アドルノやM・ホルクハイマーはむしろ一九六〇年代の新左翼の学生に叩かれることになったようだ。他方でH・マルクーゼが「マルクス、毛沢東、マルクーゼ」という「三つのM」の一人として、当時の学生運動の旗頭となった。

フランクフルト学派とは、一九二三年に設立された、フランクフルト大学と連携してはいるが、あくまで独立した、マルクス主義の専門的な研究機関であるフランクフルト研究所に集った研究者たちのことだ。特に構成員になんらかの制限があったわけではないが、当時のドイツの大学でユダヤ系知識人がポストを得ることが稀だったために、ここには多くのユダヤ系知識人が集った。結局戦時にはヒトラーからマークされて閉鎖されることになったが、そのためか彼らはドイツでなぜ独裁者が生まれ、ホロコーストのような凄惨な出来事が起きたのかという問題に直面していくことになった。

マルクーゼは一八九八年にユダヤ人の裕福な家庭に生まれ、第一次世界大戦から帰還しドイツ革命に参加し、一九二〇年代からフライブルク大学を経て、三二年にフランクフルト社会科学研究所の一員となった。第二次世界大戦後、ファシズムの敗北後に訪れた西欧社会の繁栄に対する批判の二著、『エロス的文明』『一次元的人間』がマルクーゼ独自の著名な仕事である。

『一次元的人間』では、大衆文化のなかに埋没した欲望を「一次元的」と呼び批判した。筆者の関心からみると、すでに『一次元的人間』で「……管理された生活が快適でしかも「善い」生活であるなら、自己決定に固執する理由はない……」（『一次元的人間』六五〜六八頁）と、個人が福祉国家において思考を停止する可能性を指摘していたことに驚いた。

彼はナチスに積極的に関与していたM・ハイデガーと一九三三年以降、絶交することになる。「……ほどなく私は、ハイデガーの具体性なるものが相当程度までまがいものの誤った具体性であって、じっさいには彼の哲学は……抽象的で、現実からかけ離れ、現実を回避してさえいることに気づいた」（『ハイデガーの子どもたち』二一八頁）と批判し、自身は現実に向かう。アメリカ在住時には、アメリカ文明に対する批判から夫妻で大衆デモに参加した。

思想と実践のはざまで悩むのは、社会科学の研究者に共通の、永遠の悩みであることを思い知らされる。

第 四 章

新自由主義の時代

(1980年代)

マーガレット・サッチャー

第四章関連年表

年号	出来事
1981	1月　ギリシャ、EC加盟 仏5月　ミッテラン大統領
1982	英4月　フォークランド紛争 独10月　コール政権 ソ11月　ブレジネフ死去
1985	3月　ゴルバチョフ書記長就任
1986	1月　スペイン、ポルトガルEC加盟 仏3月　ミッテラン政権、コアビタシオン（第1次） 4月　チェルノブイリ原発事故
1987	7月　単一欧州議定書発効 ソ12月　INF全廃条約調印
1988	英9月　サッチャー、ブリュージュ演説
1989	英　人頭税反対運動 ソ2月　アフガンより撤退完了 5月　ハンガリー、オーストリア国境の鉄条網を撤去 6月　ポーランドで社会主義体制の崩壊 東独9月　ハンガリー、東独国境開放 10月　ハンガリー、一党支配終焉 東独11月　ベルリンの壁崩壊 ソ12月　マルタ会談（冷戦終結）

	イギリス	フランス	ドイツ	ソ連
相違点	サッチャーによる新自由主義的政策の成功	左派政権の誕生と方向転換	コールによる新自由主義的政策と支持離れ（東西ドイツ再統一）	新冷戦からゴルバチョフの登場、ペレストロイカ
共通点	全般的な左派に対する支持の低下傾向			

表7　1980年代のヨーロッパのバリエーションと共通点
出典：筆者作成

一九七〇年代の混乱を受けて、各国で大きく政治が変化した。しかし政治的なイデオロギーは対照的で、イギリスでは新自由主義のサッチャー、フランスでは逆に左派のミッテラン、そしてドイツはやはり右派のコールが登場する。

ただ、仏独の場合、彼らが文字通りイデオロギーに沿った政策を展開できたわけではない。ドイツではコール政権は当初から不人気に苛まれたし、特にフランスでは左派が右派の政策へ方向転換を余儀なくされ、いずれも政治不信が高まり新党が台頭した。

こうしたなかでいよいよ共産圏は経済的、政治的に行き詰まり、いわゆる東欧革命が各国を席巻する。同時に、ソ連ではゴルバチョフが改革を進め、社会は混乱し、ついにベルリンの壁が崩壊するに至る。こうして戦後和解を支えた政治体制は変貌し、イギリスのサッチャーが率いた新自由主義が生き残り、冷戦後の世界を牽引するようになる。以下ではそのプロセスをみよう。

1　イギリス――サッチャーの時代

†サッチャー

小堀眞裕によれば、後のサッチャー、M・ロバーツは一九二五年にリンカンシャーの敬虔なクリスチャンの家に生まれた。父は苦労しながら雑貨屋を経営していた。この影響で、彼女には幼い頃から自助努力の精神が身についたといわれる。女子が高等教育を受けられるようにと設立されたオクスフォード大学のサマーヴィル・カレッジで化学を学び、その当時から保守党の政治活動に関わった。

一九五一年にD・サッチャーと結婚し、二児をもうけ、弁護士資格も得た。政治の世界を志して、伝統的に保守党の強い選挙区からの出馬を目指すが、当時は子どものいる女性が議員になることに党内の反対も多い時代であった。苦労して、ようやく一九五九年に初当選した。

サッチャーはヒース政権の時、教育科学大臣を務めたが、その時予算削減の必要に迫られ、学校給食のミルク代の無償化制度を廃止して「サッチャー、ミルク・スナッチャー（ミルク泥棒）」と揶揄された。その後ウィルソン政権下で党首となったことは前述のとおりである。一九七八年から一九七九年のいわゆる「不満の冬（Winter of Discontent）」でイギリスが絶望的なほどに力を失っていったことを露呈した後、労働党に対する不信任案が可決され、その後の総選挙で保守党が政権奪還してサッチャー政権が誕生した。

彼女は一九世紀のヴィクトリア朝時代の価値観を尊重した。その当時のイギリスは産業革命による経済成長の只中にあって、ピューリタニズムの影響で禁欲、勤勉、節制の姿勢を大切にする思潮が生まれた。サッチャーはこのヴィクトリア的思潮を重視して、以下の有名な言葉を、「不満の冬」でボロボロになったイギリスに残している。

人びとはこれまで、自分たちの問題を社会の側に押しつけてきた。しかし、社会とはいったい誰のことを言うのか？　実は社会なんてものは存在せず、ただ個人としての男性、女性、家族が存在しているだけなのではないか。政府が何かできるにしても、そうした人びとにやってもらうしかなく、人びともまずは自力でがんばるものなのではないか。（キーロン・スミス著、臼井陽一郎監訳、結城俊哉訳者代表『ダウン症をめぐる政治――誰もが排除されない社会に向けて』明石書店、二〇一八年、六六～六七頁）

†経済政策

一九七九年のイラン革命後、イランが石油の国有化に踏み切り、原油輸出を制限したことで第二次石油危機が生じ、それが「不満の冬」の背景にもなった。インフレが進み、小売価格の上昇率は一〇%を突破し、政府はインフレ対策が急務となった。

ここでサッチャー政権の刷新は、労働党や労組との協議を通じた所得政策を採らず、市中の貨幣の供給量を減らすという「マネタリズム」を重視したことだ。従来、所得が上昇すれば、製品も値上げする。労働者に我慢してもらい、所得の上昇率を抑制するのが今までのインフレ対策だ。しかしサッチャーは労働組合と話し合うことを嫌い、市中の貨幣量を調整して対応しようとした。このマネタリズムは即効性がなく、翌一九八〇年には物価上昇率は一八%にまでなった。しかし、徐々に抑制され八三年には五%を切る水準へ低下した。

また、サッチャーの経済政策の特徴に、公的支出の削減がある。いわゆる「小さな政府」を目指した。公的支出を劇的に削減したイメージがつきまとうサッチャーだが、実際には社会保障、医療、教育支出はほぼ横ばいで推移した。というのも特に失業率は増加していたため、失業手当は総額として減らなかったのだ。削減に成功したのは住宅関係支出で、公営住宅を民間に払い下げることで公的支出の削減を行った。この結果、民間の住宅供給が盛んに行われ、イギリス国民の持ち家率は一九七九年の五四％から一九九〇年には六七％に上昇した。

サッチャー政権の最大の経済政策は民営化だった。後任のＪ・メージャーの時は、彼曰く「売るものは何も残らなかった」ほどであった。こうして民間の活性化を試みた結果、ＧＤＰは一九八九年の時点で一九七〇年の値と比べて一五〇％以上に成長した。

ただし、失業者はすぐには減らなかった。一九八三年には失業率は一〇％を越えた。当然批判は高まるが、それでも彼女は「Ｕターン」せず、“There is no alternative”と「確信の政治」を貫いた。閣僚との閣議より側近、アドバイザーを重用し、あたかも大統領のようだと評価され、のちに（議員内閣制の）政治の「大統領制化」といわれるようになる。

当初は失業率の高さから不人気だったサッチャー政権も一九八七年総選挙の頃には経済政策の効果も出て、戦後初めて同一政権が選挙で三連勝する。これを受けて、サッチャーは医療、教育、行政改革を進めた。教育では、統一されたカリキュラムと目標達成度テストを導入し、親が子弟の通う学校を選択できるようにした。これによって学校間の（生徒の奪い合いという）競争を生んだ。医療ではＮＨＳ病院を独立行政法人化し、サービスの向上を促した。また多くの患者を集めたホームドクターには別の予算を立て、ホームドクターにも競争原理を当てた。

一九八八年には、省庁の執行のみを担当する機関であるネクスト・ストップ・エージェンシーが作られた。これは省庁と契約をかわし、自由に仕事に当たる機関で、事務作業の効率化と市場原理の導入を目的とした。つまり単に支出削減とか「小さい政府」を目指すのではなく、競争原理の導入がサッチャー改革の核であった。

†労組との闘い

サッチャーが徹底的に闘ったのは労働組合であった。労働組合を守るはずの労働党は「不満の冬」のなかで分裂状態に陥っていた。一九七九年の選挙で敗北後、党内では左派が台頭した。しかし、一九八三年の総選挙で「国有化」、「EC脱退」、「核軍縮」などを訴えて戦うが、得票率は三〇%を割り込み、惨敗に終わった。サッチャーが強いリーダーシップを発揮できた一つの理由は、こうした労働党側の停滞が原因であった。

一九八〇年からサッチャーは一気に攻勢に出る。所得政策など労働組合の介入を不要、邪魔と考えるサッチャーにとって、労働組合の力を削ぐことは重要な政策だった。サッチャーは、ストライキを実行している間に組合から手当を受け取った労働者の社会保障関係手当を削減する法案を強行に通した。さらに一九八四年にはストライキの際に事前投票を必要とする法案、労働組合による政治資金の規制法案などを可決した。これらによって事前の手続きをとらないストライキを違法とし、長期にわたるストライキのための財政力を奪った。

また、炭鉱労働者のストライキに対抗して、九カ月のストライキに耐えうる石炭の備蓄を進めた。実際に一九八五年に二〇の炭鉱を閉鎖し、約二万人の炭鉱労働者等の人員を合理化する案を政府が進めると、一九八四年には国営石炭公社がストライキを呼びかけた。しかし労組側は、ゲリラ的にストライキを進める側と、それを止める側に分裂し、力を削がれた。さらにストをしても石炭の備蓄は十分あった。翌一九八五年三月には、労働組合である全国炭鉱組合は労働者に職場復帰を促して、事実上の敗北宣言となった。

†フォークランド紛争

ここまでサッチャー政権の成果をみてきたが、しかし高い失業率のなか、労働組合に対する懐柔策すらないやり方が最初から受け入れられたわけではない。少なくとも一九八二年の段階では、サッチャーは戦後最も不人気な首相だった。断固とした「確信の政治」は、一九八〇年はヘビー・メタルバンド、アイアン・メイデンがシングルジャケットにそっくりな人物画を登場させるなど話題になった。そのサッチャー政権の転機がフォークランド（マルビナス）紛争だった。

マルビナスは南米アルゼンチン沖にある諸島で、一八三三年にイギリスが無血領有に成功したが、アルゼンチンも主権を主張し、係争地となっていた。実際の紛争は、軍政下のアルゼンチン軍が一九八二年に上陸したことを契機として生じた。その直前にアルゼンチンの兆候を察知はしていたものの、イギリスは距離があまりに遠く有効な手立てを打てなかった。サッチャー自身、当初はこの問題にそれほど強い関心があったわけではなかったといわれているが、住民の要求があり、アルゼンチンに撤退を要求した。

まもなくサッチャー政権は空母を派遣した。同時にアメリカを中心にヨーロッパ、国連に働きかけ、スエズ紛争のときのような国際的孤立を防ぐよう根回しを進めた。「スエズを繰り返してはならない」はイギリスの外交、安全保障の基本姿勢だった。アメリカはもちろんイギリス国内にも賛否両方の意見があった。またアメリカの国連大使はアルゼンチンに同情的だったといわれている。アルゼンチンがイギリスの植民地のようであったからだ。

しかしサッチャーはアメリカに対しても一歩も譲らず、アルゼンチンの即時撤退を求める国連安保理決議を成立させることに成功した。これによって、万が一軍事的対立にまで至ったときのイギリスの行動について国際的な理解を得ることができた。

いよいよ一九八二年五月に事態は軍事衝突にまで至り、イギリス軍も多くの犠牲を出した。しかしそれ以上にイギリス軍はアルゼンチン軍を攻撃し、国連安保理の停戦決議案にも英米が拒否権を発動し（つまり徹底的に戦うという姿勢をみせた）、これによってアルゼンチン軍は撤退した。そしてこの時イギリス軍が圧勝したことによって、低迷していたサッチャーに対する支持が回復したのである。

†対ヨーロッパ外交

サッチャーが一九九〇年に辞任した背景の一つに、住民税制度がなかったイギリスにおいて導入しようとした、地域ごとの住民税（人頭税）が不人気だったことがある。これは、資産や所得の多少にかかわらず、失業者も含めて一八歳以上の住民すべてに課すものだったが、これへの不満が高まったのだ。

また、外交関係、特に対ヨーロッパ関係でもサッチャーは追い詰められた。サッチャー時代は、特にアメリカ、R・レーガン大統領との個人的信頼関係の構築を重視した。またペレストロイカを進めるゴルバチョフを支持し、一九八七年にはソ連を訪問した。そのかいあって、一九九〇年八月にイラクがクウェートに侵攻した際、イラクを非難して中東諸国に根回しし、アメリカのG・ブッシュ（父）大統領と軍事的解決の準備を進めた。

しかしECへの対応をめぐっては、閣僚の批判と辞任を招いた。周知のとおり、マーストリヒト条約を契機にECは単一市場、単一通貨を定めて政治統合へと舵を切ることになる。こうしたECの動向に対して、サッチャーは市場統合を支持してはいたが、その準備のための、為替相場の変動と通貨の安定を図る「為替相場メカニズム（ERM）」への参加や、それ以上の政治統合には反対していた。一九八八年にはベルギーのブリュージュで、ヨーロッパが、ソ連型の中央集権型国家に向かっており、いくらイギリスが国有化をやめてもECの本部にあるブリュッセルから管理されている、と批判する演説を行ったほどだ。

こうした態度は当時イギリス内外の反発を買い、加盟推進派の閣僚が辞任した。共通通貨ではなく、旅行の際などに限定して使われる「ハード・エキュ」構想を支持していた、サッチャーの右腕、J・ハウも、一切「ノー」と拒絶するサッチャーに辟易して辞任した。

このようなドタバタ劇のなかで、ついに保守党に対する支持率は低下し始める。党首選挙の第一回投票で勝利したが、決戦は第二回投票に持ち越された。しかし第二回投票の前に閣僚たちからサッチャーは辞任を勧告され、涙して辞退したという。晩年は認知症を患い、二〇一三年四月に死去した。

2　フランス――ミッテランの時代

†ミッテラン

一九八一年にフランスでは二三年ぶりの左派政権が成立した。一九九五年に至る長期政権を維持したミッテランは、一九一六年にシャラント地方のカトリックのブルジョワ家庭に生まれた。父親は鉄道の駅長を務めた後、全国酢製造業者組合会長になった。母方は地方の名家の出身だ。ジャズを趣味とするロマンティックな青年で、学生時代に寮でリーダーとなった。

左派から大統領となったミッテランであったが、学生時代は右翼団体アクシオン・フランセーズのデモに参加し、右派の新聞に寄稿した。第二次世界大戦時にはヴィシー政権にも協力した。晩年になってこのことが明らかにされたが、当時のフランス政府はもう若かりし頃の過ちとして追及しなかった。一九四三年以降、レジスタンスに参加した。

ド・ゴールとはうまくいかなかった。第二次世界大戦の占領下で国内レジスタンスを担った自負があったが、ナチスからの解放の功績がド・ゴールのものとされたことに反感を抱いた。ド・ゴールもミッテランのことを生意気で、「羞恥心のない出世主義者」とみなして軽蔑した。ミッテランはド・ゴールを軍国主義的右翼とみなし、自分はド・ゴール主義者でないことを繰り返した。ド・ゴールが導入した国民投票制度、仏独条約調印、対アフリカ政策を批判した。

しかし一九四六年に議員に当選すると、一九四七年以降、第四共和政で社会党に限らず、中道政権、右派政権の時も合わせて一一回も閣僚を務めた。そのせいか、知略家、野心家のイメージがつきまとい「権力欲の権化」と呼ぶ人もいる。実際に彼が大統領になると、大統領権限を駆使して生き残りをかけるなど、やり方は「ド・ゴール主義を継承している」といわれた。

当初は反共そして反ド・ゴール的立場からUDSR（レジスタンス民主社会主義連合。穏健左派）

を出発点とした。その議長となるとマンデス＝フランスの一派と「共和戦線」を結成した。失脚すると、アルジェリア戦争後、非共産系左派結集の動きのなかで再び頭角を現した。

彼が（ようやく）大統領になった要因は、石油危機を発端とした経済不況への不満が社会に蔓延しているなかで、右派内部がシラク派とジスカールデスタン派の対立で分裂し、シラク派がミッテラン支持に回るなど混乱したときに、社会党が「生活を変えよう」というスローガンを掲げて、左派（社会党、共産党）をうまくまとめたことにある。ジスカールデスタンは経済低迷期に支持を失っていた。また、環境保護派の票（第一回投票で三・九％）を取り込んだ。

総選挙後、ミッテランはすぐに国民議会の解散総選挙を実施し、左派が躍進して社会党が単独過半数に達する二五八議席を獲得した。共産党も四四議席を得たが、保守派は一五〇議席にとどまった。こうしてフランスも新しい時代に突入した。

†大きな政府

ミッテラン政権は石油危機の影響によるインフレの増大（一四％）、一六〇万人ともいわれた失業者への対策が急務だった。彼は公約で（新自由主義を押し出したイギリスとは逆に）政府の市場介入による雇用の創出を最優先として不平等を是正し、また税収を増大させて、年率三％の経済成長を果たすと公約していた。そのためにも大規模な国有化政策を進め、最低賃金や失業手当などを引き上げた。そのため財政支出が二五％以上増大し、富裕税を導入した。八三年までに二一万人の公務員の増加、若年層に対する職業訓練の充実などを決めた。

さらにミッテランに特徴的だったのは地方分権化を進めたことだった。従来、フランスの県知事は中央政府から任命されたが、選挙によって選出された地域議会議長、市長がその権限を継承するようにした。県知事は国家業務を担当して、自治体のバックアップをする役になった。

労使関係の改革も大きく進み、一九八二年に労働者の表現の自由の権利、企業レベルでの団体交渉の義務化など、労働者の権利拡大が図られた。さらにフランス社会の自由化が進み、死刑の廃止、国家公安法院の廃止、刑務所制度の見直し、エリート養成のためのＥＮＡの開放など高級官僚の登用に対する門戸が広がった。同性愛を犯罪視する法が廃止され、自主的な人工妊娠中絶に対する社会保障制度、地方の民営ラジオ放送の許可などが一気に進んだ。

ミッテランにとって教育改革も重要な政策であった。特に私立学校改革を公立学校に統合する政策は社会党の公約だった。しかしカトリック（系私立）の反発を招き、私立教員の「公務員」化案は、教育の自由を侵害するとして大きな反発を招き、撤退せざるをえなかった。

†低下する支持率と方向転換

以上のような改革に積極的に取り組んだミッテランであったが、一九八三年前半には、早くも不支持率が支持率を上回った。経済の状況が改善しないからだった。失業者数は増加し、インフレは進み、貿易収支赤字は平行線をたどった。フランの価値は下がり、この時期の支持率は三〇%台を推移した。結局政権は緊縮政策へ転換することを余儀なくされた。

一九八二年六月には賃金引き上げを凍結し、物価も凍結した。ミッテラン自身も経済政策の失敗を認めた。翌八三年三月に行われた地方統一選では、左派の得票率は八一年と比べて七%低下し、四五%に落ち込んだ。特にシラクを市長とするパリではL・ジョスパン（社会党書記長）が早々に第一回投票で敗退するなど苦戦し、二〇区で全て保守派が勝利した。共産党の支持は落ち込み、左派内部でもミッテランと共産党の対立が始まった。

この選挙の後、蔵相に経済に強いJ・ドロールを据え、第二次緊縮政策に踏み切った。財政赤字の削減を目指して社会保障費を四〇億フランもの削減に踏み切り、年間五〇〇〇フラン以上の納税者に対する所得税と財産税の一〇%を強制的に国債に割り当てした。また銀行貸し出しを抑制して個人消費を押さえ、公共料金やガソリン代を値上げした。政府はインフレの抑制と収支の均衡を目標とした。

こうした動きは産業構造の変化を促すことになった。先端産業である電子部門への取り組みを熱心に行う一方で、構造的不況産業である石炭や造船業の余剰労働人員の削減が行われた。これについては一九八三年一〇月に開かれた社会党の党大会で激しい議論が交わされた。

緊縮政策が進み労働争議が激しくなり、一九八四年初頭はストライキが多発した。自動車、鉄鋼など分野は多岐に及んだ。ストライキに加わった人々はミッテランの肖像を破り捨て、社会党の建物を破壊した。フランス最大の鉄鋼メーカーであったクルーゾ・ロワールが倒産したのもこの時期だった。社会党系と共産党系のそれぞれの組合が対立するようになった。

政権は危機的な状況であったが、一九八四年七月の組閣でミッテランは、人気の高かったドロールをEC委員長に送り出して自らの地位を守ったといわれている。新自由主義路線が継承され、雇用は回復せず、一九八五年には失業者数が三〇〇万人に達したとされる。

†コアビタシオンの時代

一九八六年三月の選挙で、与党は、「民営化」「テロ治安対策の強化」を掲げた右派に負けた。政党別にみると第一党は社会党であったが、左派は、五七七議席中、共産党の三五議席を含めても二五一で、二九一議席の右派には及ばなかった。このとき右派で三五議席を獲得したのが国民戦線（FN）であった。共産党と同議席数であったが、FNの党首J＝M・ルペンは意気揚々と「第一の敵コミュニストを打ち倒した」と語った。

選挙後ミッテランは選挙結果に従って多数派の代表であるシラクを首相に指名した。大統領の所属政党、党派と議会の多数派が異なるコアビタシオンとなった。特にシラクは独自の組閣を進めたので、大統領との関係が問題になった。二人は終始険悪で、ミッテランは「内政はシラクに任せた」といいながら度々自らの声明を発表し、「一層の審議を」などといっては内政に介入した。

シラクは新自由主義路線をとった。特に民営化を進めた。それは八二年に国有化されたBNP（パリ国立銀行）、ソシエテ・ジェネラルなど四二の銀行、パリバなどの金融機関など多岐に及んだ。いずれの株式も高値で取引され、四〇〇億フランの国庫収入が見込まれ、民営化が成功したとみられた。その結果、減税も進んだ。

一九八〇年代後半になると、フランスではテロが多発した。フランスの中東に対する国連軍派遣に対抗したり、テロリストの釈放を求めたりした。シラクは「テロリストの釈放はない」と強硬姿勢をとり、国境管理のために軍隊を動員した。移民の取り締まり、覚醒剤の取り締まり、青少年非行に対する取り締まりなどが強化された。一九八六年秋以降、テロ活動は沈静化したが、市民からは「過剰警備」と非難もされた。

一九八八年五月の選挙でミッテランは再選を果たした。五四％を獲得し、予想以上の大勝であった。これは経済政策よりも、社会・文化政策での「平等」を訴えたことが功を奏したと考えられている。イギリスと異なり、伝統的に国家管理主義で経済を動かしてきたフランスにおいて、シラクの新自由主義政策は確かに民営化によって国庫を増やすなど貢献したが、一部のエリートだけを利するとしか有権者には映らなかった。

その後行われた国民議会選挙では、しかしながら、社会党は単独過半数を獲得できず、結局ミッテラン派は分裂していくことになる。一九八八年秋の地方統一選では有権者の選挙疲れは明らかで、棄権が戦後最高の五〇%に達した。政治不信が明らかに蔓延していた。

†FNの台頭

FNはもともと一九七二年に当時の極右諸勢力が結集して設立された、意外にも歴史ある政党である。一九七〇年代のフランス社会、経済の頽廃の原因は、外国人に一端があり、外国人労働者を呼び込むことを可能にした共産主義の「世界主義」に問題があると訴えた。つまり移民社会の形成を共産主義の悪しき所産とし、さらにそれは歴史的にフランス革命と、それが生み出した議会主義に遡ると訴えた。しかし、そういいながらもファシズムのように議会の存在を全否定するわけではなく、他の保守勢力との連携を試み、同時に徐々に穏健化し、むしろバラバラな右派勢力をつなぐ役割を果たした。

八〇年代になると、S・ヴェイユ欧州議会議長へ接近しイメージの転換を図る。一九八四年に社会党の得票率が微減し、また共産党の議席が大幅減すると、シラクを中心とした右派の台頭の流れに乗って、いきなり一一%の得票率を獲得した。

第一回選挙で党首ルペンは、百年戦争の英雄ジャンヌ・ダルクをシンボルに掲げて「フランス人のフランス」を訴え、移民の多いマルセイユで二八％を獲得し第一党となった。全体でもその得票率は一四・四％に達した。

ちょうど同時期、フランスでは移民が増加し、十分に職に就けなかったり、教育の場で問題になったりした。学校では、公の場における政教分離を徹底してきたフランスで、イスラム教徒の子女がかぶるヴェールの是非が問題になり、退学処分になった学生もいた。また、シラク首相になると外国人の取り締まりが強化され、条件を満たさない移民の強制退去などが法制化されようとしたときもあった。一九八九年には移民第二世代が待遇改善を訴えてデモを起こして警察と衝突した。こうした社会不安を背景に、FNは、極端な愛国主義と排外主義、「労働・家族・祖国」を訴え、支持を集めた。

当時のフランス社会に不満を抱える人々が外国人を敵視したが、デモを起こした移民の多くはアルジェリア戦争の時、フランスのために戦ったアルジェリア人を親に持っていた。それにもかかわらず冷遇されたのだ。フランスに対する彼ら・彼女らの恨みは深くなるばかりだった。

3 ドイツ――東西ドイツの再統一へ

†シュミットの敗北

私設秘書が東ドイツのスパイであったことが発覚し、SPDのブラント首相が辞任したのが一九七四年のこと。それを継いだのが副党首であり、国防・経済の専門家のシュミットだった。しかし第二次石油危機で西ドイツ経済は痛手を被った。景気が後退し、国家の財政赤字と失業者数が増加していくと、連立パートナーだったFDPが緊縮政策を主張した。一九八二年初頭の失業率は七％を超えて、失業者数は一八〇万人を超えた。

ブラント、シュミット期に西ドイツの経済構造は変化の時にあり、従来の基幹産業だった石炭、鉄鋼、造船などは、やはり下火になりつつあった。しかし旧来の産業は組合が強い。構造改革に着手することは難しかった。

経済相だったO・ラムスドルフ（FDP）は「ラムスドルフ・ペーパー」と呼ばれるFDP独自の新自由主義的経済政策を一九八二年に発表した。しかしシュミットは「話にならない」と一蹴し、与党であるSPDとFDPが対立することになった。FDP側はCDUと協議して、SPDとの連立から離脱して不信任を成立させ、新しい政権を発足させることとした。シュミットは対抗して総選挙を行おうとしたが、CDUとFDPは建設的不信任によって選挙を回避した。建設的不信任とは、不信任案を可決するに際して、代替案（代わりの首相）を立てなければばならないという制度で、ただ嫌がらせのように不信任の応酬が繰り返されることを防ぐための制度だ。

結局、一九八二年一〇月一日に建設的不信任が賛成二五六、反対二三五、棄権四で可決され、CDUの首相候補だったH・コールが選出された。ドイツの歴史で建設的不信任投票が行われたのは一九七二年以来二度目で、成立したのは初のことだった。翌一九八三年の選挙ではCDU/CSUとFDPの連合が大勝し、SPDは得票率四〇%台を割った。

この政権交代は、石油危機による景気後退のなかで旧来の「戦後和解」がいよいよドイツでも崩れ去ったと読める。また翌年の選挙結果を考慮すると、FDPとCDUのブルジョア連合の勝利というよりも、緑の党が初めて得票率五%を突破して議会に進出した点に注目して、政治に対する不信と新しい反発の帰結とも読む者もある。

†コールとは

一九三〇年にドイツ南西部のラインラント・プファルツ州の工業都市であるルートヴィヒスハーフェンで、東西ドイツの再統一という大偉業をなしとげた時の首相、コールは生まれた。フランクフルト大学とハイデルベルク大学で法律・歴史学・政治学を学び、一九五八年には博士号を取得した。彼は若い頃から政治活動に関わって、一九四七年にはCDUに入党して地元の青年組織「青年同盟」に所属していた。この出身地であるラインラントをスタートに地方政治から、いわゆる叩き上げの政治家で、カリスマ性はないが、やがて明敏かつ有能な政治家と評価されていった。

博士号を取得した翌年の一九五九年にラインラント・プファルツ州の州議会議員に選出され、一九六六年には州の党首、六九年には州首相に就任した。一九七三年には党首に選出されるも、七六年の総選挙ではSPD（シュミット）に敗れて、八〇年総選挙では首相にもなれなかった。しかし、むしろ連邦議会のCDU／CSUの代表として、中央政界で野党の顔となっていった。そしてFDPの離反でシュミット政権が崩壊すると、FDPからの支持を取りつけて首相の座を手に入れた。そしてシュミット政権との違いを打ち出して、個別の政策だけでなく、精神的・道徳的な価値観を含めた包括的な「転換（Wende）」をアピールした（後述。ただし、州との調整で、必ずしも実施は徹底されなかったとの評価もある）。

一九八二年から五三歳という、当時歴代首相のなかで最も若い首相になったが、そもそもこのときの政権交代は選挙によるものではなく、FDPの方向転換によるものだったから、コールは議会を解散させて国民に信を問うた（ただしドイツの場合首相に解散権はないから、信任決議を与党議員が棄権して否決させ、大統領が連邦議会の解散を決断した）。この結果与党が勝利したが、FDPは「裏切り者」として支持を落としたし、必ずしもその政局は安泰ではなかった。一九八九年一一月にポーランド訪問の最中に、ベルリンの壁が崩壊し、急いで彼はベルリンに向かい、一躍時の人となった。

†緑の党

緑の党は二度目の挑戦で五%の壁を突破し、議会進出を果たした。「六八年」以降の「新しい社会運動」の結集で、エコロジーだけではなく、人権、平和、フェミニズムなど幅広く「新しい政治」の争点を掲げ、政治に持ち込むことを目的としていた。「六八年」の動きと価値観が政治システムのなかに定着したといえる。草の根の民主主義を謳った緑の党は、ポストや国会議員を任期で区切ってローテーションで回すなど新しいやり方を試みた。女性の政界進出が進んでいなかった当時のドイツにおいて、男女の機会均等、共同参画を目指した点でもドイツ政治を刷新した。ドイツの既存の政党政治、保守的な価値観を批判し、左派に近い性格を有していたため、結果的にSPDと競合し、SPDの票を侵食する形で議会進出を果たした。

国政レベルに注目すると、ドイツの政党システムは一九六〇年代に三大政党システムになった。それから二〇年を経て新しい政党が入り込んだことになる。つまり、それはSPDが与党に復帰しようとすれば緑の党との連立を余儀なくされることを意味した。

ただ緑の党もまだまだ問題はあった。結局は様々な争点の寄せ集めでもあり、現実派と急進派の二つの勢力に分かれて、党運営や政策が混迷して八〇年代は低迷した。それでも特にコール政権の時期には酸性雨による森林破壊があったし、チェルノブイリ原発事故があり、今まで各省庁にバラバラに分散していた環境に関する部署を取りまとめて「環境省」を設置することになった。

また、緑の党が台頭したことによって既成政党が環境問題の重要性を認識し、選挙で支持を集めるために環境保護に対する指針が不可欠となったという点を軽視すべきではない。

†コールの政治

コールは施政方針演説で、SPD前政権が失業率を下げることにも福祉国家を守ることにも失敗したと力説した。SPDの政策によって企業が投資意欲を失ったこと、国家が肥大化したことでドイツ経済が衰退したとした。そして企業の自由な活動を回復することを優先し、経済成長と雇用を回復するための新しい経済社会プログラムが必要だと訴えた。そして企業減税を進め、その代わりに付加価値税を増税しようとした。また、規制緩和を進めて競争を強化した。しかしそのため徐々に政権からの労働者離れが進んだ。

ドイツにおいては、市場競争を強化したときに、社会秩序の弛緩《しかん》を防ぎ「共同体」意識を高めるために、博物館の建設など伝統や歴史を強調する政策が進められた。いわゆる「保守回帰の政治」と呼ばれる。ドイツの場合、歴史を見直そうとすれば戦争責任が引っかかってくるが、この時期、ナチスについて戦後世代に責任はないという主張が展開された。「後から生まれた者の幸福」として、新しい世代とナチスの歴史との決別が目指されたのである。こうした思想、歴史観は一九八六年の「歴史家論争」を呼び起こし、この結果「過去の反省」が西ドイツの政治文化として定着していくことになった。この点では、一九八五年八月五日、敗戦四〇年目の記念日にR・ヴァイツゼッカー大統領が「過去に目を閉ざす者は結局のところ現在にも盲目になります」と演説したことが知られている。

以上のように内政は転換を目指したが、外交は大きな転換がみられなかった。西側同盟の結束を基本に、緊張緩和を進めるという、西側結束と東方外交の成果を維持しようとした。コール政権発足時はソ連のアフガン侵攻もあり、一九八〇年のモスクワ・オリンピックをボイコットしたときで、緊張は高まっていた。「新冷戦」の下では東西ドイツは戦場となりかねない。シュミット政権が核兵器の配備を決定して、戦後最大規模の反対運動を引き起こしたが、コールはそれを継続した。こうしてヨーロッパの真ん中で米ソのミサイルが対峙した。

一九八三年にはレーガンが戦略防衛構想（SDI）を発表し、衛星によってソ連のミサイルを迎撃しようとした。当時大流行していた映画から「スターウォーズ計画」と呼ばれたが、この時代を象徴する出来事であった。

†ドイツ統一へ

コールの支持は高くなかった。戦後ドイツ経済の「奇跡」は、ドイツ型福祉国家である「社会的市場経済」があればこそであった。つまり労働者の権利をむき出しの市場経済にさらすことなく調整、擁護してきたからこそドイツ経済は回復した。こうしたわけで「サッチャリズム」「レーガノミクス」などと同じ新自由主義政策に移行できなかった。

またドイツ経済は輸出に依存していたが、日本が好景気を維持するなかでドイツ経済の回復は芳しいものではなく、経済の回復は遅れた。コールに対する支持率が凋落するなかで、突然東欧革命が勃発したのである。

第一の要因はソ連におけるゴルバチョフの登場と状況の変化、さらにそれにもかかわらず東ドイツ当局に危機意識の欠如があったことが指摘できるだろう。また同年夏にはホーネッカーが心臓の手術をするなど体制の老朽化があった。

一九八九年九月以降、ライプツィヒのニコライ教会を拠点に毎週月曜に反対派が集会とデモを開催するようになり、デモは徐々に大規模化し、一九八九年一〇月七日に建国記念式典が行われたが、そこにゴルバチョフが参列した。すると同日夜に警察と市民が衝突し、一〇月九日には七万人の大デモが生じる。当局は妥協し西ドイツへの出国を認めるが、電車での移送中にドレスデン駅で警察と市民の大規模な衝突が生じた。

東ドイツは亡命した人をあまり追いかけない国といわれていた。残って反乱分子になる方が体制側にとっては困るからだ。しかし、さすがにこの時期になると、残った人のなかでも体制のあり方を問題視する人がでてきた。人々は「私たちが人民だ」をスローガンとして、独裁的な党に抵抗した。

とうとう一〇月一八日にホーネッカーが辞任した。同時期ポーランド、ハンガリー、チェコスロバキアで民主化が進み、人々はますます勢いを増した。結局一一月に西側への旅行を無制限に許容することとなり、一一月九日深夜、ベルリンの壁が開放された。一九六一年以来、多くの人が射殺されてきたこの場所を人々は往来した。ソ連が過去のハンガリーやポーランドの時のように介入しなかったことも大きかった。一三日に改革派のH・モドロウが首相となり、一党独裁体制が崩壊する。

この事態を受け、コールは素早くドイツ統一を政治課題として掲げ、東ドイツ市民に歓迎された。またドイツ再統一を恐れる国からの支持を得るため、アメリカ、イギリス、フランス、ソ連の了解を取り付け、一九九〇年に統一を実現した。

こののち総選挙が行われ、再統一をリードしたコールは得票率を上積みした。逆に急速な統一に批判的なSPDが大敗し、コールは歴史に名を残した。その後東ドイツを五つの州に再編し、西ドイツに編入した。憲法、通貨は西のものが（ほぼ）そのまま適用された。

4　ソ連――チェルノブイリ原発事故

†停滞の限界

ブレジネフは一九八二年に七五歳で死去した。いったんアメリカとの兵器の量的均衡を達してデタントに向かってはいたが、それが国家財政を圧迫した。加えてアフガニスタン侵攻は、「新冷戦」の時代を到来させると同時に、やはり軍事費が優先された。経済は停滞していたが、石油危機の時代に資源大国であったソ連はそれを誤魔化すことができた。そのため人々のノルマや規律に対する態度は緩んだ。

しかし、実は一九八一年から八二年にかけてのソ連の経済成長はゼロに等しかった。ブレジネフが死んだ時点で（第一一次）五カ年計画の目標は凶作続きでほぼ達成されず、生産性も向上しなかった。国家支出の四〇％を占めた、膨大な軍事費が国民経済を圧迫した。軍事費にこれだけ投資すれば軍備増強は叶うが、国民経済が潤うわけはない。この時期になると、徐々に物資不足が顕在化してきた。国民の間の不信感は高まり、国家の財政が個人の懐を肥やすために大々的に利用されているといわれるようになった。現金輸送車が輸送途中で盗難に遭うなど社会不安も顕在化しつつあった。

ここで長く国家保安員会（ＫＧＢ）議長を務めたＹ・アンドロポフが書記長に着任した。アンドロポフは、「ノルマが達成されればいい」という人々の気楽な労働規律と社会規律を強化し、再び経済成長を達成しようとした。国民の期待も大きかった。彼はまず食糧事情の改善等に努めたが、成果を出す間もなく一九八四年二月に亡くなる。アンドロポフの改革はすべてストップし、さらには次のＫ・チェルネンコも老齢で、一年ほどで亡くなった。ブレジネフ時代の「安定化」政策のための人事の固定化が生んだ悲運だが、国民の失望と不満は高まった。ようやく党はその事態に気づき、一九八五年三月に若手のゴルバチョフが書記長に就任した。一九三一年コーカサス北部の生まれで地方の学校を出た後、しばらくはコンバインの運転手として働いて、農業の功績が認められて若くして受勲した。一九歳でモスクワ大学に入り法律を学び、農業担当の政治局員となった。このときアンドロポフの片腕として尽力し認められた。

ゴルバチョフが慧眼だったのは、もはや「社会主義の成果」を宣伝しても、不満を高めるだけだということに気づいたことであった。経済成長と生産性向上のために旧態依然とした規律にしがみつくのではなく、様々な改革が必須とされた。人事が刷新され、グラースノスチ（情報公開）が行われた。また生活の改善と規律強化のために反アルコールキャンペーンが進んだ。

新政権に対する期待感で一時的に規律が回復し経済は上向いたが、これだけでは回復へ強力な推進力とはならず、むしろ長年ソ連の経済成長率がマイナスだったことが明らかになっただけで、国民の反発を招いた。

†チェルノブイリ原発事故

ゴルバチョフが情報公開を進めていく一九八六年四月二六日に、現ウクライナ共和国北部に位置するチェルノブイリ原子力発電所で事故が発生した。前日より原子炉を停止し保守点検の作業中であった四号炉が暴走した。急激な出力の上昇と爆発が生じ、原子炉建屋が破壊され、火災が生じた。大量の放射能が放出された。最初の放射能雲は西から北西へ向かい、バルト海へ流れた。翌二七日にはスウェーデンで放射能が高い濃度で検出され、翌日の二八日にソ連政府が事故の発生を公表した。

大量の放射能被曝による病気が原発職員や救助に当たった消防士にみられ、執筆時点で三一名が死亡したといわれる。被災者全体の数は、事故時に現場にいあわせた職員や消防士で一〇〇〇〇から二〇〇〇〇人、事故の後始末や汚染除去作業に従事した人々が六〇万人から八〇万人ともいわれる。

事故の一年前の一九八五年三月に、ゴルバチョフは就任演説で情報公開を訴えたはずだった。

しかしチェルノブイリ原発事故の情報公開は、想定外で、混乱を抑えるためという目的があったとしても、現地に暮らす人々や将来生まれてくるはずの命を冒瀆した、期待はずれのものでしかなく、反発や失望が広がった。結局、事故そのものへの対応、危機管理、事故の実情に対する情報公開が不適切であったことから、体制のあり方そのものが問題視されるようになった。ここでゴルバチョフは体制を建て直すべく「ペレストロイカ」を訴えるようになった。

†ペレストロイカ

チェルノブイリ原発事故後の一九八六年七月三一日の演説で、ゴルバチョフは、経済だけでなく、社会関係、政治システム、精神・イデオロギー、党組織や社会生活のあらゆる側面の建て直しを打ち出し、これを「ペレストロイカ(建直し、改革の意)」と位置づけた。チェルノブイリの事故で危機意識は相当に高まっていたが、既得権益に固執する党エリートは反発した。しかし翌八七年五月に、モスクワの赤の広場に西ドイツの青年が操縦するセスナが許可無く着陸する事件が生じ、危機管理体制の弛みが明らかになり、改革は不可避だった。

「ペレストロイカ」自体はいくつもの要素から成り立つが、その一つが先の「グラースノスチ」、つまり職場や党に対する「不服申し立て」を認めることだった。不服申し立ての規定は一九七七年の憲法ですでに認められていたが、実質的に批判をした者は職場の所属長や党幹部などによって押さえつけられていた。そこでゴルバチョフは一九八七年一月に腐敗や職権濫用を批判し、生活に対する人々の批判を受け入れることが必要だと強調した。すると党には毎日四〇〇〇通もの手紙が届いたという。もともと手紙を送る慣行はみられたが、爆発的に数が増え、「改革派」を掲げる新聞が活発にそれを取り上げた（グラースノスチは、同時にマスメディアの活性化も謳っていた）。

批判は勢いづき、これで終わらなかった。ゴルバチョフの思惑を越えて、やがて指導者層や体制への批判を生んだ。「歴史の見直し」が進められ、過去の体制の正統性、そして徐々に社会主義そのものへの疑義が広がっていった。

経済改革も進められた。一九八七年に経済の活性化のために外資との企業合併、サービス業での個人経営が認められた。翌年には国営企業法が成立し、国営企業全般に市場原理による競争の導入と企業の自主性の拡大を認めた。

ただし国民生活に必要な財の生産やサービスの提供は国家が握ったままだった。結局みな国家に発注していた。いくら市場原理を導入して競争によって経済を活性化しようとしても、結局企業は国家に発注するので、なんの意味もなかった。しかも価格も固定化されたままで、自由化は進まなかった。価格を自由化したとしても発注先が独占的であれば価格は上昇するだけだ。結局一層国民生活を圧迫した。また資本主義システムの導入は、労働強化を招き批判を強めた。というのも、意欲のない者は、資本主義システムが導入されれば、給与を引き下げられたからだ。結局党と国家がおいしいところを手放さない中途半端な自由化は、国民生活を（期待させておいて）余計に圧迫したので、不満が募るだけだった。

さらに痛手だったのは、このころソ連経済の頼みの綱だった原油価格が急落し、いよいよ一九八九年には経済はゼロどころかマイナス成長に陥ったことだ。商品不足も一層深刻となった。

†政治改革と「新思考」外交

経済改革が効果を生まないまま、政治改革が進められていった。一九八八年六月から始まった第一九回党協議会で、「法の支配」を憲法の土台に据え、それを社会の規範とすべきと決議された。それは個人の権利が法的に保護され保障されること、またこうした協議会が実質的に（ただ指導部に拍手を送る追認機関ではなく）立法機関に変化したことも意味した。そして総勢二二五〇〇名からなる人民代議員大会が発足した。

従来から自発的な自主活動団体は多数存在したが、ペレストロイカによって非公式団体の設立が法令により定められ、党の指導下ではあるが、初めて登場した。

これらの団体の登場は社会を活性化したが、実際のところペレストロイカを進めることを困難にした面もある。こうした団体は、党や書記長に対する批判を挙げた。またさらに急進的な改革を求める勢力が登場したからだ。

しかし一九八九年三月に行われた選挙では、当選者の八割以上が共産党員ではあったが、議員定数より多い候補による競争選挙となった。その後一九九〇年三月には、ソ連憲法第六条が改正されて、共産党の指導的役割の規定が削除され、事実上の複数政党制が認められた。同時に大統領制が導入され、ゴルバチョフがソ連初代大統領に選ばれた。

他方で外交政策にも変化が見られるようになった。ようやくアフガン侵攻、中ソ紛争にかかる軍事費が財政を圧迫している問題を党は直視し始めた。ゴルバチョフが書記長になる以前から、ソ連では少しずつ西側との交渉を望む声が挙がっていた。ゴルバチョフはそうしたムードを感じ取って「新思考外交」を打ち出した。これは新たに「平和共存」を謳うもので、もはやアメリカとの核の量的均衡を求めるものではなく、「合理的十分性」で良いとする考え方だ。軍事力(拡大)だけでは相手の立場を脅かすだけで、それでは自国の安全保障が余計に危うくなるだけだとゴルバチョフは訴えた。「合理的十分」とは、侵略を撃退するに十分であればよく、こちらから攻撃するには不十分な軍事力であるとした。

さらに紆余曲折を経たが一九八六年のソ連からの提案を受けて、八七年一二月にはアメリカと中距離核戦力の全廃の合意に至った。全廃と相互の現地視察に合意したという点で歴史的合意だった。さらにアフガンからの撤退、中国との関係改善、韓国との国交樹立など国際関係の改善に積極的に動いた。また東欧にも改革を促し、今後ソ連の介入がないことを約束した。ただし、こうした一連の軍事削減に対して軍部はいい顔をしなかった。一九九一年には軍部のクーデターを引き起こした。

†冷戦の終結

思い返せば、一九八〇年代、特にブレジネフ時代には、社会資本が整備され、軍事産業が伸びた。また就業の機会も与えられ、公教育、医療、公衆衛生などが整備された。衰退しつつある国家には大きな負担となっていったが、人々は生活が改善しない「ペレストロイカ」には不満を抱いた。

新しく定められた大統領は、あの広大な国土を一気に掌握するまでには至らなかった。長い間、強権的に全国にはりめぐらされた党組織の影響力は強く、その共産党を排除した意思決定、改革はゴルバチョフといえども難しいものだった。特に経済改革がうまくいかないために、その不満の矛先を変えるために政治改革に着手せざるをえなかったのが実際のところだといわれており、さらにその改革によって、地方が中央に対する不満を述べることも容易となった。国内は徐々に混乱していった。これがソ連とゴルバチョフのリーダーシップを弱体化させることになった。

一九九〇年になると経済に回復の見込みがないこともあって、今まで社会主義の下でよくみえていなかった大小さまざまな民族が衝突していくようになった。こうした混乱のなかでゴルバチョフを支えてきた、比較的リベラルなリーダーたちは、保守的な勢力に追いやられて追放されるか辞任するかになった。ゴルバチョフを就任当初熱狂的に支持した人たちはいなくなり、改革の勢いもなくなり、むしろ悲観的な雰囲気が漂うようになった。

実際のところソ連の民主化の重要な分水嶺は、先に記した一九九一年のクーデターとその失敗にあるというのが一般的な見解だろう。共産党、軍、秘密警察の指導部というソ連を支えてきた主要組織の幹部が一斉に立ち上がったが、失敗に終わった。その結果、旧来のソ連をもう維持できなくなったのだ。

こうしたソ連の変化が生じるなか、東欧では一九八九年夏から体制転換が相次いだ。過酷な民族対立を招いた地域もあったが、一連の「東欧革命」が生じたのだ。同年末には冷戦の終結が宣言された。西欧など国外で圧倒的に支持されていたゴルバチョフにはノーベル平和賞が贈られた。

5　オランダ——ワークシェアリング

†オランダ

オランダは西欧の中心に位置する小国で、古くは現在のベルギー、ルクセンブルクと合わせてネーデルラント（低地諸国）連合王国として繁栄した。ベルギー、オランダ、ルクセンブルクはかつて同一の国家であった時期も長く、さらに第二次世界大戦末期の一九四四年九月五日、まだ亡命していた三国の政府がロンドンで関税同盟を締結し、その頭文字をとって「ベネルクス（BeNeLux）関税同盟」と呼ばれたことにも由来して、現在もこの三国はベネルクスと呼ばれる。

一五一七年にドイツで宗教改革が始まると、ネーデルラント北部ではカルヴァン派を中心にプロテスタントが広がっていったが、当時この地を治めていたフェリーペ二世はスペインでカトリック教育を受けた厳格なカトリック信者で、プロテスタントを抑圧した。この結果、この地は宗教戦争に巻き込まれた。特にカルヴァン派の強い北部七州は一五七九年に「ユトレヒト同盟」を結成して徹底抗戦して、一六四八年に独立を果たした。これがオランダである。

オランダは貿易を中心に一七世紀に繁栄し、「黄金の世紀」を迎えるが、フランス革命後一七九五年にフランスの支配下におかれた。ナポレオン戦争後のウィーン体制下では、オランダの領地であったベルギーが独立を果たした。しかし第二次世界大戦後になると、両国はベネルクス経済同盟などいち早く経済統合を進めて積極的に欧州統合を推進した。欧州統合の本部がベルギー、欧州司法機構がオランダに位置している。

オランダは君主政を採用している。特に国王が、公的に大臣と共同で政府を構成する。一八四八年の憲法改正以降、実際の国王の権限は形式的なものとなっているが、総選挙後の組閣過程で、国王は一定の政治的影響力を及ぼしてきた。というのも、オランダの政党システムは小党分裂状態が常で、連立形成の交渉が必要である。国王は、選挙が終わり組閣の段階になると、政党間の連立合意を調整する役の「情報提供者」及び組閣を担当する「組閣担当者」を任命して、実質的に政権形成に介入していた。

しかし二〇一二年以降、国王の関与を排除することを目的として議院規則が修正された。また二〇一〇年の国務院法改正に伴い、国王は政府部局の構成員から除外された。

外交については基本的に親欧州統合路線を歩む。ただし、欧州憲法条約の批准の際は、憲法条約に対する情報が十分に説明されておらず、「わかりにくい」という理由や、欧州拡大による移民増加が引き起こす雇用や社会不安などが引き金になって、二〇〇五年に条約の批准を国民投票で否決している。翌年に修正されたリスボン条約を（国民投票ではなく）議会で可決して批准している。

また「国際法の父」グロティウスの祖国でもあって、国際法秩序の遵守の伝統が強いとされる。国として「国際法秩序の促進」を謳い、国連や国際機関を重視し、仲裁裁判所、国際刑事裁判所などの国際機関が設置されている。

†多極共存型民主主義

オランダやベルギー、オーストリア、スイスといったヨーロッパの小国は、長く大国に支配されてきた。そのため、それぞれに様相は異なるが、宗教や言語、イデオロギーなどによって社会が分断されている。こうした国家においては、それぞれの宗派やイデオロギーを掲げた政党が、支持者を学校、マスコミ、組合などを通じて動員した。その結果、有権者はそれぞれの宗派、イデオロギーに、あたかも囲い込まれて人生をまっとうするように映った。こうしたイデオロギーや宗派の別による縦割り社会を「柱状化社会」と呼ぶ。

例えばカトリック系の白十字病院で産まれ、カトリック系学校に進学する。地元のカトリック系サッカーチームを応援しながら思春期を過ごし、カトリック系大学に進学した後は、カトリック系組合に所属し、カトリック教会で結婚して、やがてカトリック系養護施設に入る。そして分断された社会区画の頂点に政党がおり、これらの福祉供給のための国家資源を、各政党が政治的に妥協して、比例的に分配する。

オランダの政治学者A・レイプハルトはそれぞれの「柱」を代表する政治エリートたちが「協調」し妥協することで、たとえ分断された社会であっても、内戦を回避し安定した民主主義体制を維持できると主張し、こうした交渉による妥協と合意で維持される民主主義体制を「多極共存型民主主義（合意型デモクラシー）」と呼んだ。

レイプハルトによれば、その特徴は以下のような点にある。第一に主要な区画の代表（政党）が「大連立」を組んで政治を運営する。第二に、重要な問題については多数決で決定するのではなく、相互に「拒否権」を認め、妥協と合意を重視する。そして政治的な資源（ポストや資金）を各集団規模に従って「比例配分」する。また、それぞれの区画にかかわることについては、それぞれの「自治」を認める。

この多極共存型民主主義モデルは、その後「英語の発音（consociational コンソシエーショナル）が難しいから」という理由でレイプハルト自身によって「権力分有（power-sharing）モデル」と読み替えられた。さらには、これがアパルトヘイト後の人種差別から立ち直ろうとする南アフリカの新体制にふさわしいと考え、彼は積極的に憲法起草委員会に参加し、政治体制のあり方を考えた。現在も紛争後の社会においてしばしばこのモデルに基づいた国家形成がなされ、その影響力は現実の政治に及んでいる。

†オランダ病

オランダは小国で国内市場が小さいので、経済は貿易等に依存する。長坂寿久によると、一九六〇年代に北海に天然ガスが発見され、当時はかなりの投資がエネルギー部門に集中したが、逆に他の部門への投資と生産性は低下し、犠牲となった。

このおかげで財政収入が増加し政府支出も豊かで社会福祉制度が拡充され、六〇年代から七〇年代にかけて、オランダはヨーロッパのなかでも社会保障制度が最も充実している国といわれてきた。そのため多少景気が下降して歳入が縮小しても、財政支出は高い水準のまま留まり続けた。同時に賃金も上昇したまま、大きな技術の刷新もなく、徐々に国際競争力は低下し始めた。ブームの収束とともに輸出力が低下し、失業者が増加して大不況へ陥った。これが一般に「オランダ病」といわれた。つまり、天然資源価格の高騰によって利した国が、楽観的な経済政策を維持し続けたためにもたらされた経済危機である。

オランダのような分断社会では、プロテスタント、カトリック、自由主義、社会主義の四つの「柱」による「柱状化社会」ができあがってきた。第二次世界大戦を経て福祉国家の時代になると、各政党が合意して、福祉サービスがそれぞれの「柱」のネットワークを通じて配分されてきた。こうした合意形成の交渉体制がいったん定着すると、急激な方向転換は難しくなる。

交渉相手のいずれかが「嫌だ」と強く主張してしまえば、政策の刷新ができないからだ。妥協と合意の政治の世界では「拒否権プレイヤー」が強くなるのだ。

こうして第二次石油危機の後、オランダは急激なインフレと失業の増大に苛まれるようになった。税負担を急増し財政難に対応しようとしたが、刷新もできず、失業が増大し、労働運動も激しくなっていた。もはや自力での財政管理は不可能といわれるところまで落ちていった。当時は「オランダは自分の国の社会経済問題を解決できない国」と呼ばれていた。

†ワセナール合意

この克服のために、当時のR・ルベルス中道右派政権はようやく労使双方の代表を説得し、一九八二年秋に「ワセナール合意」を結ぶことに成功した。これは七八の項目からなる政労資の合意である。当時注目されたので、骨子を簡単に補足しておこう。

労使の代表機関による労働協約方式が採られた。つまり旧来の労使合意形式が重視された。そこでは、実質賃金の低下や購買力の低下が生じた場合、減税や社会保険負担の軽減措置を行うことで労使が合意した。

最大の目玉が「時短」の実施であり、労働時間の五％削減で合意された。「九時から五時まで」を標準とする従来の労働慣行の規制緩和が進み、パートタイム労働が促進された。労使間協定次第で臨時雇用の期間に対する規制も撤廃した。小売店の営業時間も長くして未熟練労働者の雇用が増大するように試みた。

要するに労組は賃金抑制に協力し、企業は雇用の確保に協力し、政府は財政支出の抑制と減税、社会保障と雇用の改革に取り組むという三者が一体となった財政健全化と失業対策の取り組みだ。オランダの企業競争力を強め、企業投資を活発化させ、雇用増を図った。これによって企業がより高い収益性を達成し、より高いレベルの投資が可能となり、それによってより多くの雇用を生み出すことができるようになった。ただし、最初からマスタープランがあったわけではなく、三者合意を通じて、その都度実施されてきた政策の蓄積の結果である。それぞれがオランダ経済の深刻な状況に対する反省をもとに、自分の犠牲も必要という認識から出発しなければできなかった。

オランダは、これによって経営者側が雇用を保障しつつ、時短を進めることができた。つまり一人当たりの労働時間を短縮する代わりに、幅広い雇用が可能となった。その後フルタイム労働者とパートタイム労働者の間に待遇や社会保険に格差がないように法整備した「ワークシェアリング」を進めた。また、労働者側も賃金抑制に協力し、国も企業に対する減税を進めた。こうして賃金コストを抑えた企業は国際競争力を回復した。

その結果、労働人口の四割がパートタイムとなった（契約は常勤契約）。労働者は自らのライフスタイルに合わせてフルタイムかパートタイムかを選択できる。今や全従業員のうち三人に一人以上がパートタイムといわれている。

†オランダの奇跡?

オランダ病から一五年後、経済成長率は一九九一～九五年に二・一%(EU平均で一・五%)、九六～二〇〇〇年には三・一%(同二・四%)と回復し、失業率もEU全体で一〇%程度のところ、二〇〇〇年代には二%に減少し、一躍「オランダ・モデル」は脚光を浴びた。

重要な帰結は、「パートタイム労働」が肯定的に評価されたことだろう。一九八四年以降、オランダの雇用者数は上昇に転じた。EUの経済成長率も、一九八〇年代後半から九〇年代にかけて概ね上昇していたが、九〇年代後半に失業率が上昇したのに対して、オランダは低下し続けた。オランダでは八八年から九七年の間に一二〇万人の雇用を創出したが、この四分の三がパートタイム労働者であった。

現在、世界の労働組合は、パートタイム労働者をフルタイムにすることを目指していると映る。オランダがパートタイム労働の導入に成功した背景には、家事や育児を家庭で分担するという慣例など、働き方に対する市民の多様な要望があり、政府が真摯にそれに耳を傾け、応えようとしたからだ。これはオランダ政府の独りよがりではなく、アンケートを実施したりしてみえてきた結果だった。何より人々がそういう働き方を皆望んでいたからこそできたのだ。

　他に挙がる背景としては、第一に、オランダ病のさなか、実質賃金が伸び悩み、ワセナール合意による賃金抑制によって、一層共稼ぎが必要となり、それが家事などを分担する必要性を強くしたこと、第二にオランダに限らないが、経済におけるサービス部門が拡大、発展したということがある。例えば在宅でも可能な仕事が増えた。第三に、何より重要だが、オランダが男女の取り扱いを均等にするよう努めてきたということも挙がる。労働条件の差別をなくし、賃金や付加給付について労働時間による差別を撤廃したりした。オランダのパートタイム労働者は、日本のような「非正規」という社会的位置にはない。だからこそワークシェアリングができた。

　フランスやイタリアでは、フルタイム労働の就業時間を短縮することでパートタイム労働を促進しようとしているが、反対されている。パートタイム労働の導入が結果的にワークシェアリングを生んだオランダとは異なる。また、オランダでも高齢者の早期退職制度によって世代交代が進んだが、この早期退職制度を利用した人が予想以上に多く、財政を圧迫しつつあり、次の問題となっている。

　そもそもオランダは歴史的な経緯から雇用の分かち合いが進んだだけだといえば確かにそうだ。新しい雇用を創出したわけではないのだ。つまり雇用を分かち合おうとする機運のない国では、働き方の改革を進めて真似しようとしても、すぐに成功することは難しいのかもしれない。

コラム4　アンダー・プレッシャー

本書執筆時の二〇一八年末の最大のヒット映画に『ボヘミアン・ラプソディー』がある。恥ずかしながらまだ観ていないが、イギリスの伝説的ロックバンド、クイーンのヴォーカル、フレディ・マーキュリーを取り上げた映画のようだ。このフレディがインド系のイギリス人で、アフリカのザンジバルで生まれていたこと、こういう移民文化がイギリスの音楽文化を豊かにし、育んできたと、国際政治学者でロックにも詳しい松本佐保は中日新聞のコラムに書いている。

ちょうど彼女と同年代の筆者もおそらく同じ頃洋楽のファンになった。私はその後本文でアイアン・メイデンを紹介したように、どちらかといえばハードロック方面にのめりこんでしまったが、今もクイーンの曲をしばしば通勤時に聴いている。

クイーンとデヴィッド・ボウイが歌った曲「アンダー・プレッシャー」はクイーンにとって二曲目のイギリス・チャート一位に輝いた名曲だが、発表当時確かMTVで放送禁止になったことを記憶している。今さらながらネットでプロモーション・ビデオを観たり、ネットで専門家たちの意見を調べたりしているが、何が「過激」で禁止の原因だったのか今ひとつわからない。ふと気になったのが、改めて歌詞をみると「誰も求めてはいないのにプレッシャーが圧《お》しかかって、ビルが焼け落ちて（ビルが倒壊するシーンはたくさん出てくる）、家族は引き裂かれ、人々は路頭で迷う」というような言葉があり、そしてPVには配給を求めて並ぶ失業者の姿が映し出されていた。

八〇年代初頭といえば、まだサッチャーの新自由主義政策は成果を上げず、失業率は高いまま、フォークランド紛争に突入していく頃だろう。「人々は路頭で迷う」といった歌詞がサッチャー政権に対する、ある種の反体制的な意味を持つと受け止められ、放送禁止になった可能性はないだろうか。

曲の最後は「愛があなたの生き方を変えうる」と歌い、そして「これがプレッシャーの下での最後のダンス」を含意させる内容で歌は終わる。推測にすぎないのだが、サッチャーが「確信の政治」を強行しても人々の生活はよくならない。でも僕たちはダンスを踊り続ける（そのような政治に屈しないの意？）。そして愛があれば強硬な政治に対抗して僕たちは連帯することができるはずだ。そんなニュアンスがないだろうか。どなたか教えてほしい。私は音楽の専門家ではないのでこれ以上の妄想はやめておくが、先のアイアン・メイデンでのジャケットへの登場など、サッチャーが何かとターゲットにされたのは確かだろう。少なくとも当時は名曲が生まれる背景に、政治社会の状況があったものだ。

第五章
冷戦後の世界
(1990年代)

ジャック・シラク

第五章関連年表

年号	出来事
1990	独 10月　東西ドイツ再統一 英 11月　メージャー政権
1991	1月　湾岸戦争 6月　スロベニアとクロアチア、ユーゴからの独立を宣言 7月　ワルシャワ条約機構解散 12月　ソ連崩壊
1992	2月　マーストリヒト条約調印 3月　ボスニア・ヘルツェゴヴィナ独立宣言 英 9月　ERM 離脱 仏 9月　マーストリヒト条約を僅差で批准
1993	仏 3月　ミッテラン、（第2次）コアビタシオン 11月　マーストリヒト条約発効、EU 発足
1994	タリバーン結成 4月　ルワンダ大虐殺 ロ 12月　チェチェン侵攻
1995	1月　オーストリア、フィンランド、スウェーデン、EU 加盟 3月　シェンゲン協定発効 仏 5月　シラク大統領
1997	英 5月　ブレア政権 英 8月　ダイアナ元皇太子妃死去 10月　アムステルダム条約調印
1998	6月　セルビア、コソボへ攻勢 ロ 8月　ルーブル切り下げ 独 10月　シュレーダー政権
1999	1月　ユーロ、11カ国で正式通貨 3月　NATO ユーゴ空爆 ロ 8月　第2次チェチェン紛争

	イギリス	フランス	ドイツ	ロシア
相違点	新しい左派（第三の道）の台頭	シラク（右派）による緊縮政策	新しい左派（第三の道）の台頭	改革後の混乱
共通点	冷戦後の新しい紛争、マーストリヒト条約による財政規律			

表8　1990年代のヨーロッパのバリエーションと共通点
出典：筆者作成

自由民主主義の勝利が高らかに宣言された。西欧各国の左派は、社会民主主義勢力でさえ従来のままではいられなかった。ここで特に英独の左派で登場したのは「第三の道」で、一九九〇年代に一世を風靡した。本書では、これを新自由主義が主流になるなかで左派が変容した姿と捉える。

またフランスでは、左派ミッテラン政権の長すぎた政治に対する反発から、やはり右派が台頭してコアビタシオンの時期が再び訪れ、シラクというド・ゴール派（右派）の時代が到来する。時代は新自由主義的な市場競争を是とする考え方に侵食されていく。他方でソ連・東欧では東欧革命後の混乱の時代をしばしば迎えることになる。

1　イギリス――「第三の道」へ

†メージャー政権

阪野智一によると、サッチャーを継いだメージャーは一九四三年、三人兄弟の末っ子として生まれた。父は旅芸人から庭の装飾品作りへと転職したものの事業に失敗して、労働者の町として知られているロンドン南部のブリクストン地区へ移った。現在もアフリカ系移民が比較的多い地区だといわれる。歌手のＤ・ボウイもこの出身である。メージャーは家庭が貧しいことに悩み、学校を一六歳で中退している。

母が保守党員で、勧誘を受け保守党員となり、数回転職後、一九六六年、銀行員となった。すぐにナイジェリアにとばされたが、交通事故で重傷を負い、イギリスに運ばれて入院生活を送る。メージャーはＮＨＳ（無料の医療制度）に感謝することになった。このあたりはサッチャーとは違う考えを持つ契機となる。

その後、保守党青年部での活動が評価されて、一九六八年に区議に初当選し、サッチャーが勝利した一九七九年選挙で国政へ進出を果たす。その後、勤勉、誠実さがサッチャーに評価され、「サッチャーの息子」とさえ呼ばれるようになる。その後、政務次官、大蔵大臣、外務大臣など要職を歴任してキャリアを積んだ。

「サッチャーの息子」ではあったが、サッチャーと異なり、合意形成を重視する政治スタイルだった。温厚で物腰柔らかな性格だった。

一九九〇年一一月の保守党党首選挙で、すでに周囲からの支持を失っていることを知ったサッチャーは、第一回投票を辞退した。第二回投票でメージャーは、要件である過半数には二票足りなかったが、他の対抗馬が第三回投票への出馬を辞退し、四七歳の若さで保守党党首となり、そのまま首相になった。次のブレアが首相になるまで、史上最年少の首相だった。かつエリート主導の保守党で、大学教育を受けていない異色の首相だった。

どうして「異色」のメージャーが首相になったのか。まず一九八七年の時点では四〇％以上の支持率を有していた保守党が、九〇年四月の時点で支持率二八％に急落し、党指導部は「もうサッチャーでは勝てない」と判断していた。これには一九八八年以降イギリス経済が悪化していたこと、そこで財政赤字を解消するためにサッチャーが導入した人頭税が不評でデモが頻発していたこと、さらに当時欧州統合に対する懐疑派と推進派の対立が党内を分断し、特に懐疑派は（当時議論が進んでいた）共通通貨の導入に反対しており、その間を取り持つことのできる人物が必要と考えられたことなどが挙がる。そしてこのタイミングで温厚な人柄によって、党の求心力の回復を期待されたからであった。

†イデオロギーなき政治

ただでさえ温厚な性格の上に、以上のような保守党の対立構図のなかにいたためか、強烈な独自色を出した前任者と比べると、メージャーは明確な独自色を出していないように映る。

ただし、それはメージャー自身が理念やイデオロギーを嫌悪したからだといわれている。むしろ現実主義の人であった。例えば保守党党首選前の一九九〇年一〇月には、為替相場メカニズム（ERM）に加盟するためにサッチャーを説得した（メージャーは、この加盟を通じてイギリスの財政に強い規律を課すことができると考えていたようである）。この点ではサッチャーと対立する立場だったが、実際の党首選の第一回投票時にはサッチャーに対する支持を表明した。状況、政策、相手によって立場を変えることが「現実主義」であるとすれば、確固たるイデオロギーを求めている人からは曖昧な政治家に映るだろうが、特にサッチャーという強烈な個性の後であったがゆえに、メージャーの「現実主義」は支持されたのだろう。

「現実主義」は合意形成を重視する。サッチャー時代に側近のみによる「大統領制化」したイギリスの政策決定過程において、閣議の権限を復活させて、集合的な審議・決定方式に戻した。イギリスの責任内閣制の伝統も復活させ、共同責任を打ち出した。繰り返すが、共同で話し合い、合意することを首相が重視するなら、特にサッチャーの後ゆえに明確なヴィジョンを欠いているように映るだろうが、メージャーは実は「階級なき社会」というヴィジョンを打ち出している。これは、人が生来の階級や人種などに束縛されず、能力と意志、努力に応じて上昇を達成できる社会を目指したものだ。彼の出自を顧みると、彼がそういう社会を目指したこともうなずける。

他方でサッチャー政権の継承という面では、連合王国の維持、インフレ抑制、公共支出削減など、新自由主義的政策を基調にした財政政策を維持して、「サッチャー以上のサッチャー主義」といわれた。

しかしマネタリズムによってインフレを抑制しようとして、メージャーは高金利政策を採った。そうすることで貯蓄意欲を高め、購買意欲を減退させようとしたのだが、結果的に景気が後退し、一九九一年の実質経済成長率はマイナス二・五%に落ち込んだ。失業率は九一年末には一〇%近くまで上昇した。

翌一九九二年の総選挙は、与野党ともにネガティヴキャンペーンの応酬で、保守党が辛勝した。労働党の増税政策が不人気だったことはあったが、「ウェールズの鞴《ふいご》〔風を送って炉の温度を上げる道具〕」と怖がられた労働党のN・キノックよりもメージャーの温厚なイメージでリードしただけにすぎなかった。この頃からイギリスの選挙は予想ができない状況になりつつあるといわれるようになった。

†ワークフェアの端緒

サッチャー政権との「断絶」という点では、人頭税を廃止し、カウンシルタックスという住宅にかかる地方税の創出を進めた。また「市民憲章」による行政サービスの質的改善を目指したことが挙げられる。これは市民を公共サービスの消費者と捉えて、その声を拾い上げてサービス向上に反映させようとしたもので、まず行政がサービスの基準を示したのち、その基準に見合うサービスが提供されているかどうかを市民が判断する。基準のみならず方法、コストなど十分かつ正確な情報が市民に開示されていることが必要で、基準以下と判断した場合、市民は苦情の申し立てができる。さらに申し立てがあった場合、行政サイドは謝罪を含めて適切な対応をとらねばならないとしたもので、今となっては当たり前のような制度だが、当時はこれに従って各省庁が「親憲章」(教育)、「患者憲章」(病院)、「乗客憲章」(交通)など、サービス基準を作成した。「民営化」の根底にある競争意識が公的サービスに反映された政策だった。

他方で労働政策について触れておくと、この点ではメージャーは、サッチャーをしのいだといえるかもしれない。サッチャーは労働組合の弱体化を目指したが、メージャーは、イギリス経済が一九八八年から急速に低迷していくなかで、一九九二年末の単一市場の完成を前に、イギリス経済の競争力を強化するために、一層の組合の弱体化を目指した。

一九九三年法では、争議行為について七日前に通告すること、そして完全な郵便投票による事前投票を義務化した。組合の活動に一層の規制を加えたのである。特に「市民憲章」によって公的機関は市民から苦情を受け、対応することが求められたが、労働争議で公的サービスが妨げられれば、「違法な労働争議」とされた。

さらに一九九三年には、ヨーロッパで唯一の最低賃金制度を廃止した国となった。さらにイギリスはこのときEUの共通社会政策について適用除外を主張し、それを勝ち取る。これで福祉国家は跡形もなく消え去っていった。しかも八八年以降、経済は低迷し、この時期失業率は一〇％近くに達していた。そのなかで低賃金労働者に対する法的保護が撤廃されたのだ。

政権末期の九六年秋には、従来の失業手当に代えて、求職者手当を導入した。これは従来の失業給付に代わるもので、支給期間を原則半年に半減した。そして就労意欲のある者のみに手当を支給するため、職業安定所の担当官との間で求職活動同意書が結ばれていることを受給の条件とした。そこに記された求職活動を失業者が拒んだ場合は、給付がストップした。就労と福祉が結ばれたもので、これがブレア政権で「ワークフェア」と呼ばれていく。

ただし、これらの政策が支持されたとは思えない。さらに九三年から保守党議員の金銭的、性的スキャンダルが相次ぎ、世論調査で労働党に二〇ポイント以上の差を付けられるようになった。

†外交戦略

一九九〇年代は湾岸戦争が生じ、さらにマーストリヒト条約をめぐる混乱など国際社会が揺れて難しい対応を迫られた時だった。一九九〇年八月二日、イラクがクウェートに侵攻し、湾岸危機が勃発した。メージャーは、ここでサッチャーとレーガンが形成した武力制裁の方式を継承し、英米関係の強化を選択した。九一年一月一七日、両国を中心にした多国籍軍がイラクに侵攻し、湾岸戦争になった。約二カ月後の三月三日に戦争が終わり、英米関係が強化された。

メージャー政権にとって重荷だったのは、むしろ対ヨーロッパかもしれない。大陸諸国との関係の改善を図る一方で、イギリスの国益も粘り強く求めた。メージャーは一九九一年三月にドイツで「私はイギリスがヨーロッパの中心に位置することを望む。そしてパートナーと一緒に将来を構築したい」と講演し、大陸ヨーロッパとの関係強化を目指した。他方で九一年一二月にオランダのマーストリヒトで行われた欧州理事会での条約交渉では、第一に草案の「EUが将来的に連邦組織を目指す」ことに反発し、それを削除させた。第二に超国家レベルよりも国家や地方レベルで進めたほうがよい分野についてEUの権限を抑制できる「補完性の原則」を盛り込んだ。第三に、単一通貨の導入を保留する権限（適用除外＝オプトアウト）を獲得し、共通社会政策についてもオプトアウトを認めさせた。通貨のみならず、労働条件についてEUの規制を排除できる権限を得たことで、イギリス下院はメージャーを拍手喝采で迎えた。

しかし第二次政権下での一九九二年六月、デンマークがマーストリヒト条約の批准を国民投票で否決した。これによってフランスのミッテラン大統領も国民投票を実施するとして九月に実施し、僅差ではあるが批准された。しかし同時に統一通貨への悲観的見解が広がり、ドイツ・マルクの買いが進み、相対的に弱いポンドの売りが進み、ポンドの価値は下落した。

一九九二年九月一六日、ポンドの投げ売りが進み、政府は策を講じたがそれでも下げは止まらず、いきなりＥＲＭ（為替相場メカニズム）の下限を割り込んでしまった。政府はＥＲＭの離脱を発表し、一九九二年九月一六日は「暗黒の水曜日」と呼ばれるようになった。

一九九三年五月、デンマークで二度目の国民投票が行われてマーストリヒト条約の批准が可決されたものの、ここまでの経過で欧州懐疑派の勢いが強くなっており、批准の是非をめぐってイギリス議会は大いに揉めた。結局メージャー政権は信任投票を行って、それが信任され、批准完了となったが、メージャーが「弱腰で絶望的」と批判され、懐疑派は勢いを増した。これ以降、保守党内部では懐疑派に配慮しながら、「様子見」する政策が続いた。さらに対ヨーロッパという点では、一九九六年には狂牛病が発生し、欧州と対立して一層孤立した。

†ブレア・ブラウン時代の幕開け

内政でも不人気、経済は低迷（一九九二年以降、経済は回復傾向で、九四年以降は年三％の回復を達成してはいたが）、外交でも失態続きのなか、一九九七年五月に総選挙が行われた。選挙結果は一九〇六年以来、保守党史上二番目に悪い歴史的大敗を喫した。スコットランド、ウェールズでは全議席を失った。

経済運営能力に対する評価はもちろん低い。そこに登場した労働党の若きブレアが有権者には未来を託す「強いリーダー」と映っていた。

ブレアについては、次章でまとめて論じることにする。一九五三年生まれのブレアは先のメージャーの最年少記録をすぐ塗り替えた。オクスフォード大学卒というエリートで、そこで労働党員だった後の妻と出会い、労働党へ加盟した。サッチャーの全盛期で、労働党が（逆に）歴史的敗退を喫した一九八三年に初当選した。青年時代はそれほど政治活動に熱心だったとは聞かない。むしろロック・バンドや宗教活動に熱心だったという。

やはり八三年に初当選したのが、ブレア首相時の蔵相で、ブレアの次の首相G・ブラウンである。一九五一年生まれでブレアより二つ年上で牧師の子として育つ。エディンバラ大学から優秀な成績で博士論文を執筆して卒業した。低迷していた労働党で、この二人が改革派として立て直しを期待された。一九九四年に党首J・スミスが倒れたとき、カリスマ性を評価されたブレアが先に党首となった。

2　フランス――シラクの時代へ

†ミッテランの敗北

ミッテラン政権は一九八六年の議会選挙でコアビタシオンを招きつつ、それでも八八年の大統領選で再選を果たした。しかし、組閣がうまくいかず、再び議会選挙となった。ミッテランは右派を割って中道勢力を動員しようと試みたが思うほど左派の票が伸びず、過半数を維持するためには共産党の協力が不可欠な状態になった。他方で右派も善戦はしたが、大統領選でシラクが負けたRPRは後退し、どこも勝利宣言できないような状態に陥った。

この状態に有権者は明らかに疲弊した。九一年五月には初の女性首相であるE・クレッソンが左派内閣を率いた。一気に五名の女性閣僚が誕生した。「勇敢」「情熱的」「活動的」というイメージが彼女にはあった。ジョスパンと並ぶ左派の次期リーダー格であった。

しかし、それでも左派に対する支持は回復しなかった。失業率は一〇%を前後し、失業者は三〇〇万人と変わらず、財政赤字も拡大していた。農民、医者、さらにかつて経済を支えていた鉄鋼、航空業界、ルノーなどで労使紛争が頻発した。

一九九二年一月には国際的なテロリストのリーダーが、ミッテランが知らぬ間に心臓病治療のためパレスチナから来仏し、政府がもはや機能していないように映る事件も起きた。クレッソンは、事前に話を聞いていた赤十字社のトップや外務省高官らに罵声を浴びせて即刻解雇し、それもイメージを一層悪くした。結局九二年の地方選挙で社会党は支持率をさらに落とし、クレッソンは辞した。

するとミッテランはいわば子飼いの布陣で内閣を作り、公共部門の国有化と競争部門の民営化による雇用創出を目指したが、目標の九〇万人には届かず、一九九三年三月の総選挙で大敗する。社会党は二八二議席から六七議席へと歴史的敗退を喫した。それだけではなくジョスパンら子飼いの閣僚が落選し、逆に右派が二六七議席から四八五議席へと大躍進し、コアビタシオンとなった（第二次コアビタシオン）。

ただ、政局運営は落ち着いていた。右派も慎重に事を運んだ。しかし左派の側では選挙の翌々月に、この時首相だったP・ベレゴヴォワが大敗の責任に苦しみ自死する暗い事件が起きた。ミッテランの側近も執務室で自死した。もはやミッテラン政権には死のイメージがつきまとうようになった。

ミッテランは、ポンピドゥー時代に若くして官房入りし、その後ジスカールデスタンと反りがあわず一線を退いたE・バラドゥールを首相に指名した。バラドゥールは新自由主義路線を採った。当時すでに青少年の非行や外国人入国制限などが問題になっており、フランス国籍取得基準の明確化、また失業率一三％と壊滅的な状況だった雇用回復のために労使代表と話し合い、職業見習いの雇用促進、社会保障費の企業負担の軽減などを打ち出す。また九三年にはワークシェアリングを検討するが、時短によって賃金を削減しようとする企業と、徹底抗戦する労働側の争いは結局ストライキを招くだけに終わった。

こうしたなかで行われた一九九五年五月の大統領選挙で、ついにシラクが当選した。

†シラク大統領

国民が新しい政治を求めた。長きにわたるミッテランの政治に国民はもう飽きていた。決選投票に残ったシラクはもちろん左派のジョスパンでさえ、ともに「変化」を掲げていた。新聞による世論調査によれば「変化」を求めた人は全体の七〇％を超えた。しかも左派であったミッテランが新自由主義的な政策をとるなどフラフラしていたように映ったことに対する批判であったのか、シラクの「力強さ」、ジョスパンの「明快さ」に期待を寄せた有権者も多かった。

さらにシラクは聖書の創世記に登場する人類最初の果実に見立てたリンゴをシンボルにして地方遊説を行った。人類最初の実りをみんなで共有しようという作戦で庶民的イメージを作り出した。強面で怖いイメージが強かったシラクがイメージを転換したのだ。あのシラクがどれだけ笑っても怖いままではないかと思う人はいるかもしれないが、シラクの支持が高まっていった。他方でジョスパンは左派勢力の候補者選定に時間を要して出遅れた。

ただし、出遅れたわりにジョスパンはこのとき善戦したといえよう。この大統領選の第一回投票では二三％台の得票率で首位になった。決選投票でも四七％を獲得した（シラクは五一％）。結局、ミッテラン時代の政策の逆転（左派政権が新自由主義的政策を実施）、冷戦が終結するという左右の区別が見えなくなりつつあるなかで、「変化」を起こせる行動力を感じさせたシラクが、国民の期待を多く勝ち得たということなのだろう。

この大統領選において顕著だったのは、政党支持の分散がさらに進んだことだ。FNのルペンが一五%を獲得した。共産党候補が八・六%、トロツキストの候補が五%を超える支持を得た。また保守中道（マーストリヒト反対）派の候補も四・七%を得ていた。既成政党に対する批判と支持離れは明らかだった。大統領選後の同年六月に市町村選挙でFNの市長が三人生まれた。また第五の大都市ニースの市長もかつてFNに所属していた。移民問題に加えて、元来保守的な地域で支持率が上がったため、「秩序」「権威」などの伝統的文化を擁護した点が支持されたと分析されているが、既成政党に対する不信の高まりが根底にあるのはいうまでもないだろう。

†ジュペ・プランへ

シラク政権の最大の課題は、失業問題を始めとする経済政策であることは誰の目にも明らかだった。シラクは「社会内断絶の克服」を掲げ、失業者に対する雇用政策などの改革を実行しようとしていた。

実際に「雇用促進契約」が実施され、長期失業者を新規雇用した企業への社会保障費負担の（二年間）免除、若年層に対する職業訓練契約を結んだ企業に対する援助などを行った。同時にたばこの専売公社や鉄鋼メーカー、テレコムなどが民営化された。一年間で三五万人の雇用が創出され、民営化によって大幅に税収も増える予定だった。一〇月までに九万人以上の雇用が達成されたが、それでも失業率は一一％を超えて事態は改善しなかった。

この状況下で、政権発足後半年もしないうちの一九九五年一〇月二六日に、シラクは突然テレビで「社会政策の充実より財政赤字削減を重視する」と発表した。見事な手のひら返しだった。というのも、前年に財政赤字がピークに達していた。そこにマーストリヒト条約が絡んできた。すなわち一九九九年についに導入される予定のEUの単一通貨ユーロに参加するためには、財政赤字を対GDP比三％以下に抑える必要があったためだ。このためシラク政権は社会政策を放棄し、一一月には内閣を改造して閣僚数を大幅に削減して（四一→三二）、緊縮政策に向かった。シラクは実にあっさりと、事態を軽視していたことを認めた。

A・ジュペ首相による財政再建策「ジュペ・プラン」が実行され、公務員の削減、富裕税、法人税、付加価値税など各種税金の増税、たばこ、ガソリンなどの値上げ、累進課税の対象を広げ、さらに最高課税率を引き上げた。社会保障では医療費の無駄を省くための制度や公務員給与の凍結など、国民の負担を要求した。九七年度予算は、第五共和政最大の緊縮予算といわれた。

国民は怒り、九五年冬、九六年秋にはジュペ・プランに対する大規模なデモやストライキが行われた。地下鉄や電力会社までストに入り、都市機能はマヒした。それでも人々は「これは私たちの権利だ。私たちのフランス革命だ」と闘った。ちょうど筆者はこの時期偶然だがパリにおり、こうした人々の思いを直接聞いた。

ジュペは改革の撤回を表明した。そして九七年四月に国民議会を解散し、総選挙を行った。国民のシラクへの不信は強く、左派勢力が結集し、過半数を制した。国民議会全五七七議席中左派が三一九議席を獲得した。右派はFNだけが過去最高の得票率を更新して一五%を獲得し、第二回投票に進んだ候補者が増えた。総選挙に打って出たシラクの判断ミスを指摘するものもあるし、女性議員候補を多く立てた社会党の戦略の勝利を挙げるものもある。

こうしてまたコアビタシオンが始まった。それでもジョスパン内閣は「人間味のある政策」を打ち出し、移民に対する法規制の緩和、公職の男女機会均等法(パリテ法)、週労働時間三五時間法等を進めた。これほどの法整備がコアビタシオンのなかでも進んだということは、ジョスパンの人気が高まっていたことに加えて、コアビタシオンにみな慣れてきたということを意味した。対立はさほど表面化しなかった。

他方で、徐々に雇用対策の成果が見えてきたジョスパンの側では、一九九九年の欧州議会選挙で社会党が巻き返し、しばらく右派と左派が鎬《しのぎ》を削る状態になっていく。

†対ヨーロッパ政策

こうした政治の停滞の一因が欧州統合にあった、というのは決していい過ぎではない。すでにミッテラン時代の一九九二年のマーストリヒト条約の批准をめぐる僅差の「批准」勝利が、フランス国民の欧州統合の深化に対する疑義を表していた。

同年に調印されたマーストリヒト条約はEU条約とも呼ばれ、欧州の経済統合と、今後の政治統合を方向づける条約であった。調印直後には各国首脳が意見を頻繁に交換した。その結果、国民投票を提案したのがミッテランだったといわれている。

ミッテランはフランス国民が圧倒的にこの条約を支持することで、欧州統合のリーダーとしてのフランスの強さをヨーロッパにみせつけようとした。また、国民投票に勝利することで、それを提案してきた自分に対する支持率の回復を狙った。同時期右派は条約をめぐり分裂状態にあったから、切り崩しも狙えると読んだ。

しかし一九九二年九月に行われた国民投票は、わずか五一％の支持という僅差での勝利だった。結果はミッテランの思惑とは裏腹で、ミッテランに対する不支持の大きさを明らかにした。これはミッテランの政局運営を困難にしただけではない。EC各国における、マーストリヒト条約、ひいては一層の統合の深化に対する猜疑心や不信感をあおることになってしまった。

投票行動分析によると、批准支持者は都市部の富裕層、反対者は農民や労働者であった。特に再開発が遅れ失業者が多いような地方の都市部、また移民による失業や治安が問題視されていた地区で反対票が多かった。まとめれば「エリート中心の統合」に対する反発だった。

さらにシラクの時代に入り、EUは国内政策の足かせとなったきらいがある。統合の深化のため、シラクは当初考えていた思い切った改革ができなかった。それどころか大規模なデモを呼び起こした。ヨーロッパ統合が目指す「市場主導」経済が、フランスの伝統的なディリジスム（国家主導経済）とどうなじむのかが問われたといえるだろう。そして統合を進めてきた既成政党の支持を切り崩し、反対派の極右政党が支持を集めたのだ。

†シラク外交

シラクの外交で特筆すべきは、核実験の強行であった。一九九五年六月、ハリファックス・サミットの出席と訪米に出発する直前の記者会見で、シラクは核実験を再開する旨を明らかにした。一九九五年九月から九六年五月にかけ八回行い、その後は実験室で行うというものだった。シラクによれば、ミッテランが九二年に核実験を停止したが、まだ実験室のシミュレーションによる開発が困難で、その判断は時期尚早だった。そのためデータ収集のために核実験を行い、データ収集後実験を中止して、九六年秋にはCTBTに無条件で調印する、とした。

当然だが、フランス国内のみならず国際的波紋を呼んだ。実験の影響を受ける環太平洋諸国は抗議して、アメリカも遺憾の意を表明した。国際的にはちょうど国連でNPT（核不拡散条約）が延長されることに決まったにもかかわらず、中国が核実験を再開した直後であっただけに、フランスに対する反発も強くなった。

シラクは「来年秋にCTBTに調印するための核実験だ」と主張したが、詭弁にすぎないと一層の怒りを買った。オーストラリアはフランスとの防衛協力を凍結すると宣言し、ニュージーランドもフランスとの軍事関係の停止を宣言し、同国首相はフランスが国際世論を無視していると激怒した。

その後、一九九六年一月に行われた六回目の実験後、シラクは核実験の終結を宣言した。そしてCTBTの早期締結に向けて努力すると述べた。「フランスは世界の軍縮と欧州安全保障のために積極的な役割を果たす」と述べ、同年四月に開催された「原子力安全サミット」でロシアと共同議長を務めた。実験の回数が減ったのは強力な国内外の世論の成果であろう。しかし、自国の核抑止力を確認した後で、態度を豹変させたシラクの態度を渡邊啓貴は「複雑なヨーロッパ国家関係の歴史の渦の中で生き抜いてきたフランスの知恵」と評し、ド・ゴール主義の伝統とも呼んでいる。

その後シラクは軍縮を実行する。プルトニウムやウラン工場の閉鎖、ミサイル基地の閉鎖、地上核（潜水艦と爆撃機は残す）の全廃、兵力の削減、徴兵制の廃止などを二〇〇二年までに行うと発表した。これらは、イメージ戦略と、冷戦が終わったことで現実に見合った戦力に整備し直したため、といわれている。

また核実験の終結後、シラクはアメリカを訪問し、フランスはアメリカの信頼に足る同盟国であることを議会で演説した。同時に欧州の防衛は西欧同盟を中心に主体的に行うこと、換言すれば、アメリカが地上の軍隊を派遣できない地域ではヨーロッパがNATOを通じて十分に責任を果たすと述べた。それを前提とした米欧間の対等なパートナーシップを強調して、そのための大西洋憲章構想を提案した。アメリカは即答しなかったが、結果的に欧州共通防衛体制が進んでいくことになった。

3 ドイツ――シュレーダーの時代へ

†欧州統合と統一ドイツ

巨大な統一ドイツが出現することをすべての国が望んでいたわけではない。当然のことながら戦争で戦ってきた英仏は再統一を恐れていた。これらに統一を承認してもらうため、コールは今後もドイツがヨーロッパの脅威とならず、ECの一員としてヨーロッパ統合に尽力することをアピールする必要があった。

他方のフランスも、ドイツをこれまで以上にECの枠につなぎ止める必要を痛感して、ヨーロッパの政治統合を進める道を選択した。それがマーストリヒト条約の成立の背景にあると考える者もある。今後ヨーロッパは政治統合と通貨統合へと踏み出すことになるが、ヨーロッパの統合の深化が各国に少なからず苦悩を与えてきたことも示してきた。ドイツにおいても同じで、大きな問題の一つは通貨だった。というのも統一ドイツは統一のシンボルだった統一通貨の放棄という決断を迫られることになったからだ。

森井裕一によれば、冷戦終結からドイツの再統一という大きな国際環境の変化を受けてマーストリヒト条約と通貨統合が進んだが、そのプロセスは当然のことながら十分に準備されたものではなかった。ドイツでは国民投票に対する規定がないため実施されなかったが、しかしながらマーストリヒト条約は主権を国家から超国家機関へ、しかもかなり大きな権限を委譲することを予定しているのであるから国民投票を実施するべきだという議論も起こった。その後国民議会はマーストリヒト条約がヨーロッパの将来のために必要だと考え、むしろ国内制度を整備しなければならないという方向に議論が進んだ。

また、EUは共通通貨の安定にこだわって財政赤字に対する厳しい制限を導入国に課したが、このためにコール政権は福祉国家体制の見直しに着手せざるをえなくなった。この点は先のシラクの政策展開と似ている。

しかし、失業者の増大により社会保険料の負担が増大し、企業の人件費負担も重くなった。コールは企業に対する雇用規制の緩和と、社会保険料の引き下げによる人件費の削減を進めようとするが、これは労組の大反発を招いた。

†ドイツ再統一のコスト

一九九〇年一二月、統一後初の連邦議会選挙が実施され、CDU／CSUが四〇％以上の得票率を得て圧勝した。東西ドイツの再統一を牽引したコールが支持され、慎重だったSPDが負けた。同じく慎重な態度をとった緑の党は全議席を失った。新しいドイツでCDU／CSUとFDPによる新しいコール政権が発足した。

しかし統一の高揚感は長くは続かなかった。経済の統一は、国際競争力の高い西ドイツの企業が、競争力の低い東ドイツ側の企業をほぼそのまま吸収合併するという形で進められ、東ドイツの国営企業は民営化ないし売却された。しかしこの時、実際には企業閉鎖が相次いで、失業者が増加した。これらの失業者は再統一後のドイツの社会保障制度によって救済されることになるため、実際には旧西側から東側への大量の財政移転を伴い、財政を一気に圧迫した。

また旧西ドイツと比べれば、旧東ドイツ地域のインフラ整備は遅れており、法人税や（一定以上の所得税や法人税に課される）連帯付加税が増税された。当然のことながら旧西側の人々に不満を抱くものも現れた。さらに当初は統一を全面的に肯定していた旧東ドイツの人々も、企業や官公庁の指導的な地位を西からやってきた人たちが独占したこともあって不満が高まった。この頃、「オスタルギー」と呼ばれる、東ドイツ時代を懐かしむ態度や、旧西ドイツの態度を「傲慢」とみて、それへの反発感情が高まり、社会主義統一党（SED）の系譜をひく民主社会主義党（PDS）が旧東ドイツ地区で支持されて定着していくようになった。

さらに後述する旧ユーゴスラビアの内戦によりドイツへの難民庇護申請者が増加した。のみならずソ連・東欧からの移住者が急増した。一九九〇年代初頭から大きな問題となったのは、ネオナチによる外国人襲撃事件の続発であった。コール政権は一九九三年に基本法を改正して難民受け入れを制限したが、戦後の西ドイツでは、ナチスの過去に対する反省から難民の受け入れを率先してきた。それを放棄する方向に舵を切ったため、教会関係者や左翼系知識人から、「コールは道徳的責任を放棄する者だ」と批判された。

一九九四年の連邦議会選挙は中道保守が僅差で勝利するにとどまり、コール政権は存続したものの人気の凋落は明らかだった。さらに九六年になると、失業者数が四〇〇万人に近づき、失業率も一〇％を超え、コール政権への反発は一層高まっていった。

†赤緑連合政権の登場

こうしたなかで行われた一九九八年の連邦議会選挙は一つの転機となった。コールに対する批判が高まったなかでSPDが第一党になり、緑の党と連立を形成して「赤緑連立政権」（赤は左派政党の色で、緑は環境政党の色）が成立した。再統一、すなわち冷戦の終結からおよそ二〇年を待たずして、その喜びは消えた。アデナウアーの在任期間を越えて一六年間首相だったコールは退陣し、一九四四年生まれのG・シュレーダーが首相、一九四八年生まれのJ・フィッシャー（緑の党）が副首相となった。

過去一九七二年のブラント（SPD・FDP）政権、一九八二年のコール（CDU／CSU・FDP）政権における政権交代が、実質的にFDPがどちら側につくかで連立の組み合わせが変わって政権交代が起きてきたのに対して、この時は戦後初めて選挙による政権交代が生じた。国民による旧政権に対する拒否と新政権の選択が明確になされたという点で歴史的だった。その背景には、若い世代の台頭など「六八年世代」が政治の中心となったことがあるといわれている。

選挙戦においてSPDは首相候補シュレーダーらが先頭に立って「新しい中道」を訴えてドイツ経済の活性化をアピールし、新しいSPDのイメージを示すことに成功した。シュレーダーとフィッシャーの二人がまさに「六八年世代」で、コールのような戦後復興世代とは異なっていた。この時点をもって、「戦後ドイツ」の終焉を論じる者も多い。二人は従来の価値や伝統をそのまま継続することを拒んだ。新しい価値観が必要だと考えた。特に外相であるフィッシャーが属する緑の党は、新しい社会運動の中から台頭した。フィッシャー自身も当時は活動家であった。

SPDはこのとき二九八議席（四六議席増）を獲得し、一九七二年以来初めて連邦議会の最大会派となった。CDU／CSUは得票率四〇％を下回り、四九議席を減らした。緑の党とFDPはわずかに議席を減らしたが、旧東ドイツのPDSは三六議席を獲得した。

†シュレーダー政権の成果

選挙による戦後初の政権交代、新しい政治連合の誕生。人々は刷新を求め、求められたシュレーダーも積極的にそれを推進した。シュレーダーの最大の成果の一つは、国籍法の改正であるとされる。ドイツは高度経済成長期に主にトルコから多くの経済移民を受け入れてきたが、国籍については一九一三年の帝国時代から血統主義をとってきた。すなわち原則としてドイツ国籍は両親のどちらかがドイツ人であることが条件で得られるものであった。しかし、トルコから労働者としてドイツに移住した外国人が増加し、人口の一〇％弱が外国人であることを鑑み、従来の血統主義を変更し、両親のどちらかがドイツに合法的に八年以上滞在し、ドイツで出生した子どもはドイツ国籍を取得できるようになった。新しい国籍法は二〇〇〇年に発効した。

ただし、もちろん一筋縄ではいかなかった。(フランクフルトを含む)ヘッセン州議会は一九九一年以来、SPDと緑の党が連立政権を維持してきたが、一九九九年に予定されていた州議会選挙でCDU/CSUは国籍法反対を訴え署名活動を展開した。僅差でCDUとFDPが勝利し、(ドイツの場合、州議会選挙の結果が連邦参議院の構成にかかわるので)国政にまで影響を及ぼした。こうした外国人問題は、二〇〇〇年になると移住法の問題として継続した。何より国籍という移民・難民問題につながる政治課題を、署名という感情に訴える草の根の手法で、しかも大政党が展開したことは、現在のドイツにまで傷を残したように思えてならない。

対外政策の点では、一九九〇年の湾岸戦争では、軍事的支援を行わず財政的支援のみを行った。しかし国際的には評価しない声もあり、大国として積極的な関与を求める声もあった。少し脇道にそれるが、この点については日本に対しても同じような批判があった。しかし当時アメリカのブッシュ大統領は、アメリカ議会で「日本もドイツも敗戦国としての特別な事情があることを尊重すべきだ」と演説し、両国の戦争不参加の決意に対する理解を求めていた映像を記憶している。

当時ドイツで大きな問題になったのは、むしろ東欧革命に伴って勃発したユーゴ内戦であった。ユーゴ解体の直接的原因であるスロベニアとクロアチアの独立承認を独断で行ったこともあり、NATOが武力行使する時にはドイツ連邦軍を派遣することを決定し、実際に軍事行動に参加するようになった。批判を招き、ドイツにとって新しい問題が提起されることになった。

実際のところ、シュレーダー政権の勝利が確定した一九九八年九月二七日直後、退陣が決まったコールがSPD指導部や緑の党と協議して、コソボ空爆に参加することを決めたのである。ドイツがNATOのなかで空爆に参加することを、SPDや緑の党も認めたことは驚きだった。しかもロシアが国連安保理決議に反対していたので、国連決議のないままNATOが軍事力を行使することになる。コソボ、ボスニアなどで起きた人道的な悲劇を繰り返すわけにはいかないという認識がヨーロッパで共有されていたと考えられている。この後一九九九年にEUの議長国であったドイツはアメリカに依存しないEUの安全防衛政策に関する議論を主導していった。

4　ロシア——エリツィンの時代

†市場経済導入の混乱

ソ連は、ゴルバチョフ大統領の主導で一九九〇年に「五〇〇日計画」を採択した。本格的な市場経済導入の試みで、国有企業の私有化を柱とした。しかし、既得権益に固執したり、社会主義の否定を嫌ったりする政府内外の勢力の強い抵抗で実施されなかった。ゴルバチョフの威信は低下して、反改革勢力が台頭した。

五月になると、ロシア共和国の最高会議議長にB・エリツィンが就任し、翌年六月にはロシア共和国の直接選挙によって大統領に選出された。その直後の一九九一年八月には、改革に不安を抱くソ連共産党上層部がクーデターを起こすが失敗に終わる。もはやソ連は存在意義を失い、エリツィンのもとで一九九一年一二月には独立国家共同体（CIS）が発足した。ソ連が消滅した。

ソ連の消滅とともにCISは三つの経済改革を進めた。まず一九九二年一月から大部分の卸価格と小売価格の自由化を行った。第二にそれまで国家が独占していた外国貿易の自由化が進み、様々な規制も撤廃された。国民が保有するルーブルと外貨交換の自由化も進んだ。第三に国有財産の私有化が行われた。一気に市場経済への移行が進んだが、他方でそれに伴う弊害も顕在化した。

その最たるものは、一九九二年にハイパーインフレを招いたことだ。また外国貿易の自由化により西側の製品が流入して、国内製造業が圧迫され、国内製造業は経営が厳しくなった。さらに中小規模の国有企業や資産を査定し、それを売却する準備を進めたが、この過程で政治的な思惑が働き、売却される企業で働く労働者と経営者が有利な条件で自分たちの働く企業の株五一％を購入できるようにした。これは結局、企業経営に通じた一部の高級官僚や、何らかの手段でお金を貯めていた人たちに有利であったため、不平等が生まれた。

大半の国民は小切手の使い道もわからない状態だった。せいぜい小切手を換金して生活費の足しにしたり、投資信託に回したりする程度であった。しかもインフレのさなかで、国民の蓄財はすぐになくなった。

それまでは実質的に無償となっていた住宅などのサービスに格差が生まれ、その改善などを求めて、一九九一年三月には大規模な労働者のストライキが生じた。翌月には財政赤字の解消のために食料品が値上げされ、それに抗議する不買運動なども続いた。この傾向は一九九八年の通貨金融危機が起こるまで続いた。

†社会の変化

この当時変化したのは経済だけではない。ソ連時代の国民は、少なくとも失業の不安からは免れていた。社会主義体制下では国家からの予算で企業は労働者を多めに雇用できたので解雇することはまずなかった。それは効率の低下を招くが、それでも失業の不安はなかった。

またソ連時代、教育は無償であった。戦後まもなく一九六〇年にわずか一〇〇万人だった中等教育修了者は一〇年後には二六〇万人、二〇年後には四〇〇〇万人にまで急増した。大学が西側ほど増えなかったため大学進学者は多くなかったが、教育の機会が無償で提供されていた。体制の変化は、これらの制度を支える財政基盤を揺るがした。先のようなインフレにより経済が停滞すると、こうした教育や社会制度の財政基盤も脆弱になった。

しかし社会保障を含め、従来国家が介入していた制度を改革するための合意を得ることは困難極まりない。当然抗議運動が頻発する。横手慎二によれば、一九九一年のストライキ件数が一七五五件、延べの参加者数が二三万人強だったのに対して、翌年は六二三四件、三五万人強となった。この後ストライキ件数、参加者数ともに減少していくが、それは労働者たちがストライキでは問題が解決されないこと、経済全体の低迷を理解してきたからと解する者もある。

さらに欧米文化が解禁されたことで人々のライフスタイルは大きく変化した。一九九〇年代にマクドナルドのモスクワ一号店が開業し、その接客スピードに多くのモスクワの人たちが驚いたという。外国資本によるホテルや小売業が人口の多いロシアを中心に進出して、ショッピングモールなどができあがった。他国の小説や車、園芸などの雑誌なども販売されて、かつて許されていなかった個人の趣味が「解禁された」といっていい。

他の旧ソ連地域から都市部（モスクワ）に多くの労働者が流入したのもこの時期からで、合法、非合法を問わず、一九九〇年代には毎年数十万人にのぼったとされている。非ロシア系住民とロシア系住民の対立、事件が生じるのは二〇〇〇年代以降のことである。

逆に地方は人口が流出した。社会主義体制下では地方の充実がスターリン以後の重要課題であった。しかし経済の停滞、財政悪化によりそれが困難になると、人々はモスクワに向かった。農業人口自体はそれほど減ったわけではない。しかし集団農場制が意味をなさなくなり、個人農家が多く出現した。成功する個人農家がいるのに対して、農地を捨て都市部に向かう人も出た。

†九三年憲法体制

エリツィンが最高会議議長に就任した翌年の一九九一年六月に、彼は大統領にも就任した。ゴルバチョフが最高会議の議長となり、憲法における共産党の指導的地位を修正して間接選挙で大統領となったのとは異なり、エリツィンはロシア共和国の国民の直接選挙で大統領に選出された。そのため彼の権力基盤は強固で、ソ連共産党ともゴルバチョフとも対立できた。

大統領になると、彼を代表とする憲法協議会の創設が決まった。最初の論点は議会中心か大統領制かであった。さらに連邦制をどうするかなど問題は山積していた。特にエリツィンの右腕として最高会議議長に就任したR・ハスブラートフとエリツィンの対立が顕著になった。ハスブラートフは最高会議が政治の主導権を握るべきだと主張し、大統領主導を主張するエリツィンと対立した。

ゴルバチョフが大統領というポストを創設した時、従来からの最高意思決定機関である最高会議議長との線引きが曖昧であったということは指摘されるべきだろう。さらに双方が対立した時の有効な打開策も想定されていなかった。結局両者は一九九三年四月の国民投票で、エリツィンは(議会を迂回して)新憲法を採択しようとした。九月には彼は最高会議の機能を停止して、新しい議会である連邦議会(上院)と国家会議(下院)の選挙を年末に行うと宣言した。

旧来の指導者たちは抵抗したが、一〇月に議会勢力が立てこもっていた最高会議の建物を軍に砲撃するように命じた。いわゆる一〇月事件である。こうしてエリツィンは議会勢力の抵抗を黙らせて、一一月に大統領優位の憲法草案を公表して一二月に国民投票を実施した。賛成したのはわずかに五八・四%にすぎず、半数近くが反対するという不安定な状態で新しいロシアの体制が発足した。

不安定な権力基盤であったが、それでもソ連の歴史との決別が明文化された。

†エリツィンの時代

ロシア最初の大統領となったエリツィンは一九三一年に農民の子として生まれた。建設工場勤務を経て、三〇代半ばを過ぎた一九六八年に共産党の専従職員になった。その後、党のなかで頭角を表し、一九八五年にモスクワ市共産党第一書記、政治局員候補となった。しかしその後党の有力者と対立し、候補資格を失った。ここから彼はソ連に対する反体制的な勢力のリーダーとなっていく。一九八〇年代末にはゴルバチョフの改革路線を中途半端と批判し、人気を得た。また一九八七年には共産党指導部に対する批判でモスクワ市共産党第一書記を解任される。しかし一九八九年の初めての選挙で圧倒的支持を得て当選した。ロシア政治学者の溝口修平は、エリツィンがエリートからいったん外れ、アウトサイダーになったところにそのリーダーシップの特徴を見いだしている。

一九九一年にはクーデターに毅然と対抗して、国民的英雄となった。

新憲法の下で大統領になると、首相ないしその代行に日常的な行政を任せた。彼がソ連時代の共産党書記長と首相の関係を想定して大統領と首相の関係をみていたからといわれている。

また、議会は野党が中心であったし、自ら健康問題を抱えていた。日常的に政治に関わることが難しいことを十分にわかっていたのかもしれない。

エリツィンは、ソ連の改革が進むなかで、自らを「改革派」として正当化し、またソ連解体後、支持率が落ち始めても、反対勢力を一括して「守旧派」として排除した。こうしたリーダーの場合、サブとしての首相の仲介が重要になるが、首相の人気が高まると解任して、自分を護った。

また、新しい体制を作り上げる時期でもあり、国民投票を多用したリーダーだった。換言すれば、議会を迂回して大統領令で政策決定するスタイルだった。まだロシア社会は、ソ連時代の統制が解体し、組織化されていない大衆が登場したばかりで、政党は離合集散を繰り返していた。市民の政党に対する信頼も弱かったであろう。

†対外政策をめぐる論争

冷戦が終わると、ロシアは対外政策を根本的に見直す必要に迫られたが、当然のことながら混乱した。まずかつて一部の人が掌握していた対外政策決定を、いきなり話し合って決定するという点に混乱のもとがあった。第二にゴルバチョフ時代に西側と友好関係を保ったことで、新しい情報も数多く入ってきた。これが一層の混乱を招いた。新しい情報、体制のなかで誰も正解を見いだせなかった。

一九九二年には有識者会議を開催して、西側に対して対立か協調かいずれの路線を採るべきか話し合ったが、意見の相違が明らかになるだけで集約はできなかった。ここでは旧ユーゴスラビア紛争が現下の問題として論点となった。ロシアは、伝統的に仲の良いセルビアに好意的であったが、欧米は別のグループを支持していた。むしろロシアの意見は無視されていた。

こうした問題は、ロシアがどこを向くかという深い問題に関わっていくことになる。先進地域としての欧米か、ヨーロッパとアジアを結ぶ大国としてのロシアという独自性を主張すべきか。さらに、旧東欧や旧ソ連を構成した諸国との関係をどう再定義するのか。ロシア以外の旧ソ連諸国に暮らすロシア系住民たちは、ロシア人としてのアイデンティティを強く感じている人も多く、ロシアへの物質的援助を求めた。ロシア国内にも援助を支持する声は強く、ここに中国との関係をどうするかという問題も絡んでくる。国内での議論が先鋭化していった。

エリツィン自身は、欧米との協力関係を重視し、Ｇ７はＧ８に拡大されてロシアが加わることになった。選挙の結果、再び勢力を強めてきた旧共産党系政党に対抗するために、西側との協力は不可欠だと考えていた。他方で彼は一九九九年一二月に中国を表敬訪問している。これは国内世論の対立を背景に、エリツィンは西ばかり重視しているという批判に応えるためのものだったといわれている。

しかし、結局旧東欧諸国がNATOに加盟したことでロシア内では、逆にロシアが国際的に孤立するとして、不安視する声が高まった。東欧諸国は東欧諸国で、ロシアの混乱をみてNATOの庇護を求めたのである。こうしてロシアはEUとパートナーシップ協定を結ぶなど協力関係の構築に力を注ぎながら、一九九九年三月にNATO軍が国連決議なしでセルビア空爆を決定すると、ロシア国民の間には反欧米感情が高まっていった。

エリツィン時代のロシアは体制移行の混乱期であった。度重なる首相の解任により政治が行き詰まるなかで、一九九九年一二月三一日、突然エリツィンは自らの辞任と後継を発表した。第一にエリツィンの健康不安が原因だとされているが、エリツィンは在任中にたびたび汚職やスキャンダルの噂があった。自ら長く職務をまっとうできないなら、自分たちを守ってくれる後進を指名しておきたいという思惑もあったと小島敦は論じている。

5　東欧革命

†東欧革命とは

一九八九年の夏以降、ポーランド、ハンガリー、東ドイツ、チェコスロバキア、ブルガリア、ルーマニアにおいて、共産党政権が崩壊した。これを一般に東欧革命という。中村平八によれば、ルーマニア以外では無血革命であったこと、担い手がいわゆる市民であったことが特徴として挙げられる。しかし、その後特にユーゴスラビアでは史上最悪ともいえるほどの民族対立が生じた。これらの冷戦後の旧東欧・ロシアの民族対立を含む東欧の変容を本節では取り上げたい。

東欧諸国では建国時からソ連の介入を後ろ盾にしたスターリン主義型社会主義が存続した。ソ連の介入から自立し自主管理社会主義を謳ったユーゴスラビアも共産主義者同盟による一党独裁の国であることには変わらなかった。そのスターリン体制が東欧各国の市民の力で打倒され、共産党一党独裁体制から民主化を進め、複数政党による議会制民主主義の実現を目指した。

その背後には一方でソ連による支配、抑圧に対する市民の反発、他方で一部の共産党エリートが富を独占する腐敗した体質に対する怒りがあった。ルーマニアではN・チャウシェスク、東ドイツではホーネッカーらの贅沢な生活が暴露され、市民の共産党に対する怒りが爆発し、憲法に記されていた「共産党の指導性」規定を軒並み削除させた。チャウシェスクは処刑され、ルーマニア共産党は消滅した。ハンガリー社会主義労働者党は、新綱領を採択し、社会党と党名を変えた。ポーランド統一労働者党は、党解散大会を開き、ポーランド共和国社会民主党（SdRP）を結成した。

政治学者のJ・リンスとA・ステパンは、こうした移行期にある旧スターリン体制の国家を「ポスト全体主義」と呼び、変動の要因を、第一に共産党の過信と、それに対する国民の不信、第二に、党（エリート）自らが、消し去られることに恐怖を覚え、他の政治体制との共存を志向したからだと説明している。以下、いくつかの例をみよう。

†ポーランド

東欧革命の先陣を切ったのは一般にポーランドといわれる。ポーランドでは一九六〇年代以降、デタントが進むなかで経済発展のために積極的に西側からの技術移転を受け入れていた。それによって急激な経済成長を遂げた。さらに一九六〇年代までポーランドを支配していたW・ゴムウカが一九七〇年に辞して、後任のE・ギエレクが積極的な経済政策を進めた。一九七一年から七五年の経済成長率は五・二%から九%へと急速に発展し人びとの生活水準も著しく向上した。しかし、このため、ポーランドは多大な対外債務をかかえることになる。

一九七〇年代後半になると、石油危機の影響で西側経済が停滞したことの煽りを受けて、ポーランド政府はおよそ一・五倍に小売物価を引き上げてこれに対応しようとした。しかし大規模なストライキが発生し、政府はこれを撤回せざるを得なくなった。この債務の穴埋めを西側からの借り入れで補ったものの、そのため累積債務は一九八〇年までに二〇〇億ドルに達し、デフォルト（債務不履行）の危機に陥った。

一九八〇七月に食肉価格の値上げを政府が強行すると、労働者の賃上げを要求するストライキに発展した。このリーダーがL・ワレサである。ワレサらは、政府（共産主義）とは別の自主的な労働組合の結成、ストライキの権利、表現の自由などをギエレク政権に認めさせた（グダンスク協定）。労働者の運動は勢いを得て広がり、ギエレクは辞任し、ワレサを長とする自由な組合である「連帯」が九月に結成された。しかし、ソ連がこれを認めなかった。

山本健によれば、時期的には新冷戦の真っ只中である。西側の態度もソ連の軍事介入を防ぐべく、また慎重であった。そのためポーランド政府は戒厳令を公布し（そのおかげでソ連はポーランドに任せて介入しないこととなった）、「連帯」のメンバーは強行的に逮捕され、「連帯」は地下組織と化した。

一九八一年にギエレクから代わったW・ヤルゼルスキが戒厳令を進めた張本人であった。その後もグダンスク協定を無視したまま「連帯」を抑圧しつつ、物価引き上げなど経済改革を進めたが、生産性は前年比一〇％程度低下して、しかも労働者のストライキは続き、闇市が広がった。もはや一九八八年の段階では、「連帯」が要求する改革を容認する以外の選択肢は残されていなかった。ここから「連帯」との円卓会議が始まる。四月には労働組合の複数化を認め、政治組織の複数化を認めた。その合意に基づいて、六月には複数政党制による選挙が実施された。この時に一党独裁体制が終わり、すなわち東欧革命がはじまったと理解される。

市川顕によれば、一九八九年に就任したT・マゾヴィエツキは同年九月に「連帯」を中心とした組閣を行い、これにより初の非共産党系政権が誕生し、ポーランドを支配してきた統一労働者党は一九九〇年一月に解散した。同年一一月二五日および一二月九日には、大統領選挙が行われた。一一月二五日の第一回投票には六名の候補者が名を連ねたが、過半数を獲得した候補者がいなかったため、四〇%を獲得した「連帯」のワレサと二三・一%を獲得した無所属のS・ティミンスキが第二回投票に駒を進めた。一二月九日の第二回投票では、ワレサが七四・三%と圧勝し、東欧革命後初のポーランド大統領に就任した。

†ハンガリー

ハンガリー事件の後、政権を握ったカーダールは、前述の通り、当初、反体制派を激しく弾圧した。他方で、やはり一九六〇年代半ばを過ぎると、ポーランドと同様に、一党支配の枠組みを堅持しながらも、社会主義経済に部分的な市場原理を導入するなどの経済活性化を進めた。この時期の西欧との接触傾向は、東欧諸国の全般的傾向といっていいだろう。それだけ東欧の小国は行き詰まっていた。

荻野晃によれば、一時的に、この頃のハンガリーを、東欧で最も寛容な社会主義国と称することもある。また、カーダールは一九六八年の「プラハの春」では軍事介入を回避しようとしたともいわれている。最終的には東側陣営全体の安定を優先させ、ワルシャワ条約機構の軍事介入への参加に踏み切ったが、先のポーランドの「連帯」をめぐる戒厳令（一九八一年）の時には、カーダールは、ハンガリー事件の経験をもとに、ソ連による軍事介入という最悪の事態を防ぐため、ポーランド統一労働者党の指導者たちに自力で解決するよう、つまり強硬姿勢（戒厳令）でのぞむよう説得した。

一九八〇年代半ばになると、やはりインフレ、累積する対外債務がハンガリーでも深刻な問題となった。危機の打開には、抜本的な改革が不可欠だった。しかし、高齢のカーダールは改革を躊躇した。ソ連共産党書記長に就任したゴルバチョフは内政干渉を避けつつも、ハンガリーの変革を促進するため何度もカーダールに引退をすすめたという。最終的にカーダールは一九八八年五月に書記長を辞任した。

カーダールの退陣後、民主化の動きが加速した。カーダールの後任にはより急進的な改革を目指す一派も政治局入りした。それ以降、ハンガリー事件に関する歴史的評価の見直しが始まった。こうした歴史の見直しが社会主義批判へと結びついていく。その後ナジの名誉回復がなされて、再埋葬式が開催された。逆に反対した側のリーダーは失脚した。

一九八九年に入り、複数政党制が公認された。当時、すでに在野組織の組織化が進んでいた。

六月にはこれらの勢力が今後の政治について話し合う円卓会議の開催に合意し、九月に自由な総選挙を実施することで合意した。

一九八九年の前半にハンガリーとポーランドで始まった民主化の動きは、同年秋以降に東ドイツ、ブルガリア、チェコスロバキア、ルーマニアにも波及し、これが五月のオーストリアとの国境に貼られていた鉄条網の撤去、そして東ドイツとの国境開放など、一連のベルリンの壁崩壊につながることになった。

†チェコスロバキア

チェコスロバキアにおいては、東欧の体制変換の波のなか、共産党は一九八八年から自己改革を試みたがうまくいかず、一九八九年一一月に社会主義体制が崩壊した。その後、初の自由選挙までの諸改革は、共産党と反体制派が代表を送る円卓会議で決定された。もともと第一次世界大戦後にチェコとスロバキアが一緒になって独立したのち、ナチスにより解体され、ソ連により解放された経緯がある。よって反体制組織はチェコ派、スロバキア派と別々に組織された。

一九九〇年六月の選挙で民主化への回帰、市場経済への回帰が示されたあと、具体的方法をめぐって政治勢力が再編成された。チェコ派では主に社会経済問題、スロバキア派では連邦制の見直しが重要な争点となり、憲法制定や歴史の見直しのなかで、双方の意識のずれが顕在化するようになった。

そもそも各共和国に国民議会が存在する分権的な連邦システムを採っていた。共産党が権力を失えば、横断的な全連邦レベルでの意思決定が困難なことは自明であった。

一九九二年六月に選挙が行われ、チェコでは急進的な経済改革を志向する社会民主党、スロバキアでは自治の強化をもとめる「民主スロバキア運動」が勝利した。しかしその後連立合意が形成できず、双方の党首の話し合いによって連邦解消が平和裡に決定された。

独立後は、チェコが過去との連続性を意識した国家形成を志したのに対して、スロバキアは新独立国家の意識を強くもった。チェコは代議制民主主義を徹底し、スロバキアは大統領、首長の直接投票、国民投票など直接民主制を意識したとされる。

†ユーゴスラビア

他方で、より複雑で悲惨な歴史をたどったのが旧ユーゴスラビアである。この国は地理的にかつての西ローマ帝国と東ローマ帝国（その後オスマン帝国）をまたぐ、アジアとヨーロッパの接点に位置し、それゆえ異なる政治文化を有した。

第一次世界大戦後、ユーゴスラビア王国が建国された。この時からすでに北部のクロアチア人、中・南部のセルビア人の対立を抱えていた。一九二八年六月にはクロアチア人リーダーがセルビア人議員を国会で銃撃したり、一九三四年一〇月にはセルビア人の国王が暗殺されたりするなどを経て、混乱のままナチス・ドイツに併合された。国を統一したのは、第二次世界大戦後、J・ティトー率いるユーゴ共産党である。

その後「自主管理」と非同盟外交を柱とする「ティトー主義」がこの国を導いた。共産党、人民軍を中心にした一党独裁体制ではあったが、やがて各共和国や自治州に権限が移譲された。しかし一九八〇年五月のティトーの死後、スロベニア、クロアチア、ボスニア・ヘルツェゴヴィナ、セルビア、モンテネグロ、マケドニアの六つの共和国とヴォイヴォディナとコソボの二つの自治州から選出された八名の代表からなる連邦幹部会が発足すると、リーダーシップが欠如し対立が再燃した。

特にS・ミロシェヴィッチ（セルビア）が「大セルビア主義」を訴え、一九八九年までにセルビア、モンテネグロ、ヴォイヴォディナ、コソボの実権を掌握すると、スロベニアとクロアチアでは分離独立運動が高まり、一九九一年六月に独立を宣言した。ここにユーゴ人民軍が進撃し、クロアチア内戦が勃発した。

クロアチア内のセルビア人（一割）が自治区を設立して内側からクロアチア政府を攻撃し混乱したが、一九九五年にクロアチアが攻勢に転じ、一九九八年にセルビアを編入していったん小休止をえた。しかしさらに悲惨だったのは続くボスニア内戦である。

ボスニアでは、もともと一九九〇年の選挙でムスリム人、セルビア人、クロアチア人の民族主義政党が八割の議席を獲得していた。彼らの将来構想は異なり、一九九一年の憲法改正論議でユーゴから独立するか残留するかの意識の相違が顕在化した。ムスリム人が独立を宣言したことで、三つ巴の内戦が始まる。反主流派も加わり、複雑化した。

これにNATOが一九九五年八月末から本格的に空爆を開始したことにより、国際問題に発展し、EU、アメリカを巻き込む事態となった。一〇月に休戦協定が結ばれ、その後各国代表によりアメリカ、デイトンで和平交渉が行われてデイトン和平合意が結ばれた。ボスニアの統一が形式的に保たれつつ、ボスニア連邦とセルビア人共和国という実権を有する二つの政治体が置かれた。

また、旧ユーゴに残留したセルビアとモンテネグロはユーゴ連邦を名乗るが、セルビアに存在した自治州コソボでは独立を求めたグループによるテロ活動が活発化し、一九九九年三月から再びNATOが空爆を開始して、その後モンテネグロ、コソボも独立して現在に至っている。

†ロシアの民族紛争

現時点の状況を鑑みると、旧ソ連、ロシア内の民族紛争も落ち着いていない。特にチェチェン・イングーシ自治共和国における対立が激しいものになっている。ここは先住民族のチェチェン人が多く、さらにイスラム・スンニ派（原理主義的で攻撃的なグループも多い）の影響が強い。

チェチェンはソ連時代末期の一九九〇年八月に主権を宣言し、ロシアとの連邦条約を拒否する姿勢を早くからみせていた。それを指揮したD・ドゥダーエフは一九九一年一〇月の大統領選で、九〇％を超える得票率を得ていた。しかしドゥダーエフは独立を主張しつつ、ロシア人も内閣に含める妥協的な政策を主張したため、完全な独立を主張する急進的独立派が反発した。当時のエリツィンは態度を強硬化し、一九九四年一二月に第一次チェチェン紛争が勃発し、アル・カイーダも参戦し、多くの義勇兵が集まった。イスラム過激派のテロが各地で頻発して一〇万人以上の市民が犠牲になった。一九九六年八月にドゥダーエフが死亡し、ようやくハサヴュルト合意で休戦協定が結ばれた。

しかし次のA・マスハードフが連邦政府との関係改善に動いたことに対して、反対派は「イスラム国家」の創設を求め、モスクワでテロが生じるようになった。プーチンが一九九九年に攻撃をしかけて、主要なリーダーを一掃した。プーチンの強硬策が支持を得るようになったきっかけといわれることもある。

なお、二〇〇三年に穏健派のA・カディロフが大統領に当選したが、翌年暗殺され、二〇〇七年にはプーチンの後押しを受けた息子が大統領となり、ロシア軍は撤退した。共和国の再建へ動いているが、なおも治安当局による拉致や拷問が続く。ロシアにとってはわずかではあるが石油を抱える地域だけに手放すことも困難である。

コラム5　元祖「チョイ悪」？

一九九一年三月二日、フランスの作詞、作曲家であり、歌手、映画監督、そして俳優でもあったセルジュ・ゲンズブールが亡くなった。私が彼のことを知ったのは一九八〇年代後半で、大学生の頃、東京・国立駅前のアンティークな喫茶「邪宗門」で本を読んでいた時、ジェーン・バーキンの「Je t'aime...Moi non plus」が流れてきて、「なんだ、これは？」と気になり、早速店員さんにCD（CDの出始めだった）を教えてもらい、取り寄せて聴いてみた。

ジェーン・バーキンの曲は大好きになり、来日のたびにコンサートにも通ったが、どうもその背後にあるゲンズブールのことは、当たり前だが、当時（今も）純情な私には全く理解できなかった。当時はむしろ馴染めなかった。しかしその後某大手百貨店のCMに彼が登場するようになり、今でいう「チョイ悪」なところにちょっと「カッコイイ」と魅せられてしまった。さらに時を経てかつての同僚のフランス憲法学者である石川裕一郎が、飲みながらゲンズブールのことを熱く語っているのを聞いて、やはり馴染めないところを多く感じながらも、その影響力を一度考えてみたいと思うようになった。

音楽や映像を集めて調べていると、必ずしも彼がフランス政治に強い影響を受けたとか与えたというわけではなさそうだが、父はウクライナ生まれのロシア系ユダヤ人で、ロシア革命後の内戦時に国外逃亡してパリに逃げる。フランス国籍を取得するが、ゲンズブールが一二歳の時ナチスが侵攻し、ヴィシー政権下で少年ゲンズブールは三日三晩森に隠れるなどして戦後まで逃げたようだ。こうした背景がどの程度影響しているかわからないが、一九七九年にはフランス国歌をレゲエ風にアレンジした曲を出して、大切な国歌を小馬鹿にしたと感じた右派の活動家が騒ぎ出して、コンサートが中止になったことがあった。また一九八四年には当時の多額の税金に抗議して、テレビの生放送で紙幣を燃やしたこともあったようだ。

二〇一五年にパリで大きなテロが起きた時、フランスの人たちはみな国歌を口にして団結した。その大切な国歌をアレンジしてしまうところや、堂々とテレビで紙幣を燃やして国の政策に抗議するなど、反体制的な一面もあったようである。しかし例えば、その後の講演で最前列に右翼が並ぶなかで国歌をちゃんと歌うなど、ゲンズブールにとって政治のイデオロギーや国家というものは軽い遊び道具のようなものであったのかなと感じたりもした。まさに「チョイ悪」の遊び心。その彼が今なおフランスで語り継がれていることに、フランス本来の政治文化の根っこがあるような気もするのだ。

第 六 章

グローバル化の時代

(2000年代)

ウラジーミル・プーチン

第六章関連年表

年号	出来事
2000	ロ5月　プーチン大統領就任 9月　デンマーク　国民投票でユーロ導入否決
2001	1月　ギリシャ、ユーロ導入 9月11日　アメリカ同時多発テロ
2002	英9月　イラク戦争に同調、反戦集会 4月　国民戦線ルペン、決選投票で敗退
2003	3月　イラク戦争
2004	3月　マドリード列車同時爆発テロ 5月　EU東方拡大（25カ国） 10月　欧州憲法条約調印 11〜12月　ウクライナ オレンジ革命
2005	仏5月　国民投票で欧州憲法条約批准否決 蘭6月　国民投票で欧州憲法条約批准否決 英7月　ロンドン同時爆破テロ 独11月　メルケル政権
2007	1月　EU27カ国へ拡大 仏5月　サルコジ政権 英6月　ブラウン政権 8月　サブプライム・ローン問題発生 12月　EU首脳会議、リスボン条約調印
2008	2月　コソボの独立宣言 9月　リーマン・ショック
2009	10月　ギリシャ、財政危機発覚 12月　リスボン条約発効
2010	5月　キャメロン政権 5月　ギリシャ第一次支援等

	イギリス	フランス	ドイツ	ロシア
相違点	左派政権から右派政権へ	右派政権の連続	左派政権から右派政権へ	プーチンの台頭
共通点	ユーロ危機、テロと既成政党不信の蔓延			

表9　2000年代のヨーロッパのバリエーションと共通点
出典：筆者作成

本章ではおよそ二〇〇〇年から二〇一〇年あたりを区切りとしてヨーロッパ政治を概観する。この時期、アメリカ同時多発テロの支持、不支持をめぐってヨーロッパ主要国の政治は揺れた。それも一因として各国では政権交代が生じていく。一九九〇年代に左派が復権した英独では右派政権に戻っていく傾向がみられ、右派政権が強かったフランスでは右派のままシラク政権からサルコジ政権に代わる。新自由主義的な市場競争ありき、そのなかでどういう政策を選択するのかが焦点となる。

市場競争ありきの政策は格差を拡大し、しばしば弱者の反抗を招いた。そのなかで右派政権が左派的政策を選択すれば、政治不信が蔓延し新党が一層支持された。

そしていよいよ一九八〇年代以降の新自由主義的マネタリズムによるバブルが崩壊し、リーマン・ショック、さらにギリシャの財政破綻が明らかになってユーロ危機に突入する。冷戦終結以降台頭した新自由主義的政策、換言すればグローバル化への対応の負の面が顕わになったのである。他方でロシアでは長きにわたる混乱のなかでV・プーチンが登場し、強いリーダーシップを発揮するようになる。

1　イギリス――ブレアの時代

†第一次ブレア政権

不人気ながらもメージャーの任期満了によって一九九七年五月に総選挙が行われた。経済は一九九二年のERM離脱以降回復傾向にあって、九四年以降年三％の成長をみせていた。しかし選挙結果は保守党の歴史的大敗で終わった。最大の要因は、労働党の新しい党首ブレアが「強いリーダー」と映っていたことにある。ブレアとブラウンは改革派として低迷していた労働党を立て直すことを期待され、労組の影響力を排除し、党（首）のリーダーシップをサッチャー時の保守党のように強化した。また労働党でありながら市場のダイナミズムを評価し、中道方向へ党を導いた。特に労働党の最重要条項と目された第四条（国有化条項）を改訂するなど党内改革に成功し、「ニュー・レイバー」「第三の道」と呼ばれた。

近藤康史によれば、ブレアは内政をブラウンに委ねた。また政策決定についてはアドバイザーを多用し、個人的な人気を根拠にメディアを利用して政局運営した。「大統領制化」した首相の一人といわれている。

また、金利政策をイングランド銀行に移譲し、金融政策の揺らぎから自らの信用を守った。増税も進め、燃料類、たばこなどターゲットを絞って再分配を強化もした。就労支援としてのワークフェアの推進は、すでに以前からイギリスで行われていたが、ブレアの代名詞のようにみなされている。ただしこうした政策はブラウン主導であった。

この時期のブレアの最大の成果は、外交における北アイルランド和平であろう。北アイルランドはどこに帰属するのか。イギリス残留（プロテスタント）か、それともアイルランド併合（カトリック）か。議論は難航したが、就任の二週間後にベルファストへ向かい、円卓会議方式でカトリック、プロテスタント各派を説得した。住民の意思を尊重すること、その限りにおいて北アイルランドがイギリスに残留するという和解案を打ち出し、さらに北アイルランド議会の設置と自治を認めた。そして北アイルランド、アイルランドとも国民投票でこの和平案を受け入れたのである。

また対外政策においては、一九九九年コソボ空爆時のNATOでリーダーシップを発揮し、「ブレア・ドクトリン」という介入五原則を発表した。

†第二次ブレア政権

二〇〇一年六月の総選挙では、労働党は四一二議席を獲得し、ブレア政権は二期目へ突入した。順調な経済、就労の増加、貧困層の底上げなどが高く評価された。しかしこれら内政における成果を、有権者はブラウンの成果とみなしていた。そのためブレアは自らの仕事を内政にシフトしようとした。そのさなかでブレア政権は二〇〇一年九月一一日（アメリカ同時多発テロ）を迎えた。このため彼は結局第二期も外交中心にならざるをえなくなった。

同年一〇月、アメリカのブッシュ政権はアル・カイーダを匿うタリバーン政権下のアフガニスタンを攻撃した。ブレアも難民に対する人道的目的を理由に同調し、各国から合意を得られるように動いた。ここには国際関係におけるイギリスの影響力を発揮するという目的があった。ただしこの問題を、彼を囲うアドバイザー中心の政治運営で決定してしまうことには、さすがに外部から疑問が呈された。「これは人道目的ではなく、対テロといえども戦争をしかけているのではないのか」という当然の疑問だ。さらに翌年、アメリカは、フセイン支配下のイラクへ攻撃を開始した。これにもブレアは同調した。しかし、今度はさすがにイギリス国内で大きな批判の声が挙がった。彼が参戦を正当化した理由である「大量破壊兵器」の証拠はどこにあるのか。二〇〇三年二月にはイギリス史上最大規模の反戦デモが生じた。ブレアは「ブッシュのプードル」と呼ばれ、この頃からブレア人気は急速に陰りをみせ始めた。その後「大量破壊兵器」も根拠がなく、同調した理由を「イラクが行っている非人道的政治への介入が必要」という「倫理外交」に転換し始めるが、説得力を欠くと批判され、その提唱者であった元外相のR・クック院内幹事が辞任した。

アメリカの保守派は「イラク戦争に国際的支持は不要」と主張したが、他の西欧諸国は「大量破壊兵器が見つからない以上、攻撃する理由がない」と主張し、イラク戦争に対する国際的世論は分断した。ブレアはその架け橋になろうとしたが、アメリカが一層単独行動を強め、さらにフランスが反米的立場を強め、戦争を開始するための国連安保理決議に拒否権を発動したため、架け橋になることがより難しい状況に追い込まれた。

ブレアはこのとき国際的合意を無視して、親米派に回ってイラク戦争に参戦することを決定した。このため国内では彼を支えるはずの労働党で一三九人が反対した。一五〇年間の歴史で最大数の反対だった。実際に戦争が始まると支持率は回復したが、一時三〇%台にまで低下した。よく知られているように、問題の「大量破壊兵器」はみつからず、ブレアや側近に対する批判が高まった。この見解を支えたD・ケリー博士が自死すると世論の批判が高まり、労働党自体の支持も急落し、党の顔をブラウンにという声も高まっていった。このなかで二〇〇五年にブレアは「最後の任期」を公言して総選挙を戦い勝利するが、側近たちはすでにブラウンを支持し始めていた。

†第三次ブレア政権からブラウン政権へ

しかも「第三期」ゆえこれ以上の長期政権になることはないとみなされ、政権運営は苦労した。まず二〇〇五年七月にはロンドンでテロが生じたことで支持が低下した。また翌年六月にはイスラエルのレバノン攻撃に対する国連の停戦決議に反対し、またもや「ブッシュのプードル」と批判された。結局二〇〇七年六月にブレアは党首、首相の座をブラウンに譲った。

二〇〇七年六月にブラウン政権が成立し、サッチャーからメージャーの交代の時と同じように、議会重視を打ち出して大統領制型リーダーシップを廃した。就任直後は支持率が回復したものの、総選挙を先送りするなどのやり方に、やはりメージャーと同じように、ブレアのようなリーダーシップに欠けるとの声が徐々に高まっていった。同時にこの時、保守党に三九歳の若き党首、D・キャメロンが選ばれた。二〇〇八年五月の地方選、ロンドン市長選、下院補選でブラウンは三連敗を喫した。

二〇〇八年九月になるとリーマン・ブラザーズの破綻による金融危機がヨーロッパを襲った。その全般的な脅威は次節で論じるが、経済通のブラウンは「経済戦時内閣」と銘打ち、金融機関へ公的資金の注入を発表し、各国へ財政出動を呼びかけた。いったん支持率が回復したが、ギリシャ問題などによりユーロの信用が揺らぐと、ここまでのイギリス経済を支えてきたブラウンに対する信用も急落した。

結局二〇一〇年五月の選挙で保守党に敗北し、保守・自民連立政権が成立した。ブレアという大物政治家の後で目立たなかったブラウンであるが、ただし彼の業績を過小評価すべきではないとの評価が現在は一般的である。というのもブラウンの政策をキャメロンが多く引き継いでいたからである。

†キャメロン政権へ

二〇〇八年までイギリスは金融政策による長期のバブル好景気時代だった。逆に製造業は停滞し社会的格差の拡大や治安の低下、若者や移民の失業が問題になりつつあった。それでもイギリスは、バブルによる好景気を続けた。それがリーマン・ショックで一気にはじけ、これがブラウン政権への最大の不信感となり、保守党キャメロン政権を誕生させた。

池本大輔によれば、キャメロンは一九六六年生まれで父は会社役員、母は貴族の出である。オクスフォード大学でもエリートコースを歩んだ。ただ真面目一辺倒でもなく、オクスフォードの裕福な家庭の子弟だけの集まりで、しばしば泥酔して町を荒らすロンドンクラブの一員で、大麻を服用して処分されたこともあったようだ。

大学卒業後に保守党の研究局で勤務し、メージャーのアドバイザーを務め、その後蔵相アドバイザー等を歴任する。二〇〇一年に初当選し、そして早くも二期目の二〇〇五年にブレアに三連敗を喫した保守党立て直しのため党首となった。四三歳のときである。出身階級、さわやかさなどでブレアと対比される若き党首である。

ただしブレアほど党の改革に成功したとはいわれていない。また子供を重度の脳性麻痺で早くに亡くした経験がありNHSの維持には熱心だった。また結局二〇一〇年選挙では勝つことは勝ったが、過半数を獲得できず、自民党との連立に積極的に対応するなど、何がやりたいのかよくみえない党首ともいわれた。

キャメロン政権は「大きな社会」を打ち出し、社会の立て直しを打ち出す。すなわち「格差社会」や「モラル低下」を改善する。そのためには政府の力ではなく、むしろ政府の役割は小さいまま（小さな政府）で、慈善団体の力（大きな社会）を通じて立て直す必要があると訴えた。イギリス社会の持つ力量に期待をした。そして失業者に対する求職者手当を削減し、働くことのほうが有利な制度を――これはブレアのワークフェアと一貫していた――進めた。しかし格差社会の改善は難しく、のちのEU離脱への引き金を引いてしまうことになる。

2　フランス――サルコジの時代へ

†第三次コアビタシオンの中で

二〇〇〇年、左派のジョスパン内閣の主導で大統領の任期が短縮された。これは大統領選と国民議会選挙を同じタイミングで行うことによってコアビタシオンの発生を減少させようという目的のためであった。しかし右派と左派の一進一退は続いた。翌二〇〇一年の地方選挙では、市長の数から見れば右派が巻き返した。しかし一九七七年にシラクが就任して以来右派が守ってきたパリの市長は社会党となった。多くはパリテ法などジョスパン内閣の政策に対する評価の高さに負っていた。

こうしたなかで翌年に行われた大統領選は、シラクとジョスパンの一騎打ちと目されていたが、決戦はシラクとFNのルペンとの争いとなり、改めてフランス社会に移民問題や若年層の雇用問題などについて不満を抱く層が幅広く存在していること、それを吸収したのが既成政党ではなかったことを思い知らせた。FNに対する支持は移民や失業問題を抱える、治安の悪い大都市郊外地域で高かったからだ。

またFNも、もはや過激な言葉で移民排斥を訴える極右政党というよりも、「グローバル時代を迎えたフランスが生んだ新しい右翼勢力」とソフトな主張へ戦略を転換し、社会格差が解消されないまま硬直化したフランス社会を変えることができると主張した。実際に当時のフランスの政治社会は、ジョスパンとシラクの五年に及ぶコアビタシオンのなかにあり、このままでは大きな変革を期待できなかった。双方の政策論争を欠き、妥協した「出来レース」といわれたし、スキャンダルも多かった。また大統領選を前に凶悪犯罪が相次ぎ、治安政策が注目されたが、ジョスパンが「私はこの問題に慣れていない」と発言し争点化できないことを露呈したのも社会党には痛かった。

シラクとルペンの戦いとなった決選投票の前にはFNに対する反極右デモが生じた。デモは「シラクに対する支持ではないが、共和主義を護るためにシラクに投票を」と呼びかけ、その結果シラクが勝った。その後の国民議会選挙でシラクの下に右派が結集した与党UMPは大勝し、シラクは治安対策、財政再建、失業・雇用対策等に乗り出したが、社会保障費等がかさんで、財政赤字はマーストリヒト基準を上回り、失業率も五年ぶりに一〇%を越えて、二〇〇五年には二四九万人に達し、もはやシラクの限界がみえてきた。

†同時多発テロと欧州憲法条約の批准拒否

右派の人気に陰りがみえるなかでアメリカ同時多発テロが生じた。シラクは発生と同時にアメリカ大統領の執務室を訪問した。しかしその後の「戦争」には断固反対し、ドイツのシュレーダー首相とともに「欧州大陸を「和平の砦」とする」と宣言した。就任当初核実験を強行したシラクが外交で最も目立った時であった。そして国連による査察を延長したり、「戦争に入るには時期尚早」、「国連安保理の承認のない戦争は合法的ではない」、「武力行使には査察の結果を受けた「二段階決議」が必要」と訴えたりした。

シラクは決して反米派ではないが、ド・ゴールと同じように、アメリカとの対等な関係を築こうとしていた。万が一大量破壊兵器がみつからなければ、フランスをアメリカの「不当な戦争」に加担した国にしてしまう。押村高によれば、シラクはこの戦争に加担することで欧米対イスラムという文明の対立を現実のものとしてしまうのではないかと懸念したという。

しかし米英はイラク戦争へ突入した。そのため二〇〇三年のイラク戦争開戦直後には、戦争を嫌ったフランス国民からシラクは支持され、支持率は七五％に回復した。

欧州統合について、統合の推進を旗ふりしていたシラクの汚点は、二〇〇五年に生じた欧州憲法条約の国民投票による批准の拒否であった。EUが市場統合を超えて政治統合に向かうなら、国家主権をどこまで制限するのか、欧州はどこを目指すのか（新自由主義か社会民主主義か）、トルコのEU加盟を認めるのか、憲法条約が複雑で理解できないといった問題が十分に議論、解決されないまま条約が締結され、国民投票を迎えた結果としての拒否といえるだろう。

†パリ燃ゆ

第二次世界大戦時のようなこのいかがわしいフレーズが二〇〇五年一〇月末に世界中をかけめぐった。これは同年一〇月二七日、パリ郊外の変電所で警察に追われた移民二世・三世世代の青年が感電死したことから、数十人の若者が怒り、公共の建物を襲撃したことに端を発し、翌日から一気に暴動が拡大した事件を指す。渡邊啓貴によれば、当時のN・サルコジ内相はこの若者たちを「社会のクズ」呼ばわりし「容赦しない」と発言して、火に油を注いだ。

フランス政府は一一月八日に時限法として夜間外出禁止令を発し、事態は一〇日後にいったん収束する。この間、放火された車は九〇七一台、逮捕者は二九二一人。うち三分の一以上が未成年だった。警察と憲兵の一二六名が負傷した。

しかしフランスは、この後も移民暴動と若者の暴動に苛まれる。この層の失業率はフランス国民全体の倍に達し、平均年収は四分の一でしかなかった。移民の若者が被った貧困と差別という問題が大きな課題であることが明らかになった。

こうした不穏な空気のなかで行われた州議会選挙では失業問題が争点となり、右派政権に対する批判票が左派や国民戦線に流れた。左派の一部には「社会党は立ち直った！」と連呼する者もいたが、社会党にも確たる失業対策はなく、代わりにシラクが嫌っていたサルコジの人気が高まっていった。

†サルコジの登場とフランス福祉国家の変貌

若者の失業対策として当時の首相D・ド・ヴィルパンは二〇〇六年一月に「従業員二〇名以下の企業が二六歳以下の青年を初雇用するとき、二年間は理由無く解雇できる」という内容の初期雇用計画を発表した。若年層の失業率を低めるために労働市場の柔軟化を目指したのだ。しかし若者たちは「解雇されやすくなる法」と受け止めて猛反発して、フランス全土で二二万人を越すデモが発生した。これはさらに拡大して、二八日は一〇六万人が参加したデモになった。シラクが妥協案として経過措置とする旨を伝えた。

サルコジはこのとき矢面に立たず、首相と反対勢力との和解をとりなす立場として振る舞った。そして二〇〇六年七月に「サルコジ法」を成立させた。これは不法移民の取り締まり強化に加えて、差別の是正を目指して、職のない若者に対する支援教育プログラムを義務化した。そして高い技能・才能をもつ移民への許可証を積極的に、低資格移民には厳しい規制条件を付け、支持を高めた。

二〇〇七年に行われた大統領選は、初の女性大統領候補S・ロワイヤルを押さえて、サルコジが大勝した。サルコジはハンガリー系移民の二世で、カトリック信者として育った。パリ大学卒業後特に企業法を専門とする弁護士となり、二三歳の時にはシラクが率いるド・ゴール派の青年会で評価を高めてきた。二八歳でヌイイ市長となり、一九八八年から国民議会議員となった。九三年から九五年にかけて予算相を担当し、九九年にド・ゴール派のトップになった。

従来のフランスの大統領と比べると異質な点が目立った。どっしり構えるというより動き回るタイプ。身だしなみにも気を遣い、結婚と離婚を繰り返す私生活を隠すこともなく、また平気で人の悪口を公の場で口にした。そうした異質性も、変化を求めた有権者には逆に魅力にみえたのかもしれない。

サルコジは治安の悪化を背景に強面、決断力、行動力ある政治家として評価されていった。二〇〇四年以降は経済相などを歴任し、ちょうどその頃、彼の経済刺激策が功を奏して経済成長率が上昇し、経済通としての評価も得ていた。また実際に大統領選が近づくと、他の右派候補者とは異なって弱者との連帯、移民への選挙権の付与など左派寄りの発言も目立っていた。

当選後サルコジは「一〇〇日でフランスを変える」と発言し、独断専行で、フットワーク軽く改革を断行した。続く二〇〇七年六月の国民議会選挙で与党UMPが議席数は落としたものの勝利し、女性、移民二世、社会党からも閣僚を採用して「開かれた政府」を打ち出した。また「もっと働いて、もっと稼ぎましょう」と自由競争原理を導入した。大幅な減税を断行し、フランス社会の伝統的な福祉国家観をいよいよ切り崩しにかかったのである。また「治安」と

「秩序」を重視し、移民を選択的に受け入れたうえで、不法移民の取り締まりを強化したり、公の場でのブルカを禁止すべきだと主張したりした。移民に対する不満を抱えたフランス国民はこうしたサルコジの政策を支持した。

しかしサブプライム・ローンの破綻の影響がフランスに及んで二〇〇七年の経済成長率が一・八％にとどまり、フランス財政の債務超過が明らかになると、二〇〇八年三月の市町村選挙で左派が大勝した。失業率も二〇〇九年には九・五％に上昇した。

その後のユーロ危機による緊縮政策に対する反発が強まり、二〇一〇年三月の州議会選挙で大敗した。この頃女性スキャンダルも発覚し、イメージが大きく落ち込んだ。

3 ドイツ――メルケルの時代

†シュレーダーの対ヨーロッパ政策

シュレーダーの時代は、対米関係がイラク戦争時に悪化したが、対ヨーロッパ政策にも頭を抱える時期でもあった。二〇〇〇年五月にはフィッシャー外相がフンボルト大学でヨーロッパの将来像について演説をした。一九九九年のアムステルダム条約を経て、拡大を控えたヨーロッパがどう改革されるべきかを論じたものだ。要するに、ヨーロッパ統合は過去にはエネルギー、共同市場、通貨など分野ごとの様々な国際機関が複雑に絡み合った集合体のようなものだったが、最終的にはすっきりとしたものになるべきだと論じたのだ。それはヨーロッパ連邦であり、国家とEUの権限配分を連邦制という形で明確にしようというものだ。

この構想は、しかしながら、他の主要国から十分に支持されなかった。二〇〇〇年秋以降のニース条約も従来の既存の枠組みを壊すような大きな改革はなされなかった。

そうするうちに二〇〇四年五月にEUは一〇カ国の新規加盟国を加えて、一気に二五カ国になった。この間シュレーダー政権は拡大を支持し続けた。安価な労働力の流入が懸念され、一部の制限がかけられたものの、安定的にEUが拡大されるべきであると考えていた。

二〇〇四年一〇月にローマで署名された欧州憲法条約の内容に、ドイツから出された提案が条約案に盛り込まれていた。二〇〇六年一〇月の発効を目指して、ドイツでは連邦議会でも連邦参議院でも圧倒的に支持され可決されたが、前述のとおり、フランスとオランダの国民投票によって批准が否決された。

フランスの否決はドイツにとってもショックだったが、この時期すでにシュレーダー政権は息絶え絶えの状態だった。

†シュレーダー政権の崩壊

緑の党を連立パートナーとしていたシュレーダー政権では、二〇〇〇年六月に原発を稼働させる企業と合意し、建設後二三年で原子力発電所を停止させ、以降は新たな原発を建設しないよう法整備を進めた。二〇二〇年にはすべての原発がドイツで廃止され、ドイツではその後再生可能エネルギーの開発を進めていく。

同時多発テロの際にはアメリカとの無条件の連帯を訴えていたシュレーダーであったが、二〇〇二年選挙時にはイラク戦争に断固反対の立場を主張し、森井裕一によれば、それが功を奏して勝利したが、同年からドイツの雇用状況が悪化し、労働市場に関する構造改革を進めようとした。

しかし高福祉に慣れていた労働組合や失業者の多い旧東ドイツの人々の反発を招いた。アデナウアー時代以来の「社会的市場経済モデル」の改革は困難だった。シュレーダーに反発しSPDを離党したメンバーが、東ドイツで強い民主社会主義党（PDS）と結集して、左翼党が登場した。こうした不満が二〇〇五年五月のノルトライン・ヴェストファーレン州議会選挙でのSPDの大敗に結びついた。シュレーダーは批判も多いなかで選挙を前倒しして連邦議会を解散し、国民の信を問うた。

この二〇〇五年秋の選挙では与党連立は過半数獲得に失敗し、赤緑政権は崩壊することになった。しかもSPDもCDU／CSUも過半数を獲得できず、またどちらか一方が緑の党ないしFDPと組んだとしても過半数を獲得できない厳しい結果となった。代わりに先の左翼党が議会に進出した。戦後福祉国家を支えてきた二大政党およびFDP（と緑の党）というシステムが変容しつつあった。

†メルケルとは

A・メルケルは一九五四年生まれでプロテスタントの牧師の娘である。生まれはハンブルクだが、父親の仕事のため東ドイツで育った。東ドイツ時代にはライプツィヒ大学で物理学を専攻し、物理学の研究員として働いた。その頃、最初の結婚をしている。一九八二年に離婚してからも、メルケル姓を名乗っている。政治とは無縁だった。しかしベルリンの壁が崩壊すると民主化を求める市民団体に加わった。一九九〇年三月の東ドイツの選挙で政治にかかわり、同年の統一後、CDU所属の議員となって、当時首相だったコールの目に留まったことで、連邦女性・青少年大臣に抜擢された。当時は「コールの小娘」などと揶揄された。一九九四年から一九九八年には連邦環境大臣に就任し、一九九九年からは幹事長を務めた。その後党が献金スキャンダルで混乱した二〇〇〇年四月に、新しい顔として初の旧東ドイツ出身の党首となった。

二〇〇二年連邦選挙の際には首相候補を他に譲り、その候補がシュレーダーに負けると、党首として確固たる地位を固めて二〇〇五年選挙を戦った。二〇〇五年秋の選挙の結果、二大政党のいずれもが主導権を取れない状況に陥った。連邦参議院ではCDU／CSU（党旗の色が黒）が優勢だったためFDP（黄色）、緑の党（緑）の三党の組み合わせによる「ジャマイカ連合」の可能性もずいぶんと議論された。政策の合意には九月から一一月まで二カ月を要した。しかし最終的には二大政党の大連立におさまり、メルケルが初の女性首相となった。五一歳の時である。他、外相は四九歳と、第二次世界大戦を経験していないだけではなく、「六八年」には大学生でもなく、東西ドイツの再統一後に政治で活躍するようになった若い世代が含まれていた。その後二〇〇九年の選挙後にはFDPと連立を組み、首相を維持している。

連立合意文書は一四〇頁を越え、五〇〇万人を超えるともいわれる失業者対策をどうするのか、他、東側の再生や財政の健全化、治安対策などが盛り込まれた。当初東ドイツ出身で確たる党内基盤を持たないメルケル政権を、多くの人たちが短命と考えていたというが、実際には異例の長期政権を維持した。きわめて現実主義的で、実務家タイプの政治家に映る。

†メルケル政権の政策

「一〇年後にドイツ経済を再生する」と訴えたメルケルが政権発足と同時に進めたことは消費

増税であった。本来不人気な政策だが、就任から約一年後、二〇〇七年からの増税を断行した。背景にはコール時代の一〇年にわたる不景気による税収不足のため、財政赤字がマーストリヒト基準を上回ったこと、企業の社会保障負担を軽減することの埋め合わせのためである。経済のグローバル化に対して企業を再生させて技術革新を求めて、(その不足分を間接税で補って)ドイツ経済を再生しようとする点では新自由主義的な政策といえる。二〇〇七年から実際に付加価値税は一九%に引き上げられて財政状況は改善していった。これによってメルケルは国民から信頼を獲得した。

また職業訓練教育の充実などシュレーダー政権との継続性もみられる。目の前の経済指標にとらわれるだけでなく、将来に向けた大学改革による研究環境の改善にも力を入れて、ドイツ経済の活力を取り戻そうとした。

またエネルギー分野については、SPDがシュレーダーの方針を継続し、CDU/CSUが原子力の必要性を主張して連立を組む二大政党の意向が異なったため、結局前政権の意向が大筋維持された。

二〇〇八年に端を発するリーマン・ショックの影響はドイツでも大きかった。しかしドイツはよく知られているように、この危機を克服した。そしてギリシャなど財政破綻の危機にある国への対応で、国内世論を背景にメルケルは厳しい姿勢を維持し続けた。多少景気が上向いたといっても連邦、州ともに財政状況が健全だったわけではない。しかも南欧諸国の「お気楽」ともいうべき政策に厳しい目を向けていたから当然であった。この対応を通じて、メルケルは一躍欧州のリーダーとして認識されるようになった。

二〇〇九年の選挙後にはFDPと保守中道の連立をスタートさせたが、その後州議会選挙で負け、連邦参議院での多数派を失い、特にFDPが支持を失って党首が交替すると、政権が不安定化した。さらに二〇一〇年になると原発に対して二〇〇二年の脱原発法を修正した。老朽化した七つの原発の運転期間を延長し、再生可能エネルギーの導入まで原子力の必要性を訴えたのだ。しかしテロのリスクなどを野党から指摘され、さらに大規模な市民運動も発生した。先んじることになるが二〇一一年の福島原発事故を経て反原発の世論は再び高まり、メルケルは一〇年で原子力エネルギーの利用をやめることとし、方向転換せざるをえなくなった。

†外交政策

少なくとも初期のメルケル政権を印象づけるのは外交のほうかもしれない。着任と同時に周辺諸国を訪問した。二〇〇五年は欧州憲法条約の批准が否決されたり、フランスで暴動が起きたりしたときである。またEU内部でも二〇〇七年からの予算と分担金をめぐって、負担の平等について議論しているときだった。

こうしたなかでメルケルは首脳会議の場で妥協案を提案し、各国を説得してEUの財政案を通し注目された。さらに二〇〇六年には訪米し、シュレーダー政権時にイラク戦争をめぐって対立した米独関係の改善に尽力した。主張すべきことは主張するが、相手の主張も聞く。そうしたスタイルはすぐに信頼を勝ち得た。

筆者が個人的に印象に残っているのはメルケルのトルコのEU加盟に対する姿勢である。CDU／CSUとSPDの間で大きく政策の方向性が異なっていた。ドイツには多くのトルコ人移民がいる。その数は二〇〇万人を越えて市民権を取得している者も多い。ヨーロッパの安定のためにトルコの加盟を推していたシュレーダー政権に対して、かねてからメルケルは慎重な立場をとっていた。トルコ自体は世俗主義の国家だが、大半はイスラム教徒であった。そのうちわずかではあるが、過激派に入って事件を起こすものもいる。トルコを加えることは、まだEUの統合能力を超えると判断し、メルケルはEUとトルコの間に「特権的パートナーシップ」を結ぼうと提案した。

すでにトルコの加盟交渉は開始されていたが、交渉は非常に長い時間を要する。メルケルは連立合意の段階で、（従来のように）条件が整えば自動的にトルコがEUに加盟するというものではなく、EUの受け入れ体制が整い、トルコ側の加盟条件が整った場合にのみ加盟を認め、それが整わなければ特権的な関係にとどめるとした。また政権発足後、政治家のみならず宗教家なども集めて宗教間対話を行うなど、イスラム教とキリスト教の関係構築に尽力していた。

また二〇〇七年前半にはEUの議長国の番が回ってきて、頓挫した憲法条約をもう一度前進させるのに大きな役割を果たした。このときの改革条約の原案が後にリスボン条約となっていく。同時期のハイリゲンダム・サミットでも議長国で、最近の日本でみたような大がかりな歓迎風景はなく、粛々と国際会議を進めた。特に地球温暖化問題を取り上げ、二〇五〇年までに温室効果ガスの排出量を半分にするよう検討することに合意できたことが高く評価された。

4 ロシア——プーチン時代へ

†プーチンの登場

エリツィンの突然の辞任を受けて、二〇〇〇年一月、プーチン政権が発足した。ウラジーミル・プーチンは一九五二年にサンクトペテルブルグで生まれた。高校卒業後はレニングラード大学法学部に進学し、卒業後はKGB（国家保安委員会）に進んだ。KGB時代に、業務の一環で東ドイツのドレスデンに派遣されている。最終的にKGBで中佐にまで上り詰めたのち引退し、レニングラード大学の学長補佐官を務める。その後法学部時代の恩師がレニングラード市議長に就任した際に顧問役に就き、政界の道に入っていくことになる。

六年後、恩師が市長再選に失敗してモスクワへ移動し、ロシア大統領府副長官など様々な役職を担った後にKGBの後身であるFSB（ロシア連邦保安庁）長官に就任した。一年後に首相を経験し、二〇〇〇年から大統領になった。

斎藤元秀の解説によれば、国家体制の強化、外交関係の多角化、国益を重視する人であり、D・メドヴェージェフ大統領時代、復帰後を含めると、執筆時点で二〇年近く最高権力者であり続けている。

大統領に指名された段階では無名に近く、R・メドヴェージェフは「わずか一年前にはわれわれはこの人物について何も知らなかったし、国内の大部分の観察者、市民にとって彼は多くの点において謎めいた人物に思われた」（ロイ・メドヴェージェフ著、海野幸男訳『プーチンの謎』現代思潮新社）と告白している。旧KGB出身で、エリツィンに忠誠を示したこと、チェチェン問題で一定の成果を挙げたことが知られていたことくらいであった。メドヴェージェフによれば、プーチンが大統領になったのは、エリツィン時代の人事政策によって人材が枯渇したからという理由だけだ。二流の役人たちのなかから出てきた単なる「精力的な新米」にすぎないと述べている。

他方でその仕事ぶりについては、実行力、仕事の〔処理〕能力、一度食らいついたら死ぬまで離さないその性格、何らかの思想的目標がないこと、実利主義、厳しさで成功したとも説明している。そしてその資質は、「多くを約束するのは好まないが、常に約束を守る。彼はどんなことでも、最も不快なことでも最後までやり通すことができる」、「彼は目的の達成において厳しく、決然としているが……露骨な喧嘩を好まない。成功は直接的な対立ではなく、駆け引きによって達成される。……彼はよい組織者であり、彼自身極めて几帳面できちんとしており、規律がある」などと評価している。少なくともこの時点（原著は二〇〇〇年五月脱稿）では、政治家というよりも、いわば徹底した官僚型の人間であるように映る。しかしそれが逆に、混乱期に疲弊した国民の信頼を得た理由だったかもしれない。どこまで信用していい言葉かはわからないが、ただの「新米」がロシアという大国のリーダーになれるわけがなかろう。

就任式後の最初の世論調査でプーチンに対する支持は高く、逆に無名の人と彼を批判したマスコミに対する国民の信頼が凋落していった。

†「統一ロシア」の台頭

二〇〇〇年代になると、政党「統一ロシア」がプーチン支持で勢力を伸ばした。この政党は一九九九年に「統一」と「祖国・全ロシア」が合同した政党である。ソ連崩壊後複数政党制が維持され、六つの政党が大きく議会をわけあっていた。そのうち「祖国」は地方の有力者が多く最も有力な勢力であったが、その分組織的まとまりを欠いていた。それに対抗すべく、エリツィン支持者たちが結成したのが「統一」である。

「統一」は選挙直前に、チェチェンのテロ問題に断固たる姿勢を打ち出し支持されたプーチン人気に便乗しようとして、プーチン支持を表明した。さらに対抗馬が大統領選への出馬を取りやめたことで、次期大統領となることが確実になったプーチンを支持する「統一」へ新人議員が次々と鞍替えした。

「統一」はプーチンを支えることで有利な地位や便宜を期待した。結局「統一」を中心とする会派は八〇人を超えて「祖国」は四〇人程度になった。その後も「統一」は小政党を吸収し、最終的には「祖国」も吸収して二〇〇一年一二月に「統一ロシア」になった。

この背景には、プーチンの人気だけではなく、二〇〇一年六月に制定された政党法の影響があることも触れておきたい。

この政党法は、政党の定義を、連邦構成主体の半数以上に地方支部をもたなくてはならない、一万人以上の党員によって構成されねばならない、半数以上の構成体において一〇〇人以上の党員を擁する地方支部をもたねばならない、など細かく規定した。これによって国庫から政党助成金を政党は得ることができた。明らかに大政党が有利である。しかも違反した政党は解散させられることとなった。つまり特定地域で強い地域政党の出現や台頭が困難な状況になったのである。

結局、二〇〇三年の国家会議選挙で議席を獲得できたのは共産党と「統一ロシア」、他に二つの政党のみだけとなった。「統一ロシア」は小選挙区で一〇三人、比例区では三八％の得票率で計二二三議席を確保した。さらに無所属議員を加え、三分の二以上を集めた。これは二〇〇七年も同様で、多党制から一党優位体制へロシアの政党システムは移行したことになる。

「統一ロシア」はもともとプーチン人気にあやかろうとしたので、明確な左右のイデオロギーを示さず、国民の全ての層に非組織的な支持者を生み出した。ロシアの政治社会がそういう状況であったということもできる。共産党ほど左ではなく、欧米の価値観に同調せず、排外主義者ほど極端なナショナリズムもとらない。中庸かつ保守的な政党である。経済的にも市場経済を支持するが、弱者救済も示した。この全方位外交のような政策は「プーチン主義」といわれるようになる。

ただし、この政党が政策形成を独占することはなかった。イニシアティヴはむしろ大統領とその周辺が保持し続けた。強大な政党だが、議会において大統領を助け、地方に党の影響力を及ぼして中央集権化を進めた。しかし共産党のような一党独裁という状態にはならなかった。あくまで「統一ロシア」は旧来の地方エリートと関係を結んだにすぎず、それほど組織的に結束していないともいわれている。

†プーチン政権の中央集権化

プーチンは二〇〇〇年五月、連邦構成体を七つの管区に分け、各管区に大統領の任命する全権代表（大半が治安維持機関の出身者）を配置する制度を導入した。この代表は連邦政府が決めた政策の実施状況を監督し、連邦法と管区の法の間に矛盾が生じた場合にそれを修正する役割を与えられた。また出先機関の人事にも関与した。さらに七月になると、実際に行使されることはなく、「脅し」の意味が強いものであったが、連邦構成体の首長を解任する権限を大統領に認めさせた。一貫して中央集権化を進めたのである。

二〇〇四年に再選されると、同年二月のモスクワ地下鉄爆破、八月の航空機爆破、九月の北オセチア共和国の学校占拠事件を契機に、プーチンは連邦構成体に対する統制を強めると宣言して、首長の直接選挙制を廃止し、その代わりに大統領が首長を任命する制度を導入した（ただし独断ではなく、全権代表によって選ばれた三人以上の候補者のなかから大統領が一人を首長候補として構成体の議会に提案し承認を得る、という形をとった。しかし議会の多くは先の「統一」で占められていたので、プーチンの意向が覆されることはなく、「大統領任命制」と呼ばれるようになった）。

なお、二〇〇八年に一時大統領を務めたメドヴェージェフは一九六五年に生まれた。プーチンと同じレニングラード大学出身で、サンクトペテルブルグ市に勤務し、プーチン大統領の時代には大統領府長官も務めた。彼が大統領の時プーチンは首相となり、「タンデム（二頭立ての馬車）体制」と呼ばれた。メドヴェージェフ時代をしばしばプーチンの傀儡政権のようにみることは多いが、民営化促進や大規模な更迭を伴った知事任命政策など、プーチンとは異なる政策も断行した。

†初期プーチンの対外政策

プーチンは権力の中枢に上り詰めるまで五年間ドイツ暮らしだった。ヨーロッパに精通していたためロシア経済社会の後進性に気づいていたのか、アメリカと敵対するのはよくないと考えていた。

また、すでにロシアも対チェチェン戦争でテロに苛まれていたので、二〇〇一年のアメリカ同時多発テロの際には、いち早くアメリカのブッシュ大統領に同盟国になると伝え、中央アジア諸国にアメリカ軍の駐留を許した。この対応が評価され、ロシアはG8に加わることになった。

イラク戦争に関しては、あくまで国連の決議が必要条件だと主張して、仏独と同調してアメリカに反対した。しかし二〇〇三年一一月のジョージア、翌年のウクライナ、二〇〇五年にキルギスタンで相次いで親米政権が樹立され、さらにアメリカがNATOを拡大し、ジョージアとウクライナを加盟しようとすると、どうやらプーチンには想定外だったようで、アメリカ政府の策動を疑った。管見だが、この時期から対抗的にプーチンの強権的な対外的リーダーシップが発揮されていったように思われる。

実際にプーチンは二〇〇七年二月のミュンヘンにおける国際会議でアメリカを批判するようになった。「米国はあらゆる紛争に関与してきたが、それらの解決をもたらすことはなかった」とアメリカの政策に言及、批判した（二〇〇七年二月一一日、AFP BB NEWS）。現在のロシアの強硬姿勢の発端といえるかもしれない。またこの時すでにアメリカが東欧にミサイル防衛システムを配置していることを「なぜロシアとの国境に軍事施設を配備する必要があるのか。今日における世界的な脅威とは何か。それはテロリズムに他ならない」（同上）と非難している。実際の配備が進むと、二〇一六年には強く対抗措置をとる可能性に言及した。

ロシアが強硬な対外政策に出るのは、テロの脅威のなかでアメリカ側が強硬な（アメリカ側はそういわないと思うが）安全保障政策に出ているように映るからかもしれない。非難と強硬策の応酬が続くのだろうか。

†大統領復帰後のプーチン——ウクライナ危機

ウクライナをめぐる問題は現在も重要な国際問題である。東野篤子らの論考を参照しつつ、この問題を概説したい。ウクライナはもともとソ連の一部を形成していた。またそのウクライナの東部にクリミア半島という半島がある。もともとここには多くのロシア系住民がいる。R・サクワによれば、先のチェチェンよりもウクライナは地政学的に「アンビヴァレント（ロシアと西欧の間の曖昧な境界に立つ）な立場」にあった。冷戦終結後の一九九四年の時点のウクライナの大統領は、「独立国家共同体（CIS）と協力しつつ、ヨーロッパと統合する」と多方向外交を訴えていた。

ロシアはソ連時代からウクライナなどを通る膨大なパイプラインを通じてヨーロッパに天然ガスを供給していた。もともとソ連時代の関係国には廉価で供給していたが、二〇〇四年にウクライナでオレンジ革命と呼ばれる政変が起き、親欧米派の政権が成立すると、二〇〇五年から二〇〇六年にかけて、ウクライナとロシアの間で天然ガスの価格をめぐるトラブルが発生し、二〇〇六年一月にはロシアがガスの供給を停止した。これがウクライナのガスパイプラインを利用していたヨーロッパ諸国に影響し、国際問題化した。

結局、双方が譲歩して解決に向かったが、この影響でウクライナの政局は不安定になった。以下、本章の設定した時代を離れるが、この件はここで一気に書き切っておきたい。

二〇一〇年二月に親ロシア派のB・ヤヌコーヴィッチ政権が成立した。ヤヌコーヴィッチはEUとの連合交渉を打ち切るなどし、それがウクライナ国内に激しいデモを招いた。二〇一四年二月にウクライナで政変が起き、ヤヌコーヴィッチ政権が倒されると、ロシアは反発した。

まずロシアは外部勢力の介入を疑い、政変の直後にクリミア半島を電撃的に併合した。そして三月一六日には住民投票を実施して、ロシアへの編入支持が圧倒的多数であったことが公になると、一八日にクリミア半島のロシア併合を宣言した。

欧米はこれを国際法に違反しているとして激しく批判した。しかし実際にクリミア半島には多数のロシア系住民が暮らしていたし、実際に編入を望んでいる人も多かった。それを守る義務があるというのがロシア側の主張である。東野篤子によれば、このときプーチンに対するロシアの支持率は八〇%以上のものとなった。二〇一四年四月には新欧米派政府軍と親ロシア派武装勢力との武力衝突も生じた。これを一般にウクライナ危機という。

ロシアに対して欧米、日本は経済制裁をとり、「新冷戦」といわれることもある。二〇一四年五月のウクライナの選挙では親欧米派が勝利し、六月からロシアはサミットから追い出され、G8がG7になった。

このウクライナ危機がきわめて重大な問題なのは、先にも触れたように、従来の国際法に基づいた国際秩序が損なわれていくからだ。もしこれが崩れれば、国際政治が大国によって支配されてしまう時代が到来する。否、到来しつつあるのだ。

またやはり、この危機によって旧ソ連を構成する地域の民主化が停滞、ないし後退する可能性もある。民主的な選挙、市民の自立的活動が回復され、二〇〇三年にはジョージアの「バラ革命」、そして「オレンジ革命」など民主化運動が続いた。プーチンはこうした一連の流れに反抗したとも映る。

5　ユーロ危機からギリシャ危機へ

この時代のヨーロッパの最大の出来事は、やはりユーロ危機、そしてその直後のギリシャ危機であることは間違いない。問題の性質上、次章で扱うべきことかもしれないが、本の構成上、時系列的にここでこの問題を取り上げたい。

†リーマン・ショック

田中素香の説明に従いながら、この事態を解説したい。アメリカ経済は一九八〇年代以降、基本的に右肩上がりの伸びをみせてきた。しかし二〇〇一年と翌年は不況に陥った。その対応策として低金利政策を実行した。これによって住宅などへの投資が活発になって住宅ブームが到来した。金利が低ければ、みなお金を借りて、大きな買い物に投資しやすくなるからだ。いわゆるバブル経済が到来した。

こうして住宅価格が実体より上がってくると、持ち家を買うことができない低中所得者層（サブプライム）には不満が高まっていった。その不満を解消するため、G・ブッシュ（子）政権は、「所有者社会」という政策を掲げた。これによれば、本来住宅ローンを組めない所得層に対しても、金融機関はローンを証券化して投資家に販売することで住宅ローンを可能にして住宅をもたせることができるようになった。サブプライム層が返済できなくなるリスクを投資家たちが肩代わりする。

こうして二〇〇四年頃からこうしたサブプライム・ローンの供給が増大した。それだけ住宅価格が上昇し続けたのだ。さらにグローバル化の進む現代においては、ロンドン市場を中心にヨーロッパの多くの銀行がサブプライム証券を多量に購入した。しかし繰り返すが、これは住宅価格が上昇している間は有効である。その間は、ローンの借り手は住宅を担保にすれば信用されるので、次の融資を受けることができる。

しかし二〇〇六年末に住宅価格の上昇が終わり、翌年から下落に転じた。ローンの延滞、焦げ付きが急増し、二〇〇七年六月にサブプライム証券の格下げで問題が表面化した。このあおりを食ったのがフランスの第一位の銀行BNPパリバだった。資金難に陥り、傘下のファンドが口座を凍結した。この余波を受けてアイルランドやスペインの住宅価格は二〇〇七年に低下していった。

ただし中央銀行が資金供与するなどの策で救済され、「大手銀行はつぶれない」という安心感も広がり、この危機は二〇〇七年末にはいったん終息した。ところが二〇〇八年九月一五日、アメリカ第四位の投資銀行であるリーマン・ブラザーズの救済を政府が拒否して、破綻《はたん》した。「巨大銀行が破綻する」という恐怖感がアメリカのみならず全世界の市場を支配し、大混乱に陥った。約六〇〇〇億ドル（約六四兆円）の負債額は史上最大の倒産である。ここから世界同時不況と呼ばれる事態に陥った。この二〇〇八年こそヨーロッパの歴史に刻まれるべき年である。

アメリカとヨーロッパで銀行が破綻し、株価が暴落した。投資の激減、各国経済と貿易の急激な落ち込みが続き、二〇〇八年九月二九日からの一週間で、多国籍の銀行の破綻が立て続いて生じた。

二〇〇八年末から二〇〇九年年頭にかけて世界の生産は戦後最大の落ち込みを記録し、輸出も約二〇％低下した。二〇〇八年の最後の四半期はEUのGNPは六％まで落ち込み、IMFの試算によれば、同年八～一〇月期は世界貿易自体が四二％まで落ち込んだ。戦間期の大恐慌以来である。輸出に依存していたドイツの製造業が急落し、強いつながりをもっていた中欧、東欧経済を直撃した。ユーロ加盟国の政府と欧州理事会は二〇〇八年一〇月に行動計画に同意した。もはや中央銀行のレベルを超えるとして公的資金を注入し救済するなど、対応に追われた。ただし、A・スティーヴンスによれば、当時まだユーロ加盟国の政治制度は強靱で、また首脳の危機に対する分析は、国益は異なり対立しても、十分に共有されており、危機に対抗して明確な政策が打ち出されていた。

†ギリシャのEC加盟とユーロ導入

しかし引き続く危機はより直接的にユーロを脅かし、しかもシステム内部から顕在化してきた。二〇〇九年一〇月四日にギリシャで政権交代が起きた。G・パパンドレウ率いる全ギリシャ社会主義運動（PASOK）が政権を担った。一〇月一九日、前政権が四％台と発表していた財政赤字が、実際はGDPの一二・七％に相当する巨額の財政赤字を抱えていることを発表した。「ギリシャは財政赤字の解消ができるのだろうか」と、いわゆるソブリン危機に発展した。国債格付けが低下した結果、国債は売却され、さらに暴落を招いた。その余波で経済力の弱い南欧と西欧との差が露呈し、PIGS、つまり「豚野郎」と呼ばれるようになった。

村田奈々子に従い、いったん話を一九七〇年代の加盟申請時点に戻そう。当時のA・パパンドレウ（父）首相時代は、もともとECにギリシャが加盟することに反対していた。一九七七年の選挙では「ギリシャがますます周辺的な役割を担うことになる。産業は深刻な状況に追い込まれ、農民はいなくなってしまう」と訴えていた。

しかしK・カラマンリス率いる親EC派が選挙で勝利し、ギリシャは加盟申請を進め、またカラマンリスが大統領に就任することで強い体制を作った。直後の選挙でEC加盟に反対するパパンドレウ（父）が政権を握ったが、カラマンリスが大統領になったことが功を奏して一九八一年一〇月に一〇番目の加盟国となった。

他方でパパンドレウ（父）はその父も首相経験者で、政治家一家で育っている。ハーヴァード大学で経済学の博士号を取得し、雄弁さ、人懐っこい性格から人々の支持を拡大した。政党を率いる時は「変革」を掲げて、「ギリシャ人のためのギリシャ」、「特権なき人々のための政治」を目指して次第に支持を広げていった。結局これが保守的なエリートたちからも、「特権なき」と自覚する反エリート層たちからも支持を得た一つの要因だった。

†ギリシャ財政危機の発覚

パパンドレウ（父）政権は「変革」を訴え、健康保険や年金を充実し、国営企業を支援した。インフラ整備に投資して、特権のない、普通の農民もその恩恵を受けた。倒産した企業を国営の再生機構が支えた。さらに党に忠実な支持者には公的機関や国営企業のポストが与えられた。こうなると、選挙に勝つためにはこうしたポストが安定して供給されねばならない。しかもこれらの財源をパパンドレウ（父）は、富裕層からの再分配で賄うのではなく、借金で賄った。

冷戦が終わるといったん政権交代が生じたが三年後に政権に復帰した。パパンドレウ（父）

が健康を害して第一線を退き、まもなく死去したのは一九九六年。次に全ギリシャ社会主義運動の党首を継いで首相となったK・シミティスは親EU派で、ユーロ圏に加わることを目標とした。シミティス政権は財政再建に取り組み、九三年には対GDP比一三％だった財政赤字が、二〇〇〇年一月に一％まで回復した。これでギリシャはユーロを導入することができた。しかし、これが「粉飾」だったのだ。問題はこのときから生じていた。

シミティスは続いて年金改革を提案するが、大規模な反対デモが生じて、シミティスは二〇〇四年に辞任し、カラマンリス率いる新民主主義党へ政権交代が生じた。他方でPASOKのパパンドレウの息子（ヨルゴス）がPASOKを率いることになった。そして二〇〇九年一〇月に再び政権を奪還し、前政権の嘘を明らかにしたのである。ギリシャの闇は深い。

†ギリシャ支援へ

二〇一〇年一月に欧州委員会はギリシャの統計上の不備を報道し、同国の財政状況の悪化が世界的に表面化した。ギリシャ国債は売られるだけで財政赤字を解消できず、二〇一〇年の春、ギリシャの財政赤字の額があまりに多く、信用格付けも低いこと、そしてデフォルト（債務不履行）の危険があることが明らかになった。

救済のためには貸し付けが必要だが、ならそれは誰が負担するのか。こうしてギリシャ救済の問題がヨーロッパ全体の政治課題となったのである。もしこの財政赤字がギリシャ自身に原因があるならば、ドイツのような堅実な国がそのような国を支えるべきだろうか。

二〇一〇年二月、ギリシャ政府は三カ年財政健全化計画を発表したが、あまりに楽観的な経済成長が前提であったため、格付会社が相次いでギリシャ国債の格付けを引き下げ、マーケットではデフォルト不安からギリシャ国債が暴落し、外国為替市場ではユーロが下落した。

結局ユーロ圏諸国の財務相会合において、IMF・EU等による支援が決定され、ギリシャ政府に対しては、交換条件として増税、年金、公務員改革などの厳しい緊縮財政策や公益事業等の民営化が課された。徐々に財政は健全化に向かったものの、公務員と国営企業に慣れ親しんだ国民生活は圧迫され、大規模なデモや暴動が度々発生した。二〇一五年の総選挙では、反緊縮派の急進左派政党が勝利し、A・チプラス政権が発足した。

チプラス政権は緊縮政策を受け入れるかどうかを国民投票に諮り、結果は「緊縮反対」が勝利した。ただしユーロ圏に残ることを前提にしていたため、EU首脳は二〇一六年にはギリシャに対して財政改革案を要求し、それを条件に支援を継続した。これにギリシャが応じることで当面の危機は回避できた。

†各国意見の相違――ドイツの大国化

しかしこの間、ドイツのように自己抑制的にやってきた国から「なぜギリシャの借金を私たちが？」という疑問の声が挙がるのも当然であった。救済をめぐる各国意見の相違が明らかになってきたのである。

実際に第一次支援の際は、支援を拒絶するドイツと、支援を支持するフランスの間で意見が対立し、オバマ大統領がメルケルの懐柔に動いたり、『21世紀の資本』で知られるT・ピケティなどがドイツを批判する公開書簡を公表したりするなどした。明らかにEUの唯一の経済大国はドイツであることが認識され、ギリシャ、否《いな》EUの命運をドイツが握っているかのようなイメージが定着してドイツが「大国化」した。

何より重大なのは、このギリシャの問題が、ギリシャだけの問題にとどまらず、「同じユーロでも同じ国債ではない」こと、ユーロの脆弱性を露呈したことだ。さらに明らかになったのはEU内の経済的な南北格差である。この格差をどうするか。しかしEUには課税権もなく、財政移転する権限もなく、各国主権が根強いのが実態だ。

今さら国民通貨に戻ることもできまい。域内格差を抱えつつ、ドイツ依存体質を強めつつ、EUはその後（ほぼ同時に）次から次へと課題に直面していった。以下、章を変えて述べていくことにしたい。

コラム6 大先輩・杉原千畝

東欧革命やギリシャなど旧共産圏の混乱、近年の東欧のポピュリズムの台頭を考えるとき、(正確には地理的に少しずれてはいるが)いつも思い出すのが杉原千畝《ちうね》氏のことだ。実は筆者の高校の大先輩であり、現在では母校に記念像も建っているらしい。

杉原氏は一九〇〇年岐阜の生まれで、一家はその後名古屋に移り、愛知五中を一九一七年に卒業した。英語に秀でて英語の教師を目指していたそうだ。その後早稲田大学の英語科へ入学し、学費を得るために外務省留学生試験に合格して、面接で勧められたロシア語を学ぶためにハルビンへ行った。時代は帝国主義の時代であった。一九二四年に外務省書記生に採用となり、否応無く国際政治の世界に巻き込まれていく。

すでに知られていることだが、ヒトラーの台頭に伴いドイツの支配下ではユダヤ人排斥運動が高まった。ドイツ軍がポーランドに侵攻し第二次世界大戦がはじまったとき、ポーランドのユダヤ人たちが一部リトアニアに逃げていった。そのときのリトアニアの領事館の責任者が杉原氏だった。当時の日本は日独同盟締結に向かっていた。ナチスの意に反する策を日本政府(外務省)は拒絶したが、杉原氏は人道的な観点から助けを求めるユダヤの人々に独断でヴィザの発給を決意したといわれている。当時すでにソ連もこの地の併合を考えており、時間はなく、約一カ月の間、杉原氏はおよそ六〇〇〇枚ものヴィザや渡航許可書を書き続けたという。

翌年にはドイツはソ連を攻撃し、リトアニアもナチスの支配下に入り、リトアニアだけで一三万人とも一七万人ともいわれる、多くのユダヤ人が殺されたという。

帰国後、退官を任じられた杉原氏の処遇をめぐっては、バルト三国がソ連から独立した後、当時の宮澤首相が「訓令違反で処分されたということではない」などと発言されたが、今もなお「外務省の意に反して、独断で許可書を発行しえたか」などが議論される。まだまだこのヴィザには謎が多いようだ。しかし、一九四八年に建国されたイスラエルが六九年に彼を表彰し、八五年にユダヤ人を救った外国人にイスラエル政府から与えられる名誉賞「ヤド・ヴァシェム賞」が贈られたことは事実である。

今ここで杉原氏のヴィザの真偽を論じようというわけではない。杉原氏のことを調べるうちに東欧におけるナチスとソ連の影響を改めて思い知った。東欧の人々が、ロシアを向くのか、西欧を向くのかと迷うなかで自国中心主義が爆発し、強力な独裁者が支持されていることを、単純に「ポピュリズム」という表現で捉えていいのかどうか。より深く私たちは東欧の、ある種「大国に蹂躙されてきた」歴史を知るべきではないだろうか。

終　章

現代のヨーロッパ

アンゲラ・メルケル

終章関連年表

年号	出来事
2011	5月　ビン・ラーディン殺害 7月　ノルウェー、オスロ連続テロ 10月　ギリシャ、パパンドレウ辞任表明
2012	仏5月　オランド大統領 英7〜8月　ロンドン五輪 12月　EUノーベル平和賞受賞
2013	英1月　キャメロン国民投票明言 7月　クロアチア、EU加盟（28カ国） 10月　難民船沈没、死者多数
2014	ロ3月　クリミア併合へ 英9月　スコットランド住民投票 9月　アメリカ、IS空爆開始 11月　ユンカー欧州委員会発足 11月　スペイン、カタルーニャ独立住民投票
2015	仏1月　シャルリ・エブド襲撃 1月　ギリシャ、チプラス新政権発足 4月　地中海の難民急増 英5月　保守党勝利、国民投票へ 9月　EU難民割り当て案合意 9月　ハンガリー、国境封鎖 独9月　メルケル、難民受け入れを表明 9月　カタルーニャ、独立派が過半数を獲得 10月　ポーランド、「法と正義」勝利 仏11月　パリ同時多発テロ。死者130人 12月　スロバキア、EU割り当て案に反対
2016	3月　EU・トルコ合意 3月　ベルギー、ブリュッセルで連続自爆テロ。死者35名 独3月　州議会選挙でAfD躍進 英6月　EU離脱派が国民投票で勝利、メイ首相へ
2017	蘭3月　選挙でポピュリスト躍進 仏5月　大統領選でマクロン勝利、翌月「前進！」勝利 独9月　連邦議会選でAfD国政進出 独10月　ザクセン州でCDU敗退 10月　オーストリア選挙でポピュリスト躍進
2018	伊3月　選挙でポピュリスト躍進（6月反EU政権発足） 独3月　メルケル大連立へ 9月　スウェーデン、ポピュリスト躍進 独10月　メルケル21年での退陣発表 仏11月　燃料高騰へ「黄色いベスト」抗議

本章では、現代のヨーロッパの状況を概観する。まずは一国における地域主義と分離独立運動の高まりである。すでに一国のなかで歴史的に宗教や言語などが異なる地域を抱える国家では分離独立運動が生じていたが、それが激しさを増した。概してこれらは、ユーロ危機からソブリン危機の影響で、経済的に裕福な地域で高まることになった。

さらに外からの問題として難民問題が生じた。EUは従来難民を人道的に保護してきたが、この時期あまりに大量であったこと、また戦後復興期以降の移民の到来、さらにテロの頻発という問題と絡み合い、各国の意見を違えることになった。こうして人々は経済的にも、治安の面（政治的）でも現状に脅威を感じ始め、その人々を巧みに誘導したのが各国のポピュリストであった。

†分離独立運動の台頭（二〇一〇年〜）

二〇一四年九月一八日は、スコットランドが英連邦からの独立の是非を問う住民投票の日だった。結果的に残留派が勝利したものの、二〇一〇年以降、ヨーロッパではイギリス（スコットランド）やベルギー（フランデレン）、スペイン（カタルーニャ）などで分離独立運動が激しくなった。

実のところ、ヨーロッパは数多くの民族のモザイクである。ところが、近代以降、強力な国民国家形成が進んだ。国際システムは国民国家体系とも呼ばれ、その存在は自明と思われたが、実はすでに一九世紀半ばから二〇世紀初頭には「国民」の内に存在した異質な「民族」が、自治獲得、独立を求める運動を展開していた。例えばノルウェーがスウェーデンとの同君連合を解消し独立したのは一九〇五年のことである。実は国民国家は異質な「民族」や「地域」を長い間無視してきたのだ。

ただし、全ての多民族国家で分離独立運動が展開されたわけではない。まず歴史的に形成されてきた言語や宗教、文化の相違がある。例えばスコットランドは、イギリス連邦との言語的統一性を有しているものの、宗教的な相違を有している。カタルーニャ、フランデレンについては宗教的には統一しているが、言語が異なる。しかし、これだけで分離独立運動が激しくなるのであれば、そもそも統一国家の形成すら難しいだろう。重要な点はそれぞれの地域の「政治的志向性」と「経済的な格差」である。

「政治的志向性」とは、例えばベルギーのフランデレン地方は、対立するワロン地方よりも政治的に自由市場志向、右寄りである。こうした志向性は各地域、国家の歴史に根ざしている。

他方で「経済的な格差」は経済発展の度合いである。激しい分離独立運動を抱えている地域は、同一国家内部の他の地域よりも、経済的に豊かである傾向が強い。自分たちの税金が他の働かない地域に奪われているという感覚がある。八嶋由香利は二〇〇八年のユーロ危機以降、各国が財政危機に陥るなかで、豊かなカタルーニャ地域の独立運動が高まったと述べる。ロイター紙（二〇一七年一一月一二日）はこれらをまとめて「富める離脱クラブ」と揶揄する。

さらに特にカタルーニャの場合、スペイン国会が、カタルーニャ自治州議会が承認した自治州憲章の草案を拒否し、憲法裁判所が違憲と判決したことを通じて、「自己決定権を基底とする新しいシステムを創らなければならない」と宣言するに至った。こうした国家、司法からの「追い詰め」が後の分離独立の住民投票（二〇一七年一〇月一日）と、結果的に州首相C・プッチダモンの更迭、ベルギー逃亡へとつながった。すなわち最後に引き金を引くのは、政治的な「追い詰め」である。

歴史、文化、そして政治と、いくつかの条件があるということは、それを食い止める策や可能性もあるということだ。現時点でこれらの地域が分離独立することは考えにくい。しかし、少なくとも文化的相違や経済格差をかかえる地域は他にドイツ（ドレスデン）などヨーロッパには多くあり、ヨーロッパの経済状況と中央政府との関係、動向如何で分離独立運動が発生する可能性までは否めまい。

†難民危機（二〇一四年〜）

岡部みどりらによれば、二〇一四年以降、内戦の続くシリアやアフガニスタン、南スーダンなどの国から、前年の二倍以上の難民がヨーロッパに流入してきた。EUは庇護を求める難民を受け入れる責務を有しており、全部で一六万人の難民を加盟国に割り当てる措置を決定したが、大量に来るとなれば、特に最初の到着国となるイタリアやギリシャなど南欧の国々では援助の水や食料の負担、救助の負担が大きくなる。さらに最終的に移民が目的とするのは、比較的受け入れに寛容とされるドイツやスウェーデンであることが多く、そこにたどり着くまでの国境検閲の負担は通過国にも及ぶ。こうして難民問題はヨーロッパにとって大きな意見の齟齬を生む問題となってきた。

メルケル首相は当初「ドイツは難民を歓迎する」と述べ、あくまで受け入れの方針を貫いたが、徐々に深まる世論の不安は拭いきれていない。佐藤俊輔は、ドイツのある世論調査によれば、当初（二〇一五年九月）、六六％の人々がメルケル首相のこの決断を支持したのに対し、約一カ月後には五九％がこの決断を間違っていたと回答しており、理念と現実との間で揺れる人々の心をよく反映しているように思われると述べている。

そして人の往来の自由を定めたシェンゲン協定に対する疑義が申し立てられ、すなわちEUの根本的制度が疑問視されるようになった。また一部の国では自己決定権を主張し、ブリュッセル（EU本部）から受け入れを割り当てられること自体を嫌い、反EU的な態度をとり、懐疑派が支持されることが目立ってきた。先の佐藤はここに、EUの対外国境管理と庇護申請者の受入れ・審査から生じる負担の、加盟国間での配分の不均衡の問題、すなわち「欧州共通難民システム」の限界があるという。

しばしばいわれているように、苦しんでいるのは暮らしを内戦やテロで追われた難民の人たちであり、彼ら・彼女らに批判の目を向けることは間違いである。しかし同時期にテロが多発したことで難民問題は安全保障の問題と密接に結びついてしまった。庇護よりもヨーロッパの人々は日々安全に暮らしていけることを望むようになり、よって意見の相違やEUに対する態度の相違を生んでいる。

なお二〇一六年になり、EUとトルコの協定でトルコからギリシャを経由して入るルートに一定の制限がかかったことで、この問題はいったん落ち着いている。

しかし、この危機の経験によって、EUが国家間の利害対立をどのように調整しながら、難民庇護という理念を維持させていくかという、理想と現実の違いに直面したことは間違いない。EUにとっては重い挑戦である。

†テロ（二〇一五年〜）

特に二〇一五年以降、IS（イスラム国）が関与したとされるテロがヨーロッパで頻発し多くの犠牲者が出た。先の難民問題もテロの脅威ゆえに安全保障、治安の問題と絡み合って余計に社会的分断を深いものとしている。

一九五〇年代の高度経済成長期以降、西欧では、いわゆる経済移民と呼ばれる外国人労働者を積極的に受け入れてきた。しかし一九七〇年代の石油危機以後、経済不況の中で母国に帰らない移民は放置され、大都市周辺部がスラム化する状況も生まれていた。二世・三世世代の若者は、移民の子だからというだけで就職が不利になるなど社会的差別を受けて育つことも多く、近年のパリなどの大都市で暴動が起き、社会問題となっていたことは先に述べた。

近年ヨーロッパで頻発しているテロは、特に中東で空爆を受ける「同胞」にシンパシーを感じた二世・三世世代が、国際テロ組織の導きで海を渡って中東で武装訓練を受け、西欧に戻り、自爆して生じることが多いと分析されている。もちろん先に述べた社会的差別のために、すでにヨーロッパ社会に対する敵意や疎外感を感じている者が大半だ。そして、拠点とされるところには、彼ら・彼女らを導くカリスマ的な指導者が存在しているといわれている。

つまり本来この原因は移民ではなく、ヨーロッパ側の差別対策、貧困対策、そして治安対策などにも求められねばならないが、こうしたテロの問題がしばしばムスリム移民と直截に結びつけられることで、先の難民危機は一層重大な政治的課題とされた。また、各国における一連のテロ対策の足並みの相違がEU内で批判的に指摘されることも多い。

†イギリスのEU離脱（二〇一六年〜）

先に述べた通り、実は二〇〇八年まで、イギリスは金融政策による長期の好景気を迎えていた。この景気はマネタリズムによって進んだ金融・サービス業中心のバブル景気で、逆に製造業は停滞し、この時期までにイギリス社会は格差社会と化していた。リーマン・ショックの影響でイギリス金融部門も一気に停滞すると、ブラウン政権への不信感が高まって、二〇一〇年選挙で保守党のキャメロンが成立した。

前述のとおり、キャメロンは、格差の拡大でモラルが低下し、治安が悪化したイギリス社会を「壊れた社会」と表現し、これを「大きな社会」によって改善しようとした。求職者手当を削減し、働くことのほうが有利な制度に変えた。しかし実際のところ、スキルのない人にできる職は移民労働者でいっぱいだった。特に東欧からの労働者の数は多く、これがEU拡大の結果とイギリスの労働者に映った。EUに対する不満がイギリスの、ややスキルを欠いた労働者に溜まった。

そのなかでも二〇一二年のロンドン五輪は派手に開催されたが、実はこのための都市の再開発によって中心部の土地が高騰し、格差が拡大し、二〇一一年には低所得者の暴動が起きていた。こうした声を拾い上げたのがＵＫＩＰ（イギリス独立党）のＮ・ファラージである。二〇一四年の欧州議会選挙で「EUからの離脱」を主張するUKIPが躍進する（保守党は労働党にも負けた）と、キャメロンは慌てた。

キャメロンは二〇一五年選挙で「EU離脱を問う国民投票」を公約にした。それで勝利したため、国民投票が二〇一六年に実施されることになった。近藤康史によれば、当初多くの人が「残留」だと思っていた。しかし結果は僅差（離脱支持五一・八九％、残留支持四八・一一％）だが、「離脱」が勝利したのである。キャメロンは辞職しT・メイ首相へ替わった。

原因は、一般的には先のユーロ危機そして難民問題とテロによって、つまり経済と治安（政治）の二つの面で反EU感情が高まったことにあるといわれる。もちろん政権を担当していた保守党の内部には、戦後まもなく欧州統合の営為が始まって以来、「反統合」を掲げる一派が残っていた。かつての大英帝国の歴史と栄光を重んじ、大陸に与するのではなく、独自路線をいくべきだという考えは根強く、党内の亀裂を保守党は抱えていた。その対立の妥協的解決の方策としてキャメロンが採ったのが国民投票だったのだが、先の経済・政治的背景を鑑みる限り、その結果は予想を覆したのである。しかしその後の離脱手続きでイギリスは右往左往している。離脱するのか。するとすれば、EUとイギリス間に妥協がみいだせるのか。それとも「協定なしの離脱」か。執筆時点で、どのようなところに落ち着くのか全く予想がつかない状況にある。

†西欧におけるポピュリズムの台頭

二〇一五年から二〇一六年にかけてヨーロッパで生じた様々な出来事を通じて、ポピュリズムが台頭した。イギリスでは先に記したようなEU離脱というショッキングな出来事が生じた。フランスではFNが人気を盛り返してきた。M・ルペンが党首となり、従来の強硬な姿勢を変えて大衆政党化し、本来社会党や共産党支持者であるはずの貧困層をすくい上げてきた。

フランスは二〇一二年からサルコジからF・オランド大統領になった。一七年ぶりの社会党政権である。オランドは一九五四年生まれで医師の家庭で育ち、ENAを卒業した。一九九七年から二〇〇八年まで長く社会党の第一書記を務めた人で、ミッテランを尊敬していた。

ユーロ危機以降の経済の混乱のなかでサルコジ政権に対する支持は低迷した。ヨーロッパの主導権は明らかにフランスではなくドイツにあるように映った。そこにスキャンダルが重なって、サルコジの人気は落ち目だった。社会党の大統領候補者として有力視されていた他の候補が婦女暴行疑惑で失脚し、より穏健な政策を掲げたオランドが社会党の候補になった。特に社会党の候補を公選制にしたことが好評価だった。さらに失業対策などを重視しようと訴え二〇一二年に当選を果たした。

しかしオランドもユーロ危機の影響が残るなかで、緊縮政策に向かわざるをえず、同年秋には人気が低下した。結局は「何もしていない」ことが原因だったといわれる。さらに二〇一四年には女優とのスキャンダルも報道された。

こうした既成政党の右往左往のなかで台頭するのが、繰り返すが、ポピュリストである。結局ルペンはE・マクロンには勝てなかった。管見にすぎないが、この大統領選で最終的にマクロンの勝利を決定づけたのは、投票数日前のテレビ討論だったのではないだろうか。この討論会では、結果的に視聴者の六三％がマクロンを支持し、その後も選挙前にはマクロンがルペンを徹底的に論破するシーンが何度も放映された。「強いリーダー」としてのマクロンが徹底的に印象づけられたのだ。

つまり、当時フランスの人々は「ルペンには任せられない」と考え、より「強いリーダー」を支持した。「強いリーダー」を求める姿勢に差はない。強いリーダーを求める姿勢がマクロンに向いただけだったといえないか。経済的に、政治的に落ち込んでいる時、しかも既成政党を信用できない時、人々は感情的に強いリーダーを求める。ルペンは選挙戦においては他国のポピュリスト同様に強さをみせていた。最後に転んだのである。

その後も二〇一七年九月、ドイツにおけるポピュリズム政党「ドイツのための選択肢」（AfD）の台頭に続いて、オーストリアでは右派ポピュリズム政党である自由党が連立政権の一角を担うようになった。S・クルツ国民党政権は移民（排斥）政策について自由党に同調している。そうした移民政策の「同調」はオランダでもみられる。こうした同調は、しばしばポピュリズム政党の「伝染」「感染」と称されている。

なぜ「伝染」が生じるのだろうか。特にヨーロッパの国では、比例代表制を採用していることが多い。最も数多くの票を集めた一人だけが当選する小選挙区制度（アメリカ、イギリス）と異なり、得票率の割合に応じて議席を配分する比例代表制の下では、小党が乱立しやすく連立政権になりやすい。こういう選挙制度をとる国では、ポピュリズム政党はたとえ第一党でなく、第二党、第三党の位置でも連立のパートナーとなりえる。パートナーになれば、政策過程に一定の影響を及ぼしやすくなる。

また、たとえパートナーにならなくとも、ポピュリズム政党が一定の議席を獲得した場合、それを連立政権から排除しようとすることで、連立交渉は困難になる。パートナーの候補が限定されてしまうからだ。こうした連立形成のトラブルは、最近では二〇一七年のドイツ、二〇一八年一〇月以降のスウェーデンなども同じである。連立形成に時間を要し、それが再び既成政党への信頼を損なう可能性がある。

こうしてポピュリズム政党が存在感を高めるなかで、グローバル化の進展以降、新自由主義政策が主流になり、左派の政策が支持を失い、どの政党も選挙で支持を得るために、いとも簡単に票を集めるポピュリズム政党の政策――特に反移民（難民）政策――を選択するようになった。特に小党が連立する合意型デモクラシーの国においては、ポピュリズム政党と政策を差別化するよりも、同調したほうが、わずかな票差を簡単に埋めることができる、と党幹部が安易に考えてもおかしくない。

そもそも宗教や階級の対立によって歴史的、社会的な亀裂を形成し、小党が乱立して連立政権を余儀なくされるような西欧大陸諸国では、「妥協」によって合意形成を図ることが不可欠（ゆえに合意型デモクラシーと呼ばれる）だが、そうした「妥協」は、しばしばエリートによって、密室でなされる傾向がある。そこで民衆の（popular）味方を標榜する政党、ポピュリズム政党は、エリートを「民衆の敵」として攻撃し、支持獲得の機会を得る。つまりヨーロッパの民主主義は、ポピュリズム政党に攻撃されやすく、かつ政党間競合が高まるなかでポピュリズム政党に「伝染」「感染」しやすい性質を有する。たとえポピュリズム政党が第一党とならなくとも、政策過程に様々に影響を及ぼす可能性がある、ということだ。こうした国では、いかにその影響を排除するかが試されている。

かつてベルギーでは、極右ポピュリズム政党である「フラームス・ブロック」が台頭した時、主要政党がその人権侵害的言説に対抗して、一切の選挙協力、政策過程での協力を拒否した「防疫線協定」を結んだ。それによって反発的にポピュリズム政党の支持率が高まったことが一瞬あったが、それ以上の進出を防ぐことができた。既成政党の協力が不可欠であろう。

†東欧の反ブリュッセル勢力の台頭

ドイツやオーストリア、そしてイタリアの状況に危機感を覚え始めるのと同時期、東欧において排他的なナショナリズムを掲げる政党が台頭し、政権に加わるようになっていたことに気づくようになった。

東欧では、二〇一八年一月の時点で、一五カ国中七カ国(ボスニア、ブルガリア、チェコ、ハンガリー、ポーランド、セルビア、スロバキア)でポピュリズム政党が政権に就いている。イギリスのトニー・ブレア研究所は、この状況を(東欧における)「予期しなかった、ポピュリズム・ベルト地帯」と名づけている。

これらの国のうち二〇〇〇年の時点でポピュリズム政党が二〇%の得票率を獲得していたのは二国に過ぎなかったが、二〇一八年五月には一〇カ国にまで及んでいる。特にEU加盟国では、ポーランド、ハンガリー、チェコ、そしてスロバキアが挙がる。これらは歴史・伝統の類似性から地域協力組織を作っており、その発端となった会議の開催都市(ハンガリー北部の都市)の名前から「ヴィシェグラード4」と呼ばれている。特にここではポーランドとハンガリーについて注目しておきたい。これらはここまでみてきた通り、ソ連の独裁体制にも逆らってきた歴史のある国である。

ポーランドでは、ポピュリズム政党は二〇〇〇年の段階で〇・一％の得票率しか獲得していなかったが、二〇一五年には政党「法と正義」が政権を獲得した。ハンガリーではオルバーン・Vに対する支持は七〇％を超え、二〇一八年四月の選挙で三期目に突入した。そして政権に就くやいなや、報道の自由や司法の独立といった、主要な民主的制度を除去し始めた。

これらのポピュリズム政党の言説は攻撃的かつ人権侵害的で、司法機関とぶつかることもある。司法の反対にあえば、ポピュリストはこうした既存の民主的制度を、従来のエリートの既得権益に加担していると攻撃するようになる。近年では、特にブリュッセルが難民受け入れの割り当てを指示していることが、強烈な「反ブリュッセル感情」を生み出している。どの国も誰を難民と定義するか、またどの程度受け入れるかなどを自分たちで決定したいのだ。

ここにおいて、難民問題が、実は重要なポピュリズム台頭の要因であることが明らかになりつつある。難民危機が「欧州懐疑主義」の質を変えたという主張もある。当初、例えば二〇〇九年のリスボン条約の時の欧州懐疑主義は主権譲渡に対する懸念から発していた。その後、ユーロ危機は、懐疑の対象を欧州中央銀行に向けた。難民危機において、欧州懐疑主義は、拡大後の新規加盟国において、「受け入れ割り当て」に対する、「二級の国家」としてブリュッセルから扱われることに対する「怒り」に変質している

管見だが、オルバーンであっても、EUからの経済的援助を必要としており、欧州の秩序全

体を左右するほど影響力を高めず、それほど脅威にはならないだろうが、EUに留まりつつ、西側（ブリュッセル）に対抗していくのであれば、EUの様々な政策決定に反対することは生じないだろうか。全く無視はできまい。かつてハンガリー事件において決死の覚悟でソ連に挑んだハンガリーの人々の思いが引き継がれ、それがEU、西欧に向かってくることはないだろうか。欧州内の新しい「東西対立」の始まりとならないだろうか。EU（ブリュッセル）の舵取りが命運を握っている。

†なぜヨーロッパが動揺しているか——冷戦の終結と経済のグローバル化

以上のように現在までのヨーロッパの動向を回顧してきた。戦後和解体制である福祉国家は、「六八年」に顕在化した左派政党の既成政党化、そして七〇年代の石油危機によって人々の信用を失ってしまった。左派政党が右派的政策等を余儀なくされ、人々は政治不信に陥った。人々は既成政党から離れ、新党に期待する。一方で既成政党の側でも、残された選択肢は新自由主義、すなわち国家を必要としない、競争ありきの政治である。社会主義圏の崩壊に伴い、社会民主主義勢力ですら「第三の道」と称してそれに乗り、市場競争以外の選択肢が私たちにはなくなってしまった。一九八九年の「冷戦の終焉」は自由民主主義の勝利であったが、それは私たちが選択肢を失ったということを意味した。その後私たちが直面したのは猛烈な、休む間もない世界規模の経済競争だった。

激しい競争にさらされ、そしていつまでも「走れ！　走れ！」と追い立てられて、次第に私たちは疲れ果ててしまった。疲れたときは誰もが他者への配慮を欠いてしまう。「自分が勝つこと」だけに執着する。疲れ果て、非合理的な「自己中心的」な判断に陥る。そして人々は国（自分）をなるべく楽に勝利に導いてくれる強いリーダーを支持するようになってきた。

少し補足すれば、「自分が勝つこと」だけを考えれば、戦後西欧の政治社会を形成してきた福祉国家は成立しなくなる。労使の合意と妥協をベースとしてきた西欧の福祉国家は、競い合い争う当事者双方が妥協し、すなわち自分の利益を棚上げにすることによってこそ成立する。序章でも述べたように、私たちは戦後、自分のことだけではなく、社会的弱者への配慮を欠いてはならないと学んできた。「弱いものいじめはいけない」ということは当たり前だった。少なくとも弱者や少数者を切り捨てようと公言する政治家を選んでこなかったはずだ。

しかし今や時代は逆である。差別を助長するような発言をする者が支持される。それは人々が先の見えない経済競争で疲れてしまい、合理的な判断ができなくなってしまっているからなのだ。その結果、求められているものは、弱者を顧みることのない、醜い「強さ」だ。

では、今後の動向をどう考えるべきだろうか。もしEUの各国に対する制約が強くなれば、反動的に「国」や「地域」の主権を求める声や動きも強くなる可能性があるだろう。むしろヨーロッパは多層的に混乱するかもしれない。

有権者が冷静に状況を判断するためには、自分たちを取り巻くグローバル化した市場経済への対応についての「選択肢」を、既成政党が協力して提示できるか否かが重要ではないか。選択肢を失った世界で、どうすれば和解を取り戻す選択肢を打ち出せるだろうか。

あとがき

「はじめに」に記したように、本書は戦後のヨーロッパ政治史をできる限りわかりやすくとの思いから著したものである。ただ、私にはとても重い仕事だった。本書を書くことになったのは、イギリスのEU離脱の国民投票などでヨーロッパが騒然とした頃、当時「ベルギーの歴史」という講座を担当していた朝日カルチャーセンター札幌教室の庄司由香さんから「次回は今のヨーロッパで何が起きているのか、全体を俯瞰できるような講義を」とお願いされたことがきっかけだった。少し悩んで「一見して俯瞰できるような講義はできないが、歴史を追い、そのターニングポイントを見極めていくような作業はやらねばならないと考えています」とお答えした。

その講座は、私よりご年配で、ヨーロッパに長くご滞在され、社会の一線で活躍されてこられた方も多く受講くださり、「先生、ド・ゴールってね……」「結局ソ連って……」など色々ご質問やご意見をいただき、その方々の時代感覚から多くを得た。

その前後で『カストロとフランコ』（ちくま新書）の著者、細田晴子先生から、筑摩書房の松田健さんをご紹介いただいた。「オーソドックスな通史で読みやすいものを」との趣旨で、講義ノートをまとめることになったが、果たして私で良かったのかどうか。もし本書に少しでも意味があるなら、紙幅の都合でお名前を挙げることができないが、それは全て受講者の方々のおかげである。お声がけいただいた庄司さん、細田先生に御礼申し上げたい。

講座のためということもあり、内容の多くは過去のテキストに従った。校閲の方にも引用が正確かなどの点に重点を置いてもらった。巻末に載せられなかったものも含めて先達の成果に御礼申し上げる。非常に興味深い本ばかりなので、本書をきっかけにより詳しく学びたいと感じた方は是非色々な本に触れてほしい。私自身にまだまだ不勉強な部分があることは否めないだろうし、解釈が異なる場合もあるだろう。今後もご指導いただき、一層精進しなければなるまい。

福祉国家や六八年を考えるきっかけを一言では伝えきれないが、もともと医療業界で働き、福祉行政に関心を持っていたことにある。そして田中浩先生の福祉国家勉強会に出席させていただき、そこで出会った堀江孝司先生にいただいた「一九六八年における政治参加――大学紛争を中心に」（『一橋論叢』第一一七巻二号）という論文に大いに啓発された。拝読しつつ、小学校低学年だった頃、母が学生紛争やあさま山荘事件を特集したニュース番組をみながら「こういうことをする大人になってはいけません」と語っていたこと、「なぜ『こういうこと』が起きたのだろうか」と考えていたことを思い出した。

堀江先生とは玉木宏幸さんを含めて今も家族ぐるみで親しくしてもらっているし、彼のおかげで名古屋「政治と社会」研究会に加えてもらい、大園誠、小林正嗣、近藤康史、坂部真理、田村哲樹、中田晋自、柳原克行、渡辺博明の各先生と知り合えた。振り返ってみれば、ここまでの研究業績の多くを一緒に作ってきた良き仲間、相談相手だ。改めてきっかけを作ってくれた堀江先生に感謝したい。

また、本書の構想時に奉職していた北海学園大学の安酸敏眞先生をはじめ、田村卓哉先生、樽見弘紀、本田宏、若月秀和、山本健太郎の各先生、そして故川谷茂樹先生や他の法学部の先生、大屋定晴、大森一輝、宮入隆各先生の学問に対する姿勢から得るものはあまりにも大きい。現在の龍谷大学ではまだ右も左もわからないが、落合雄彦、中島琢磨、橋口豊、浜中新吾、渡辺博明の各先生、そして高橋進先生をはじめ研究会でご一緒する皆さんに感謝している。何よりも学生たち、特に着任早々にもかかわらず集まってくれた一七名の第一期ゼミ生たちの大学生活と将来を最優先に考えて過ごしていきたい。他、伊藤武、臼井陽一郎、小川有美、君塚直隆、仙石学、水島治郎の各先生、何より指導教官、高橋直樹先生にお礼を申し上げたい。また特に北海道時代を支えてくれた吉田徹先生をはじめ、高橋先生にご縁のあった人たちとの研究会から多くの知見を得ている。

私がベルギー一国を越えてヨーロッパ全体に目をむけることになったのは、ベルギーがヨーロッパで多発するテロの「温床」と呼ばれるようになったことも大きい。その意味で直接的にはテロを論じている部分だけだが、その点で本書は科学研究費補助金（基盤C）「なぜブリュッセルはテロの巣窟と化したか――もう一つの「連邦制の逆説」？・」（18K01441）の成果でもある。また、季刊『現代の理論』で定期的にヨーロッパの近況について執筆の機会をいただけることも大きい。『現代の理論』各号執筆当時の考えは今も大きく変わらず、本書の終章の内容となった。それをお許しいただいた『現代の理論』の矢代俊三さんには改めてお礼申し上げる。また近藤正基、近藤康史、溝口修平の各先生からは『教養としてのヨーロッパ政治』（ミネルヴァ書房、近刊）の編集を通じて多くの知見を得ている。刊行時期が被り、同じ現象を解説するためのテキストとして止むを得ず似通った部分もあるが、お許しいただきたい。

実はもう一年前に刊行するつもりで書いていたが、大幅に遅れてしまった。何より私の不出来で勉強しなければならないことが多すぎたことに原因があるが、執筆が職場の移籍と重なって引っ越しの際に利き腕の右肩を脱臼し、着任時でしっかり治せずそのまま重症化したことも原因だ。夏から治療したが良くならず、激痛で睡眠さえままならず、風呂や食事の時に寝落ちして気分も滅入っていたが、「どうせ寝られないなら」と夜中に書くことにした。

しかし右手は痛くて動かず、左手一本でパソコンをうった。そうすると左手が攣《つ》るようになり、痛くて夜中に叫んでいたのだが、あるとき左手が攣って痛いときは相対的に右手の痛みが軽減されていることに気づき、右手でうつことができた。この「痛みの相対性」を発見し、ようやくコントロールして執筆できるようになった。ようやく快方に向かっているらしい。が、まだ痛い。

そのような具合ゆえ最後は自由にならない右手を抱えて校正に追われた。思わぬ見落としがあるかもしれないが、痛がる私に忍耐強く待って督促をかけ続けてくれた筑摩書房の松田健さんに改めてお礼をいいたい。最後に相浦和生・恵子先生、平澤伸元先生、名古屋で静かに見守ってくれている両親と義父母、環境の変化で疲れているにもかかわらず、激痛で夜中に目を覚ましまして迷惑をかける私を支えてくれた妻香里に本書を捧げたい。ありがとう。

松尾秀哉

二〇一九年三月一二日　京都の喫茶店にて

参考文献リスト

＊以下は参照、引用したもののうち、主要な文献である。なお、論文であっても書誌の情報のみとしたものがあることをご了承いただきたい。またインターネット上で閲覧したものについては、URLを省いた。

安立清史「後期資本主義下の社会運動」、東京大学大学院社会学研究科『ソシオロゴス』九号、一九八五年。

網谷龍介・伊藤武・成廣孝編『ヨーロッパのデモクラシー（改訂第2版）』ナカニシヤ出版、二〇一四年。

飯田芳弘「1970年代の国家と社会――オイルショックへの対応」平島健司・飯田芳弘編著『新訂ヨーロッパ政治史』放送大学振興会、二〇〇五年

池上彰『知らないと恥をかく世界の大問題8　自国ファーストの行き着く先』角川新書、二〇一七年。

池本大輔「「ブレアの後継者」から「サッチャーの息子」へ――キャメロン政権　二〇一〇年」梅川正美・阪野智一・力久昌幸編著『イギリス現代政治史（第2版）』ミネルヴァ書房、二〇一六年。

石丸敦子「ロシアにおける崩壊直後のノスタルジー現象を読み解く――『ブレジネフ再考』を読んで」『Quadrante：クァドランテ：四分儀』第一八号、二〇一六年。

板橋拓己『アデナウアー――現代ドイツを創った政治家』中公新書、二〇一四年。

板橋拓己『黒いヨーロッパ――ドイツにおけるキリスト教保守派の「西洋《アーベントラント》」主義、1925〜1965年』吉田書店、二〇一六年。

市川顕編著『EUの社会経済と産業』関西学院大学出版会、二〇一五年。

伊藤武『イタリア現代史――第二次世界大戦からベルルスコーニ後まで』中公新書、二〇一六年。

伊東孝之・中井和夫・井内敏夫編著『ポーランド・ウクライナ・バルト史』山川出版社、一九九八年。

イングルハート、ロナルド著、三宅一郎他訳『静かなる革命』東洋経済新報社、一九七八年。

犬童一男『西欧政治史（改訂版）』放送大学教育振興会、一九九三年。

ヴィノック、ミシェル、大嶋厚訳『ミッテラン　カトリック少年から社会主義者の大統領』吉田書店、二〇一六年。

ウォーリン、リチャード著、村岡晋一・小須田健・平田裕之訳『ハイデガーの子どもたち――アーレント／レーヴィット／ヨーナス／マルクーゼ』新書館、二〇〇四年。

梅川正美「労働組合の時代――第二次ウィルソン・キャラハン政権　一九七四～七九年」梅川正美・阪野智一・力久昌幸編著『イギリス現代政治史（第2版）』ミネルヴァ書房、二〇一六年。

梅津和郎編著『新ヨーロッパ現代史――大欧州への道』創成社、一九九七年。

梅津實「戦後政治の開幕――アトリー政権　一九四五～五一年」梅川正美・阪野智一・力久昌幸編著『イギリス現代政治史（第2版）』ミネルヴァ書房、二〇一六年。

宇山智彦責任編集『ロシア革命とソ連の世紀5　越境する革命と民族』岩波書店、二〇一七年。

エスピン＝アンデルセン、イエスタ著、岡沢憲芙・宮本太郎監訳『福祉資本主義の三つの世界』ミネルヴァ書房、二〇〇一年。

遠藤乾編『ヨーロッパ統合史』名古屋大学出版会、二〇〇八年。

遠藤乾編『〔原典〕ヨーロッパ統合史　資料と解説』名古屋大学出版会、二〇〇八年。

遠藤乾『欧州複合危機――苦悶するEU、揺れる世界』中公新書、二〇一六年。

岡澤憲芙・斉藤弥生編著『スウェーデン・モデル――グローバリゼーション・揺らぎ・挑戦』彩流社、二〇一六年。

岡部みどり編『人の国際移動とEU』法律文化社、二〇一六年。

小川浩之「「豊かな時代」と保守党政権の盛衰――イーデン・マクミラン・ダグラス＝ヒューム政権　一九五五～六四年」梅川正美・阪野智一・力久昌幸編著『イギリス現代政治史（第2版）』ミネルヴァ書房、二〇一六年。

小川浩之・板橋拓己・青野利彦『国際政治史――主権国家体系のあゆみ』有斐閣、二〇一八年。

小熊英二『1968〈上〉若者たちの叛乱とその背景』新曜社、二〇〇九年。

小熊英二『1968〈下〉叛乱の終焉とその遺産』新曜社、二〇〇九年。

小澤幸夫「ドイツ統一とヨーロッパ統合――コール政権の十六年」『国際経営フォーラム』神奈川大学国際経営研究所一〇号、一九九九年。

押村高・小久保康之『EU・西欧』ミネルヴァ書房、二〇一二年。

小田中直樹『フランス現代史』岩波新書、二〇一八年。

小野一「エコロジー的福祉国家の可能性――「ゆらぎ」を超える思考実験の諸相」、宮本太郎編著『福祉政治』福祉＋α②、ミネルヴァ書房、二〇一二年。

ガートン・アッシュ、ティモシー著、添谷育志監訳『ダンシング・ウィズ・ヒストリー――名もなき10年のクロニクル』風行社、二〇一三年。

加藤榮一「西ドイツ福祉国家のアポリア」東京大学社会科学研究所編『転換期の福祉国家（上）』東京大学出版会、一九八八年。

カルドー、メアリー著、山本武彦・渡部正樹訳『新戦争論――グローバル時代の組織的暴力』岩波書店、二〇〇〇三年。

君塚直隆『物語イギリスの歴史（上）──古代ブリテン島からエリザベス1世まで』中公新書、二〇一五年。

君塚直隆『物語イギリスの歴史（下）──清教徒・名誉革命からエリザベス2世まで』中公新書、二〇一五年。

君塚直隆『ヨーロッパ近代史』ちくま新書、二〇一九年。

木村靖二『新版世界各国史13　ドイツ史』山川出版社、二〇〇一年。

金成浩「ソ連のアフガニスタン侵攻──対外政策決定の分析」『スラヴ研究』四三号、北海道大学スラブ・ユーラシア研究所、一九九六年。

国末憲人『サルコジ──マーケティングで政治を変えた大統領』新潮選書、二〇〇九年。

黒川祐次『物語ウクライナの歴史──ヨーロッパ最後の大国』中公新書、二〇〇二年。

剣持久木編著『よくわかるフランス近現代史』ミネルヴァ書房、二〇一八年。

小島敦「プーチンのロシア」『立命館国際研究』一五巻三号、二〇〇三年。

小島亮『ハンガリー事件と日本──一九五六年・思想史的考察』現代思潮社、二〇〇三年。

小林正『指導者たちでたどるドイツ現代史』丸善、二〇〇二年。

小堀眞裕「「戦後コンセンサス」の破壊──サッチャー政権　一九七九〜九〇年」梅川正美・阪野智一・力久昌幸編著『イギリス現代政治史（第2版）』ミネルヴァ書房、二〇一六年。

小峯敦「青年時代のベヴァリッジ」新潟産業大学ディスカッションペーパー、二〇〇〇年。

小峯敦「貧困から窮乏・福祉へ──ベヴァリッジ理念とケインズ経済学」、経済学史学会・第七二回全国大会、二〇〇八年五月二五日、愛媛大学。

近藤潤三『移民国としてのドイツ──社会統合と平行社会のゆくえ』木鐸社、二〇〇七年。

近藤正基『ドイツ・キリスト教民主同盟の軌跡──国民政党と戦後政治　1945〜2009』ミネルヴァ書

房、二〇一三年。

近藤正基・近藤康史・松尾秀哉・溝口修平編『教養としてのヨーロッパ政治』ミネルヴァ書房、二〇一九年（予定）。

近藤康史「ひび割れていく「大統領型」首相――ブレア・ブラウン政権　一九九七年～二〇一〇年」梅川正美・阪野智一・力久昌幸編著『イギリス現代政治史（第2版）』ミネルヴァ書房、二〇一六年。

近藤康史『社会民主主義は生き残れるか――政党組織の条件』勁草書房、二〇一六年。

近藤康史『分解するイギリス――民主主義モデルの漂流』ちくま新書、二〇一七年。

斎藤元秀『ロシアの対日政策（下）――新生ロシアからプーチンまで』慶應義塾大学出版会、二〇一八年。

坂井榮八郎『ドイツ史10講』岩波新書、二〇〇三年。

阪野智一「分裂する保守党の自画像――メイジャー政権　一九九〇～九七年」梅川正美・阪野智一・力久昌幸編著『イギリス現代政治史（第2版）』ミネルヴァ書房、二〇一六年。

酒井啓子『9・11後の現代史』講談社現代新書、二〇一八年。

堺屋太一『団塊の世代』文春文庫、二〇〇五年。

桜田美津夫『物語オランダの歴史――大航海時代から「寛容」国家の現代まで』中公新書、二〇一七年。

佐藤俊輔「難民危機のなかのEUの挑戦――人権と主権とを長期的な視野のなかで調停できるか」『シノドス』二〇一五年。

塩川伸明・池田嘉郎編『東大塾　社会人のための現代ロシア講義』東京大学出版会、二〇一六年。

篠原一『ヨーロッパの政治――歴史政治学試論』東京大学出版会、一九八六年。

柴田三千雄『フランス史10講』岩波新書、二〇〇六年。

柴宜弘編『新版世界各国史18　バルカン史』山川出版社、一九九八年。

下斗米伸夫・高橋直樹『先進諸国の政治』放送大学教育振興会、一九九二年。

ジャット、トニー著、森本醇訳『ヨーロッパ戦後史（上）1945-1971』みすず書房、二〇〇八年。

ジャット、トニー著、浅沼澄訳『ヨーロッパ戦後史（下）1971-2005』みすず書房、二〇〇八年。

庄司克宏『欧州連合――統治の論理とゆくえ』岩波新書、二〇〇七年。

庄司興吉『現代化と現代社会の理論』東京大学出版会、一九七七年。

城塚登・清水多吉・吉沢慶一・浜井修・藤巻和夫『拒絶の精神――マルクーゼの全体像』大光社、一九六九年。

スウェーデン社会研究所編『スウェーデンハンドブック』早稲田大学出版部、一九八七年。

杉本稔『現代ヨーロッパ政治史（増補版）』北樹書店、二〇一二年。

杉原幸子監修、渡辺勝正編著『決断　命のビザ（第五版）』大正出版、二〇一一年。

高橋直樹・松尾秀哉・吉田徹編（仮）『スティツマン』岩波書店、二〇一九年（予定）。

田口富久治編著『ケインズ主義的福祉国家――先進6ヵ国の危機と再編』青木書店、一九八九年。

田口富久治『政治学講義』名古屋大学出版会、一九九三年。

田中素香『ユーロ――危機の中の統一通貨』岩波新書、二〇一〇年。

田中素香『ユーロ危機とギリシャ反乱』岩波新書、二〇一六年。

タルボット、ストローブ編、タイムライフブックス編集部訳『フルシチョフ回想録』タイムライフインターナショナル、一九七二年。

タロー、シドニー著、大畑裕嗣訳『社会運動の力――集合行為の比較社会学』彩流社、二〇〇六年。

武川正吾「福祉国家論の展開」、国立社会保障・人口問題研究所編『海外社会保障研究』第一四八号、二〇〇四年。

武田龍夫『物語北欧の歴史――モデル国家の生成』中公新書、一九九三年。

武田龍夫『北欧を知るための43章』明石書店、二〇〇一年。

立石博高・内村俊太編著『スペインの歴史を知るための50章』明石書店、二〇一六年。

田村毅、塩川徹也、西本雅生編『フランス文化事典』丸善、二〇一二年。

田村哲樹・堀江孝司編『模索する政治――代表制民主主義と福祉国家のゆくえ』ナカニシヤ出版、二〇一一年。

ダールデル、ハンス、エドワード・シルス編、藤崎千代子他訳『大学紛争の社会学』現代書館、一九九〇年。

ダンベルトン、フランソワ原作、アレクシ・シャーベル漫画、鈴木孝弥訳『セルジュ・ゲンズブール――バンド・デシネで読むその人生と音楽と女たち』DU BOOKS、二〇一六年。

チャーチル、W・S著、佐藤亮一訳『第二次世界大戦（新装版）』1、河出文庫、二〇〇一年。

月村太郎『ユーゴ内戦――政治リーダーと民族主義』東京大学出版会、二〇〇六年。

津田由美子・吉武信彦編著『北欧・南欧・ベネルクス』ミネルヴァ書房、二〇一一年。

鶴見祐輔『ウィンストン・チャーチル――苦闘と栄光の生涯』講談社現代新書、一九六五年。

徳永恂『フランクフルト学派の展開――20世紀思想の断層』新曜社、二〇〇二年。

戸澤健次「帝国後のイギリスの国際的役割の模索――第三次チャーチル政権　一九五一～五五年」梅川正美・阪野智一・力久昌幸編著『イギリス現代政治史（第2版）』ミネルヴァ書房、二〇一六年。

土倉莞爾「フランスにおけるカトリシズムとデモクラシーの間」、丸岡高弘・奥山倫明編『宗教と政治のインターフェイス――現代政教関係の諸相』行路社、二〇一七年。

トッド、エマニュエル著、堀茂樹訳『問題は英国ではない、EUなのだ』文春新書、二〇一六年。

冨田浩司『危機の指導者　チャーチル』新潮選書、二〇一一年。

長坂寿久「オランダ」財務省財務総合政策研究所『「経済の発展・衰退・再生に関する研究会」報告書』二〇〇一年。

中嶋毅『スターリン――超大国ソ連の独裁者』山川出版社、世界史リブレット、二〇一七年。

中田晋自『フランス地域民主主義の政治論 分権・参加・アソシアシオン』御茶の水書房、二〇〇五年。

中谷義和・川村仁子・高橋進・松下冽編『ポピュリズムのグローバル化を問う――揺らぐ民主主義のゆくえ』法律文化社、二〇一七年。

中根一貴『政治的一体性と政党間競合――20世紀初頭チェコ政党政治の展開と変容』吉田書店、二〇一八年。

中野隆生・中嶋毅共編『現代の欧米世界』文献解説 西洋近現代史3、南窓社、二〇一一年。

中村平八「東欧革命と「開発独裁」体制の終末」『商経論叢』第二六巻第一号、神奈川大学経済学会、一九九〇年。

成廣孝「「Uターン」――ヒース政権 一九七〇~七四年」梅川正美・阪野智一・力久昌幸編著『イギリス現代政治史(第2版)』ミネルヴァ書房、二〇一六年。

西川長夫「1968年5月――消えない言葉」『立命館言語文化研究』九巻四号、一九九八年。

西田慎・梅﨑透編著『グローバル・ヒストリーとしての「1968年」――世界が揺れた転換点』ミネルヴァ書房、二〇一五年。

西田慎・近藤正基編著『現代ドイツ政治』ミネルヴァ書房、二〇一四年。

野上和裕「権威主義体制とスペイン歴史研究」『法学会雑誌』第五〇巻第一号、首都大学東京教養学部法学系、二〇〇九年。

墓田桂『難民問題――イスラム圏の動揺、EUの苦悩、日本の課題』中公新書、二〇一六年。

白村直也「チェルノブイリ原発事故後の民間医療支援活動をめぐって」東京外国語大学多言語・多文化教育研究センター『多言語多文化――実践と研究』第四号、二〇一二年。

波多野裕造『物語アイルランドの歴史――欧州連合に賭ける〝妖精の国〟』中公新書、一九九四年。

バディウ、アラン著、榊原達哉訳『サルコジとは誰か?――移民国家フランスの臨界』水声社、二〇〇九年。

長谷川貴彦『イギリス現代史』岩波新書、二〇一七年。

羽場久美子編著『ハンガリーを知るための60章(第2版)』明石書店、二〇一八年。

馬場康雄・平島健司編『ヨーロッパ政治ハンドブック(第二版)』東京大学出版会、二〇一〇年。

ピアソン、クリストファー著、田中浩・神谷直樹訳『曲がり角にきた福祉国家――福祉の新政治経済学』未來社、一九九六年。

東野篤子「EUとウクライナ危機――解決に向けた手探り」『シノドス』二〇一四年。

平島健司『ドイツ現代政治』東京大学出版会、一九九四年。

平島健司『ドイツの政治』東京大学出版会、二〇一七年。

平島健司・飯田芳弘『新訂ヨーロッパ政治史』放送大学教育振興会、二〇〇五年。

ビーベス、J・ビセンス『スペイン―歴史的省察』岩波書店、一九七五年。

フォッセン、クン述、作内由子訳「西ヨーロッパのポピュリズム」『千葉大学法学論集』第三一巻第三・四号、二〇一七年。

フクヤマ、フランシス著、渡部昇一訳『歴史の終わり〈上〉歴史の「終点」に立つ最後の人間』三笠書房、二〇〇五年。

フクヤマ、フランシス著、渡部昇一訳『歴史の終わり〈下〉「歴史の終わり」後の「新しい歴史」の始まり』三笠書房、二〇〇五年。

ベヴァリッジ、ウィリアム著、一圓光彌監訳『ベヴァリッジ報告――社会保険および関連サービス』法律文化社、二〇一四年。

細田晴子『カストロとフランコ――冷戦期外交の舞台裏』ちくま新書、二〇一六年。

細見和之『フランクフルト学派――ホルクハイマー、アドルノから21世紀の「批判理論」へ』中公新書、二〇一四年。

本田宏『参加と交渉の政治学』法政大学出版局、二〇一七年。

松尾秀哉「西欧での分離独立運動の行方――スコットランド独立住民投票の余波」季刊『現代の理論デジタル』第三号、二〇一四年。

松尾秀哉「ヨーロッパの華やかな小国・ベルギーがなぜ「テロの温床」になったのか――自治と共存の伝統はいったいどこに」『現代ビジネス』二〇一六年。

松尾秀哉「多極共存の国ベルギーの『苦悩』とポピュリズム」、『国際問題』第六六〇号、二〇一七年。

松尾秀哉「欧州は新世代ポピュリストの大陸なのか――「選択肢のない時代」で選択する責任」季刊『現代の理論デジタル』第一二号、二〇一七年。

松尾秀哉「吹き荒れるポピュリズムの行くえ――仏大統領選後もせめぎあう合理と非合理」季刊『現代の理論デジタル』第一三号、二〇一七年。

松尾秀哉「ヨーロッパ・ポピュリズムの動向――危惧される新しい東西対立」季刊『現代の理論デジタル』第一五号、二〇一八年。

松尾秀哉「欧州は新しい地域主義の時代に突入したのか――地域―国家―EUの多層的な連帯の模索こそ急務」季刊『現代の理論デジタル』第一八号、二〇一九年。

松尾秀哉・近藤康史・溝口修平・柳原克行編『連邦制の逆説？――効果的な統治制度か』ナカニシヤ出版、二〇一六年。

松戸清裕『ソ連史』ちくま新書、二〇一一年。

松戸清裕『ソ連という実験――国家が管理する民主主義は可能か』筑摩選書、二〇一七年。

マルクーゼ、ヘルベルト著、南博訳『エロス的文明』紀伊國屋書店、一九五八年。

マルクーゼ、ヘルベルト著、生松敬三・三沢謙一訳『一次元的人間――先進産業社会におけるイデオロギーの研究』河出書房新社、一九八〇年。

水島治郎『反転する福祉国家――オランダモデルの光と影』岩波書店、二〇一二年。

水島治郎「ポスト福祉レジーム・オランダの可能性」橘木俊詔、宮本太郎監修、新川敏光編著『福祉レジーム』ミネルヴァ書房、二〇一五年。

三島憲一『戦後ドイツ――その知的歴史』岩波新書、一九九一年。

溝口修平「ロシアにおけるポピュリズムの展開」、中谷義和、川村仁子、高橋進、松下冽編著『ポピュリズムのグローバル化を問う――揺らぐ民主主義のゆくえ』法律文化社、二〇一七年。

南塚信吾『図説ハンガリーの歴史』河出書房新社、二〇一三年。

南塚信吾編『世界各国史19　ドナウ・ヨーロッパ史』山川出版社、一九九九年。

ミュラー、ヤン＝ヴェルナー著、板橋拓己訳『ポピュリズムとは何か』岩波書店、二〇一七年。

武藤祥「フランコ体制の確立――分断と困窮からの脱却」立石博高・内村俊太編著『スペインの歴史を知るための50章』明石書店、二〇一六年。

村井誠人『スウェーデンを知るための60章』明石書店、二〇〇九年。

村田奈々子『物語近現代ギリシャの歴史――独立戦争からユーロ危機まで』中公新書、二〇一二年。

メドヴェージェフ、ロイ著、海野幸男訳『プーチンの謎』現代思潮新社、二〇〇〇年。

百瀬宏『北欧現代史』山川出版社、一九八〇年。

百瀬宏・熊野聡・村井誠人編著『新版世界各国史21　北欧史』山川出版社、一九九八年。

森井裕一『現代ドイツの外交と政治』信山社、二〇〇八年。

森井裕一編著『ドイツの歴史を知るための50章』明石書店、二〇一六年。

森田安一編『スイス・ベネルクス史』山川出版社、一九八八年。

八嶋由香利「スペインにおけるカタルーニャ問題――なぜ今独立を求めるのか」『シノドス』二〇一六年。

矢田俊隆『ハンガリー・チェコスロヴァキア』山川出版社、一九七八年。

山川雄巳「東ドイツの崩壊とハーシュマン理論」『立命館法學』二四五号、一九九六年。

山田徹「後期ホーネッカー体制の諸問題」『神奈川法学』第二十七巻第二・三合併号、一九九二年。

山田徹編著『経済危機下の分権改革――「再国家化」と「脱国家化」の間で』公人社、二〇一五年。

横手慎二『ロシアの政治と外交』放送大学教育振興会、二〇一五年。

ラカー、ウォルター著、加藤秀治郎他訳『ヨーロッパ現代史――西欧・東欧・ロシア〈1〉戦後の状況と経済の奇跡』芦書房、一九九八年。

ラカー、ウォルター著、加藤秀治郎他訳『ヨーロッパ現代史――西欧・東欧・ロシア〈2〉戦後欧州社会と東西の動向』芦書房、一九九九年。

ラカー、ウォルター著、加藤秀治郎他訳『ヨーロッパ現代史――西欧・東欧・ロシア〈3〉「戦後」時代の終焉』芦書房、二〇〇〇年。

力久昌幸「イギリスの現代化を目指して――第一次ウィルソン政権 一九六四〜七〇年」梅川正美・阪野智一・力久昌幸編著『イギリス現代政治史（第2版）』ミネルヴァ書房、二〇一六年。

ルップ、ハンス・カール著、深谷満雄訳『現代ドイツ政治史――連邦共和国のあゆみ 一九四一―八二』有斐閣選書、一九八六年。

レイプハルト、アレンド著、粕谷祐子訳『民主主義対民主主義――多数決型とコンセンサス型の36カ国比較研究』勁草書房、二〇〇五年。

リプセット、S・M&S・ロッカン著、加藤秀治郎・岩渕美克編『政治社会学――クリヴッジ構造、政党制、有権者の連携関係（第4版）』一藝社、二〇〇九年。

ローマックス、ビル著、南塚信吾訳『終わりなき革命――ハンガリー1956』彩流社、二〇〇六年。

若松隆・山田徹編『ヨーロッパ分権改革の新潮流――地域主義と補完性原理』中央大学出版部、二〇〇八年。

渡辺和行『ド・ゴール――偉大さへの意志』山川出版社、世界史リブレット、二〇一三年。

渡邊啓貴『フランス現代史――英雄の時代から保革共存へ』中公新書、一九九八年。

渡邊啓貴『現代フランス――「栄光の時代」の終焉、欧州への活路』岩波現代全書、二〇一五年。

渡辺博明「北欧のポピュリズム――反税から反移民へ」中谷義和・川村仁子・高橋進・松下冽編『ポピュリズムのグローバル化を問う――揺らぐ民主主義のゆくえ』法律文化社、二〇一七年。

和田春樹編『新版世界各国史22　ロシア史』山川出版社、二〇〇二年。

Atkin, Nicolas, Michael Biddiss, Frank Tallett 2011 *The Wiley-Blackwell Dictionary of Modern European History since 1789*, Oxford: The Wiley-Blackwell.

Bustikova, Lenka and Petra Guasti 2017 "The Illiberal Turn on Swerve in Central Europe?", *Politics and Governance*, Vol. 5, no. 4, pp. 166–176.

Chadwick, Owen 1992 *The Christian Church in the Cold War*, Harmondsworth: Allen Lane.

Cramme, Olaf and Patrick Diamond eds. 2012 *After the Third Way*, New York: Policy Network.

Debbelaere, Karel 1979 "Professionalization and Secularization in the Belgian Catholic Pillar," *Japanese Journal of Religious Studies*, Vol. 6, no. 1-2.

Dorfman,Gerald A. and Peter J. Duignan eds., 1991 *Politics in Western Europe*, second edition, Stanford: Hoover Press.

Grasso, Maria T., 2016 *Generations,Political Participation and Social Change in Western Europe*, London: Routledge.

Guirao, Fernando and Frances M.B. Lynch eds. 2016 *Alan S. Milward and Contemporary European History*, London: Routledge.

Kesselman, Mark, Joel Krieger and William A. Joseph 2012 *Introduction to Comparative politics* (6th editon), Boston: Wadsworth Cengage Learning.

Kriesi, Hanspeter, Edgar Grande, Romain Lachat, Martin Dolezal, Simon Bornschier,and Timotheos Frey 2008 *West European Politics in the Age of Globalization*, Cambridge: Cambridge U.P.

Lane,Jan-Erik and Svante O. Ersson 1984 *Politics and Society in Western Europe*, third edition, London: Sage（および 1999 刊行 forth edition）.

Lindemann, Albert S. 2013 *A History of Modern Europe*, Oxford: The Wiley-Blackwell.

LSE Connect 2012 "Father of the Welfare State," *LSE News Letter* 2012 Winter.

Linz, Juan José with Alfred C. Stepan 1996 *Problems of Democratic Transition and Consolidation: Southern Europe, South America, and Post-Communist Europe*, Baltimore: Johns Hopkins U.P.

Mouton Olivier and Boudewijn Vanpeteghem 2003 *Numero uno*, Bruxelles: Racine.

Mudde, Cas and Cristóbal Rovira Kaltwasser 2012 *Populism in Europe and the Americas*, Cambridge: Cambridge U.P.

Outhwaite, William 2008 *European Society*, London: Polity Press.

Pelz, William A. 2016 *A People's History of Modern Europe*, London: Pluto Press.

Rodrik, Dani 2004 *Has Globalization Gone Too Far?*, Washington D.C.: Institutional Economics,

Rodrik, Dani 2012 *The Globalization Paradox: Why Global Markets, States, and Democracy Can't Coexist*, Oxford: Oxford U.P.

Sakwa, Richard and Anne Stevens 2012 *Contemporary Europe*, third edition, New York: Palgrave Macmillan.

Schrag, Calvin O. 2010, *Doing Philosophy with Others: Conversations, Reminiscences, and Reflections*, Indiana: Purdue Press.

Subramanian, Arvind and Martin Kessler 2013 "The Hyperglobalization of Trade and Its Future," *Working paper 3*, Global Citizen Foundation.

Tillich, Hannah 1973 *From Time to Time*, New York: Stein and Day.

Urwin,Derek W. 1989 *Western Europe since 1945*, forth edition, Essex: Longman（および 1997 刊行 fifth edition）.

Voyé, Liliane et Karel Doddelaere 2001 "De la religion: ambivalences et distancements," Bawin-Legros Bernadette eds. *Belge Toujours: Fidélité, stabilité,tolerance. Les valuers des belges en l'an 2000*, Bruxelles: De Boek Université.

その他

松本佐保「洋楽映画公表の余波」、中日新聞、二〇一八年一二月一四日夕刊「かみつぶて」。

AFP　BB NEWS「プーチン大統領、米国の政策を痛烈に批判」二〇〇七年二月一一日。

Lloyd, John 著、エァクレーレン訳「カタルーニャの次はどこか、「富める離脱クラブ」の脅威」ロイター、二〇一七年一一月二二日コラム。

Erlanger, Steven "In Eastern Europe, Populism Lives, Widening a Split in the EU", *The New York Times*, 28/11/2017.
Sierakowski, Slawomir "How eastern European Populism is Different", *Project Syndicate*, 31/01/2018.
JETRO HP
外務省 HP

人名索引

あ行

か行

さ行

た行

な行

は行

ま行

や行

ら行

わ行

事項索引

A-Z

あ行

か行

さ行

た行

な行

は行

ま行

や行

ら行

わ行

ちくま新書
1400

ヨーロッパ現代史《げんだいし》

二〇一九年四月一〇日　第一刷発行

著者　松尾秀哉（まつお・ひでや）

発行者　喜入冬子

発行所　株式会社 筑摩書房
東京都台東区蔵前二-五-三　郵便番号一一一-八七五五
電話番号〇三-五六八七-二六〇一（代表）

装幀者　間村俊一

印刷・製本　株式会社 精興社

ISBN978-4-480-07222-1 C0222

ちくま新書

1377
ヨーロッパ近代史
君塚直隆
なぜヨーロッパは世界を席巻することができたのか。「宗教と科学の相剋」という視点から、ルネサンスに始まり第一次世界大戦に終わる激動の五〇〇年を一望する。

1327
欧州ポピュリズム
——EU分断は避けられるか
庄司克宏
反移民、反グローバル化、反エリート、反リベラルが世界を席巻！　EUがポピュリズム危機に揺れる理由は、その統治機構と政策にあった。欧州政治の今がわかる！

1262
分解するイギリス
——民主主義モデルの漂流
近藤康史
EU離脱、スコットランド独立——イギリスは政治の機能不全で分解に向かいつつある。もはや英国議会政治は民主主義のモデルたりえないのか。危機の深層に迫る。

1147
ヨーロッパ覇権史
玉木俊明
オランダ、ポルトガル、イギリスなど近代ヨーロッパ諸国の台頭は、世界を一変させた。本書は、軍事革命、大西洋貿易、アジア進出など、その拡大の歴史を追う。

1335
ヨーロッパ　繁栄の19世紀史
——消費社会・植民地・グローバリゼーション
玉木俊明
第一次世界大戦前のヨーロッパは、イギリスを中心に空前の繁栄を誇っていた。奴隷制、産業革命、蒸気船や電信の発達……その栄華の裏にあるメカニズムに迫る。

1082
第一次世界大戦
木村靖二
第一次世界大戦こそは、国際体制の変化、女性の社会進出、福祉国家化などをもたらした現代史の画期である。戦史的経過と社会的変遷の両面からたどる入門書。

1278
フランス現代史　隠された記憶
——戦争のタブーを追跡する
宮川裕章
第一次大戦の遺体や不発弾処理で住めない村。第二次大戦の対独協力の記憶。見捨てられたアルジェリアのフランス兵アルキ……。等身大の悩めるフランスを活写。

ちくま新書

1295
集中講義！ ギリシア・ローマ
桜井万里子
本村凌二
古代、大いなる発展を遂げたギリシアとローマ。これらの歴史を見比べると、世界史における政治、思想、文化の原点が見えてくる。学びなおしにも最適な一冊。

1342
世界史序説
――アジア史から一望する
岡本隆司
ユーラシア全域と海洋世界を視野にいれ、古代から現代までを一望。西洋中心的な歴史観を覆し、「世界史の構造」を大胆かつ明快に語る。あらたな通史、ここに誕生！

1287-1
人類5000年史Ⅰ
――紀元前の世界
出口治明
人類五〇〇〇年の歩みを通読する、新シリーズの第一巻、ついに刊行！ 文字の誕生から知の爆発の時代まで紀元前三〇〇〇年の歴史をダイナミックに見通す。

1287-2
人類5000年史Ⅱ
――紀元元年～1000年
出口治明
人類史を一気に見通すシリーズの第二巻。漢とローマ二大帝国の衰退、世界三大宗教の誕生、陸と海のシルクロード時代の幕開け等、激動の1000年が展開される。

852
ポストモダンの共産主義
――はじめは悲劇として、二度めは笑劇として
S・ジジェク
栗原百代訳
9・11と金融崩壊でくり返された、グローバル危機という掛け声に騙されるな――闘う思想家が混迷の時代を分析、資本主義の虚妄を暴き、真の変革への可能性を問う。

1083
ヨーロッパ思想を読み解く
――何が近代科学を生んだか
古田博司
なぜ西洋にのみ科学的思考が発達したのか。その秘密をカント、ニーチェ、ハイデガーらに探り、西洋独特の思考パターンを対話形式で読み解く。異色の思想史入門。

1332
ヨーロッパで勝つ！ ビジネス成功術
――日本人の知らない新常識
塚谷泰生
EPA合意でヨーロッパビジネスの大チャンスがやってきた。日本製品は交渉術を身につければ必ず売れる。経験豊富な元商社マンが伝授する、ビジネス成功の極意。